Qualitätsmanagement in der Bildungsbranche

Florian Mai

Qualitätsmanagement in der Bildungsbranche

Ein Leitfaden für Bildungseinrichtungen und Lerndienstleister

Springer Gabler

Florian Mai
Dresden, Deutschland

ISBN 978-3-658-27003-2 ISBN 978-3-658-27004-9 (eBook)
https://doi.org/10.1007/978-3-658-27004-9

Die Deutsche Nationalbibliothek verzeichnet diese Publikation in der Deutschen Nationalbibliografie; detaillierte bibliografische Daten sind im Internet über http://dnb.d-nb.de abrufbar.

Springer Gabler

Springer Gabler ist ein Imprint der eingetragenen Gesellschaft Springer Fachmedien Wiesbaden GmbH und ist ein Teil von Springer Nature.
Die Anschrift der Gesellschaft ist: Abraham-Lincoln-Str. 46, 65189 Wiesbaden, Germany

Vorwort

Qualität ist die günstigste Art, sein Geld anzulegen – Doch was bedeutet Qualität in der Bildung? Wie wird aus dem Ziel, eine Zertifizierung zu bestehen, eine Unternehmensphilosophie mit Erfolg?

Als spezialisierter Berater und Dozent für Qualitätsmanagement sowie Akademieleiter einer Bildungseinrichtung für Existenzgründer erlebe ich in der Regel drei Grundeinstellungen von Interessenten, Mandanten und Studierenden:

1. **unvoreingenommene Personen**
   Personen, die bisher noch keine Berührungspunkte mit Qualitätsmanagement hatten und demzufolge auch keine Erfahrungen diesbezüglich vorweisen können. Diese Gruppe ist üblicherweise neutral und nimmt gern alles Wissen rund um das Thema Qualitätsmanagement auf, um es mit bestehenden Ansätzen im Unternehmen und Erfahrungen aus der beruflichen Praxis zu vergleichen. Üblicherweise geht mit dieser hohen Lernbereitschaft auch der gewünschte Lernerfolg einher, dass die Personen neue Erfahrungen und Erkenntnisse sammeln und weitere Verbesserungen anstreben.
2. **dokumentationsorientierte Personen**
   Personen, die bereits Erfahrungen mit Qualitätsmanagement und -systemen besitzen. Sie sind mit der ISO 9001:2008 und gegebenenfalls älteren Normgrundlagen an das Thema herangeführt worden und sehen daher die dringende Notwendigkeit der Verschriftlichung. Dokumentationen, Berichte und Reports, Handbücher, Formblätter, Verfahrensanweisungen und Prozessbeschreibungen gehen in dem Verständnis dieser Gruppe Hand in Hand mit einem guten Qualitätsmanagementsystem. Qualitätsmanagement ist gleichzusetzen mit schriftlichem Aufwand. Idealerweise ist dann jede Form der Verschriftlichung

ausgedruckt vorzuhalten, da ansonsten keine reale Versionskontrolle möglich ist. Erfahrungsgemäß bildet diese Gruppe einen Großteil der Personen, die in Unternehmen für das Qualitätsmanagement verantwortlich sind und unter Umständen auch in der Lehre tätig sind. In der Beratung herrscht oftmals Irritation, wenn die schriftliche Dokumentation nicht mehr im Fokus steht.

3. **verbesserungswillige Personen**
   Personen, die ebenfalls Erfahrungen mit Qualitätsmanagement und -systemen besitzen. Diese Personen sind ebenfalls mit der ISO 9001:2008 und älteren Versionen vertraut, leben allerdings vielmehr die neueren Ansätze und Ideen der ISO 9001:2015. Sie sehen ein gelebtes und aktives Qualitätsmanagement im Fokus und wollen hiervon profitieren, wo es nur geht. Wenn ein unnötiger Aufwand, zum Beispiel durch Verschriftlichung, verringert werden kann, wird die Chance ergriffen. Für diese Personen stellt Wandel und Änderung (durch Normen) keine Herausforderung dar, sondern vielmehr eine Chance, besser zu werden. Zudem interpretieren sie alle Aufwendungen im Bereich Qualitätsmanagement (Kosten einer Beratung, Kosten einer Zertifizierung, Kosten der Bereitstellung von Unternehmensressourcen) als Investition, die sich über die kommenden Geschäftsjahre amortisiert. Das Motto dieser Personen gestaltet sich wie folgt:

   > Qualitätsmanagement verfolgt das Ziel, langfristige Erfolgspotenziale in Erfolge umzuwandeln. Durch die Optimierung der Servicequalität sollen die Bedürfnisse und Erwartungen aller Interessierter des Unternehmens kontinuierlich erfüllt werden.

   Das Aufbringen sämtlicher finanzieller, personeller und zeitlicher Ressourcen in das Qualitätsmanagement stellt somit eine Investition in die eigene Leistungsfähigkeit dar. Die Amortisation erfolgt demnach aus den langfristigen Erfolgen des Unternehmens, die aus der Bedürfnisbefriedigung hervorgehen.

Selbstverständlich sind die genannten drei Grundeinstellungen vollkommen nachvollziehbar und sicherlich durch die Erfahrungen und Hintergründe der Individuen begründbar. Zudem ist anzumerken, dass neben diesen Stereotypen zahlreiche weitere Personengruppen bestehen. Doch dieses Werk zielt insbesondere auf die dritte Grundeinstellung der verbesserungswilligen Personen ab. Denn genau dieses Motto ist elementarer Bestandteil dieses Werks. Personen der dritten Grundeinstellung sollen sich durch dieses Werk bestätigt und animiert fühlen, den „richtigen" Grundgedanken zu fortzuführen. Personen der zweiten Grundeinstellung sollen durch das vorliegende Werk einen neuen Blickwinkel erhalten und die ein oder andere Handlungsempfehlung neu denken. Metaphorisch und übertrieben gesprochen, würde ich mich insbesondere freuen, wenn die zweite Personengruppe das vorhandene Qualitätsmanagement-Handbuch und damit verbundene dokumentierte Grundlagen aufgreift und in der Luft zerreißt – getreu der Einstellung: das machen wir jetzt neu, aber diesmal lebendig! Den Personen mit der ersten Grundeinstellung möchte ich gern einen vertiefenden Einblick in das Qualitätsmanagement mitgeben. Sie sollen sich mit diesem Werk in die Lage versetzt fühlen, motiviert ein neues Qualitätsmanagementsystem aufzubauen, ein bestehendes zu übernehmen oder zu verbessern. Diese Leser sollen sich animiert fühlen, Qualität neu zu definieren und aktiv umzusetzen.

Ein beliebtes Beispiel, welches ich in meinen Vorlesungen oftmals zum Besten gebe, ist ein Erlebnis aus einem Beratungsprojekt zu der ISO 9001:2015. Vor einigen Jahren bestand das Ziel dieser Beratung darin, ein bestehendes Qualitätsmanagementsystem nach ISO 9001:2008 an die neuen Anforderungen anzupassen und zu verbessern. Der Mandant war ein Bauunternehmen in Norddeutschland. Trotz des finanziellen Erfolgs des Unternehmens war das Qualitätsmanagement eine vernachlässigte „Muss-Abteilung", die auf Kundenwunsch aufrechterhalten wurde. Nach dem üblichen Begrüßungs- und Small-Talk-Ritual begann ich nun, meine erste Frage an die Geschäftsführung zu richten:

> „Wo befindet sich Ihr Qualitätsmanagementsystem?", fragte ich.
> Die Geschäftsführung entgegnete: „Dahinten im Schrank!"

Dieses Ereignis ließ mich zu diesem Zeitpunkt erstarren und bis heute nie vergessen, wie missverstanden Qualitätsmanagement nach wie vor ist.

Mein Fokus der Erarbeitung dieses Werkes lag daher von Beginn an und durchweg auf der Darstellung von Qualitätsmanagement als einem unentbehrlichen Mehrwert für alle Organisationen. Ich möchte die beschriebene erste Personengruppe überzeugen, quasi prägen, dass Qualitätsmanagement ein Mehrwert und eine Investition ist, die den Erfolg eines Unternehmens entscheidend beeinflussen kann. Auch der beschriebenen zweiten Personengruppe möchte ich beweisen, welche Vorteile, Chancen und Stärken ein gelebtes Qualitätsmanagementsystem bieten kann, um einen nachhaltigen und langfristigen Erfolg zu generieren. Qualitätsmanagement ist keine Anforderung, keine Methode und kein Instrument.

Qualitätsmanagement ist ein strategischer Ansatz und eine Unternehmensphilosophie

Meine Vision und Mission ist dann erfüllt, wenn Personen auf meine Frage aus dem Beratungsbeispiel antworten:

> „Unser Qualitätsmanagementsystem befindet sich überall, denn unser Unternehmen ist das Qualitätsmanagementsystem."

Um dem gerecht zu werden, wurde das vorliegende Werk aus der meiner Betrachtungsweise verfasst. Der Betrachtungsweiseeines Akademieleiters und Unternehmensberaters, der neben der beratenden Tätigkeit auch als Dozent für Qualitätsmanagement und ehrenamtlich in der Normungsarbeit aktiv ist. Ich bin damit nicht nur Normanwender (innerhalb der Akademie) und Berater zur Normanwendung. Ich engagiere mich auch aktiv an der Gestaltung von Normen, Standards und anderen ISO deliverables.

Aus diesem Grund muss ich unbedingt darauf hinweisen, dass das vorliegende Werk und meine Mitarbeit in den zuständigen Arbeitsausschüssen des Deutschen Instituts für Normung e. V. (kurz DIN) sowie der International Organization for Standardization (kurz ISO), voneinander abzugrenzen sind. Es ist nicht meine Absicht, auf die Anforderungen der beschriebenen Normen als Mitarbeiter der Normungsarbeit einzugehen, wenngleich ich versuche, die ein oder andere Intention einer Normanforderung zu beschreiben. Vielmehr besteht meine Motivation durch das vorliegende Werk in der Erörterung mehrjähriger Erfahrungen aus der Beraterbranche, der eigenen Normanwendung in verschiedenen Kontexten sowie der Präsentation von Handlungsempfehlungen.

Daher empfehle ich dringend, nicht nur dieses Werk und Informationen anderer Autoren, Literaturen und Quellen für ein Qualitätsmanagementsystem zu verwenden. All diese Publikationen sind nur Sekundärquellen mit unterschiedlichsten Hintergründen und Intentionen. Die sicherste Handlungsempfehlung ist und bleibt die Verwendung von Primärquellen – den Normen selbst. Liebe Leserin, lieber Leser, bitte nutzen Sie die Normen, Standards, ISO deliverables und Publikationen durch DIN und ISO. Ergänzen Sie dann die Informationen um weitere Sekundärquellen. So ist definitiv sichergestellt, Fehlerursachen zu eliminieren und Auswirkungen von Missverständnissen und -interpretationen vorzubeugen. Natürlich ist auch das vorliegende Werk kein Garant für die richtige Anwendung der Normen. Dies ist auch vollkommen ausgeschlossen, da nur der Normanwender das „richtig“ definieren kann. Ich kann den Findungsprozess eines „richtigen“ Qualitätsmanagements nur mit Beispielen, Ideen, Gedanken und Empfehlungen unterstützen.

Mein Ziel mit diesem Werk ist es, die Thematik Qualitätsmanagement einem großen Publikum an Interessierten, die mit dem Qualitätsmanagement innerhalb oder außerhalb einer Organisation konfrontiert sind, näher zu bringen. Der Fokus liegt dabei auf Qualitätsmanagement für Organisationen der Bildungsbranche, Lerndienstleistern und Bildungseinrichtungen. Die normbasierte Grundlage sind internationale Management- und Servicestandards (offiziell als Managementnormen und Dienstleistungsnormen bezeichnet). Vereinzelte Kapitel des Werkes nehmen daher Bezug auf die folgenden Normen:

- DIN EN ISO 9000:2015,
- DIN EN ISO 9001:2015; Managementstandard,
- DIN ISO 29990:2010; Management- und Servicestandard,
- ISO 210001:2018; Managementstandard,
- DIN ISO 29993:2018; Servicestandard

Damit bildet dieses Werk alle Normen und Standards im Bereich der Bildung ab, bezogen auf Management- und Servicestandards zum Stand der Erarbeitung dieses Werkes. Leser sollten in der Lage sein, die vorhandenen Normen in Bezug auf die Bildungsbranche einzuschätzen und einen Eindruck des Gesamtumfangs des Qualitätsmanagements erhalten. Die angesprochene Zielgruppe Interessierter und Leser spricht besonders die Geschäftsführung, das Top-Management, das Mittlere Management und Qualitätsmanagementbeauftragte einer Organisation der Bildungsbranche an. Weitere angesprochene Interessierte und Leser dieses Werkes sind beispielsweise Abteilungs- und Gruppenleiter, Mitarbeiter und vor allem Kunden einer Organisation der Bildungsbranche, die diese einzuordnen und einzuschätzen versuchen. In diesem Zusammenhang können insbesondere die Vorteile der Kommunikationspolitik eines Qualitätsmanagementsystems eingebunden werden, beispielsweise durch eine Zertifizierung.

Die nachfolgende Gliederung ist daher in zwei Teile untergliedert. Der erste Teil zielt zunächst darauf ab, dem Leser die Grundlagen des Qualitätsmanagements zu vermitteln, um im Anschluss die Grundlagen der Normungsarbeit wiederzugeben. Der zweite Teil behandelt konkret das vertiefende Wissen hinsichtlich Qualitätsmanagements in der Bildungsbranche. Damit sollte der Leser nicht nur die Grundlagen des Qualitätsmanagements und die daraus resultierenden Vorteile verstehen, sondern zudem eine ideale Strategie in Bezug auf die Anwendung von Normen in der Bildungsbranche ableiten können.

Abschließend möchte ich darauf eingehen, dass ich in meiner Recherche vor der Erstellung dieses Werkes von Beginn an mit Literatur im Bereich Qualitätsmanagement vertraut bin. Ich wage von mir zu behaupten, dass ich alle klassischen Werke in diesem Zusammenhang gelesen und verstanden habe. Dennoch faszinierte mich eine Feststellung, die mich bis heute verwundert und zugleich Anlass dieses Werkes ist. Viele Werke zur ISO 9001 sind von naturwissenschaftlich geprägten Personen verfasst worden, unzählige Qualitätsmanagement-Literatur wurde von Ingenieuren geschrieben und die meisten Publikationen im Bereich der Bildung stammen von Pädagogen und anderen geisteswissenschaftlichen Personen. Ohne Zweifel ist diese Behauptung nicht wissenschaftlich fundiert und dennoch eine essenzielle subjektive Feststellung meiner Person. Daher entschied ich mich, eine Publikation anzuregen, die einen vollkommen anderen Hintergrund und eine gänzlich andere Motivation verfolgt. Ein praxisorientiertes Werk, fachlich fundiert. Dabei soll die Sichtweise eines Betriebswirtes wiedergegeben werden, der selbst an der Normungsarbeit beteiligt ist und auf die Erfahrungen und den Wissensaustausch von 33 Nationen weltweit zurückgreifen kann. Es soll nicht um statistische Methoden und mathematisch fundierte Erhebungs- und Auswertungsmethoden gehen. Ebenso wenig finden in diesem Werk pädagogische oder methodisch-didaktische Ansätze einen Raum. Hierfür gibt es im Wesentlichen drei Gründe:

1. Ich bin in diesen Bereichen gegenwärtig weder fachlich noch methodisch kompetent genug.
2. Es gibt zahlreiche Experten und Fachliteratur, die sich mit genau diesen genannten Inhalten (besser) beschäftigen.
3. Diese Inhalte entsprechen nicht dem gewünschten Lernerfolg und meiner Motivation mit diesem Werk.

Damit hoffe ich, eine erweiterte Perspektive vermitteln zu können, neue Denkansätze und Ideen zu liefern und den gewünschten Effekt zu erzeugen, Qualitätsmanagement motiviert zu leben. Ich wünsche viel Spaß beim Lesen, Überdenken und Kritisieren. Getreu des prozessorientierten Ansatzes liefere ich Ihnen einen Input – generieren Sie einen Output! Über Ihre Rückmeldungen, inwieweit die Inhalte hilfreich waren, würde ich mich persönlich sehr freuen.

Dresden, Deutschland
Juli 2019

Florian Mai

Inhaltsverzeichnis

Über den Autor

Florian Mai studierte Betriebswirtschaft mit einer Spezialisierung auf Produktions- und Dienstleistungsunternehmen an der Staatlichen Studienakademie Dresden. Dabei legte er seit dem zweiten Semester den Fokus auf Qualitätsmanagement. Um die Mehrwerte eines Qualitätsmanagements zu teilen und den Wissenstransfer zwischen Theorie und Praxis zu vertiefen, im beiderseitigen Interesse, gründete er mit vier Kommilitonen die studentische Unternehmensberatung incession-beratung.de. In der Kooperation aus fünf Einzelunternehmen legte die studentische Unternehmensberatung den Fokus auf controllingbezogene Managementberatung, Existenzgründungsberatung und Beratung zu Online-Marketing. Vereinzelte Beratungsprojekte wurden um Themenfelder des Qualitätsmanagements ergänzt. Schließlich gipfelte die Unternehmensberatung in einer engen Kooperation mit einer renommierten Dresdner Unternehmensberatung, die den Fokus auf Fördermittelmanagement und Qualitätsmanagement legte.

Die Erfolge der Kooperationen und weitere Spezialisierung auf die allgemeine Managementberatung von Jungunternehmen sowie Qualitätsmanagementsystemen endete in der strategischen Weiterentwicklung, Positionsfestigung und Umfirmierung. Aus der Kooperation zwischen Einzelunternehmen entstand die Incession UG (haftungsbeschränkt) Gesellschaft für Unternehmensberatung, die binnen weniger Monate in eine GmbH gewandelt wurde. Nun sitzt die Incession GmbH in Dresden und berät schwerpunktmäßig Unternehmen der Bildungsbranche bei der Einführung eines Qualitätsmanagementsystems nach ISO 29990, ISO 29993, ISO 210001 und ISO 9001 sowie AZAV. Weiterhin unterstützt die Incession GmbH Unternehmensberater bei der Einführung eines Qualitätsmanagementsystems nach ISO 20700. In einem Netzwerk aus kleineren Unternehmensberatungsgesellschaften, Coaches und Kanzleien unterstützt die Incession GmbH beziehungsweise die

Incession Academy (zugelassener Bildungsträger) zudem die Existenzgründung auf vielfältige Weise, sei es durch One-by-One-Coachings, Seminare und Veranstaltungen.

Als zertifizierter Qualitätsmanagement-Beauftragter nach DIN EN ISO 9001:2015 und DIN ISO 29990:2010 sowie „certified Quality Management System Consultant according to ISO 10019:2005“ und staatlich anerkannter Unternehmensberater durch das Bundesamt für Wirtschaft und Ausfuhrkontrolle, ist Florian Mai erfolgreicher Unternehmer und Berater.

Um darüber hinaus zukünftigen Normanwendern und Qualitätsmanagement-Verantwortlichen einen ersten Einblick in die Materie zu vermitteln, lehrt Florian Mai als Dozent in dem Modul Qualitäts- und Umweltmanagement, Controlling und Allgemeine Betriebswirtschaft an der Staatlichen Studienakademie Dresden. In diesem Zusammenhang betreut er Bachelorthesen mit den Schwerpunkten Qualitätsmanagement, Controlling und Marketing. Weiterhin doziert Florian Mai in Zusammenarbeit mit dem Ayurveda Campus Schwerin und der Fachakademie für Jugendcoaching Düsseldorf Module im Bereich Existenzgründung und Entrepreneurship.

Neben der beratenden und lehrenden Tätigkeit wirkt Florian Mai an der Entwicklung internationaler Normen und Standards mit. Er ist Mitarbeiter im Normenausschuss für „Bildungsdienstleistungen“ im Deutschen Institut für Normung e. V. (DIN) und seit 2018 Chairman des ISO/TC 232 „Education and Learning Services“ der International Organization for Standardization (ISO). In seiner Rolle als Chairman leitet er einen Ausschuss aus internationalen Experten im Bereich Bildung und Lerndienstleistungen mit dem gemeinsamen Fokus der Normung und Standardisierung der Bildungsbranche.

In seiner Freizeit beschäftigt sich Florian Mai leidenschaftlich mit dem Segel- und Wassersport. Er besitzt eine kleine Flotte aus Segelbooten, die er gern der Ausbildung junger, ambitionierter Menschen zu Verfügung stellt, um das Segeln zu erlernen. Zudem veranstaltet Florian Mai jährlich mehrere Segeltörns als Team-Event für Mitarbeiter und Partner, um die Kommunikation, Führungsfähigkeiten und die Motivation zu verbessern.

Teil I

Einige Grundlagen vorweg …

Was bedeutet Qualität und welche Verbindung besteht zwischen Normanwendern, Normungsinstitutionen und Zertifizierungsgesellschaften?

Bevor dieses Werk auf die expliziten Anforderungen und Empfehlungen eines Qualitätsmanagements für die Bildungsbranche eingeht, müssen zunächst einige Grundlagen erläutert werden.

Diese Grundlagen sind primär auf die historische Entwicklung des Qualitätsbegriffes und die Inhalte der ISO 9000 ff.-Reihe bezogen. Dabei wird dieser erste Teil des Werkes die Lehre Demings einbeziehen, der als „Vater des modernen Qualitätsmanagements" gilt. Deming ist mit seiner Managementlehre maßgeblich an den Inhalten der verbesserten ISO 9001-Norm einbezogen, wenn auch nicht persönlich. Um Qualitätsmanagement und Normen (im Bereich Qualitätsmanagement) ganz allgemein verstehen zu können, sollten ebenso die Deming'schen Lehren bekannt sein und verstanden werden.

Insgesamt ist der Nutzen dieses ersten Teils somit, dass alle Lesenden den zweiten Teil mit dem gleichen, vorausgesetzten Wissen erarbeiten können. Zudem muss für den zweiten Teil der erste Teil verstanden werden, da die dargestellte Begriffsherleitung und Philosophie für den zweiten Teil unerlässlich ist.

Abhängig von den Eingangskompetenzen der Lesenden scheint der erste Teil dieses Werkes keinen unmittelbaren Nutzen für einen Normanwender zu haben. Doch bei tiefgründigem Verstehen erleichtern die Inhalte das Lesen und Verstehen des zweiten Teils erheblich. Zudem ist dieses Grundwissen die Voraussetzung, um die Normtexte selbst und deren Intention im Eigenstudium nachvollziehen zu können.

Einführung in das Qualitätsmanagement

1

„Qualität ist kein Zufall, sie ist immer das Ergebnis angestrengten Denkens"

– John Ruskin

Zusammenfassung

Das Verstehen der Begriffe Qualität, Qualitätsmanagement und Qualitätsmanagementsystem ist essenziell, um Qualitätsmanagement als Thema, betriebswirtschaftliche Disziplin und Grundinstrument für Erfolg zu interpretieren. Darüber hinaus ist Qualitätsmanagement ein strategischer Ansatz und eine Unternehmensphilosophie. Daher ist es entscheidend, zunächst die Bedeutung, Zusammenhänge und historische Entwicklung des Qualitätsmanagements herzuleiten. Außerdem sollten grundlegende Zusammenhänge zwischen der Anwendung von Normen, den Normungsinstitutionen und den Zertifizierungsgesellschaften erläutert werden, leicht verständlich und fachlich fundiert. Denn auch wenn insbesondere Normung und Zertifizierung gern in einen Zusammenhang gebracht werden, bestehen fundamentale Unterschiede. Anspruch des Kapitels ist demnach die prägnante Auseinandersetzung mit dem Qualitätsmanagement durch die Festlegung und Definition von Begriffen sowie einem Exkurs in die historische Herleitung des Qualitätsbegriffes. Abschließend wird dieses Kapitel auf die Grundlagen der Normungsarbeit eingehen, die in Kap. 4 expliziter aufgegriffen und umfassender erläutert

F. Mai, *Qualitätsmanagement in der Bildungsbranche*,
https://doi.org/10.1007/978-3-658-27004-9_1

werden sollen. Leser dieses Kapitels sollten am Ende in der Lage sein, Qualität, Qualitätsmanagement und Qualitätsmanagementsystem für sich zu beschreiben und den Zusammenhang zwischen Normanwendern, Normung und Zertifizierung einzuschätzen. Entsprechend der Kapitelnummerierung setzt dieses Kapitel absolut keine Kenntnisse voraus. Weder Kenntnisse im Zusammenhang mit Betriebswirtschaft, noch mit Qualitätsmanagement oder der Bildungsbranche.

1.1 Festlegung und Definition relevanter Begriffe

„Qualität besteht, wenn der Preis längst vergessen ist." – Henry Royce

1.1.1 Was bedeutet Qualität eigentlich?

Qualitätsmanagement, das

Wortart:	Substantiv, Neutrum
Worttrennung:	Qua|li|täts|ma|nage|ment
Bedeutung:	Gesamtheit der sozialen und technischen Maßnahmen, die zum Zweck der Absicherung einer Mindestqualität von Ergebnissen betrieblicher Leistungsprozesse angewendet werden (z. B. Qualitätskontrolle, Endkontrolle) [1]

Qualitätsmanagement – Beim ersten Lesen scheint der einfache Begriff simpel erklärbar zu sein. Wie oben definiert, ist Qualitätsmanagement sinngemäß als die Gesamtheit von Maßnahmen zu interpretieren, die dazu dienen, eine Mindestqualität zu erreichen [1].

Eine andere Wissensplattform definiert *Qualitätsmanagement* wiederum als ...

► ... die Summe aller Tätigkeiten und Zielsetzungen zur Sicherung der Produkt- und Prozessqualität unter Berücksichtigung der Wirtschaftlichkeit, Gesetzgeber, Umwelt und Kunden [1].

Zusammenfassend ist festzustellen, dass die beiden repräsentativen Ansätze der Begriffserklärung versuchen, die Definition von Qualitätsmanagement durch eine Trennung der Begriffsbestandteile zu ermöglichen. Hierbei wird der zweite Begriffsbestandteil *Management* als eine Summe an Maßnahmen oder Tätigkeiten interpretiert. Hingegen stellt der Begriffsbestandteil *Qualität* lediglich das Ziel des Managements dar, ohne selbst definiert zu werden.

Folglich müssen für das vorliegende Werk einheitliche und weitreichend akzeptierte Definitionen bestimmt werden, die dazu beitragen, dass jeder Leser im Zusammenhang mit den verwendeten Begriffen die gleiche Ausgangssituation nachweisen kann.

Und was wäre als Grundlage der Begriffsdefinition besser geeignet als eine Norm?

Eine ISO-Norm ist international und universell gültig. Daher wird für die folgenden Definitionen die DIN EN ISO 9000:2015 „Qualitätsmanagementsysteme – Grundlagen und Begriffe" herangezogen, deren Inhalt in Kap. 3 explizit erläutert werden. Die Norm kann als das „Wörterbuch des Qualitätsmanagements" bezeichnet werden und definiert alle wesentlichen Begriffe im Zusammenhang mit Qualitätsmanagement und -systemen. So wird beispielsweise auch der Begriff Qualitätsmanagement detailliert definiert.

Begriff Qualitätsmanagement

► Der Begriff Qualitätsmanagement bezeichnet das Management hinsichtlich Qualität [2].

Folglich sollten die Begriffe *Qualität* und *Management* näher betrachtet werden, um genau nachvollziehen zu können, was Management hinsichtlich Qualität bedeutet:

- Was bedeutet Management?
- Was bedeutet Qualität?
- Wie kann Qualität gemanagt werden?
- Wer managt Qualität?
- Wo wird Qualität gemanagt?
- Wann wird Qualität gemanagt?
- Welche Unterstützung wird dabei benötigt?
- Und warum ist es notwendig, Qualität zu managen?

Begriff Management

Allein in der Wirtschaftswissenschaft (insbesondere der Betriebswirtschaftswissenschaft) existieren zahlreiche wissenschaftliche Abhandlungen und sogar eigene Universitätslehrstühle, die der Frage nach der Definition und Bedeutung von Management nachgehen. Für das vorliegende Werk und die Herleitung des Begriffes *Qualitätsmanagement*, wird folgende sinngemäße Definition der Managementlehre verwendet:

▶ Management bezeichnet das Führen, Leiten und Lenken untereinander abgestimmter Prozesse eines Unternehmens zur Erreichung festgelegter Ziele.

Die ISO 9000:2015 verwendet eine ähnliche Definition. Entscheidend ist dabei jedoch eine Verkettung des Begriffes *Management* mit der Unternehmensführung [2]. Diese Verkettung ist bei dem Begriff *Management* im Kontext von Qualitätsmanagement nicht gewünscht. Wenngleich der Unternehmensführung in der Normung eine entscheidende Rolle zugesprochen wird. So ist beispielsweise das gesamte Kap. 5 der DIN EN ISO 9001:2015 der Unternehmensführung gewidmet und nennt Anforderungen an diese hinsichtlich Qualität und Verantwortung.

Begriff Qualität

Die Definition von Qualität ist vermeintlich am schwierigsten, da im alltäglichen Sprachgebrauch Qualität mit einer hohen Güte von Produkten und Dienstleistungen gleichgesetzt wird. Als Nebeneffekt entsteht die Wahrnehmung der Käufer, qualitative Produkte und Dienstleistungen seien preislich teurer als weniger qualitative Produkte und Dienstleistungen. Diese bilaterale Wahrnehmung soll in Abb. 1.1 verdeutlicht werden.

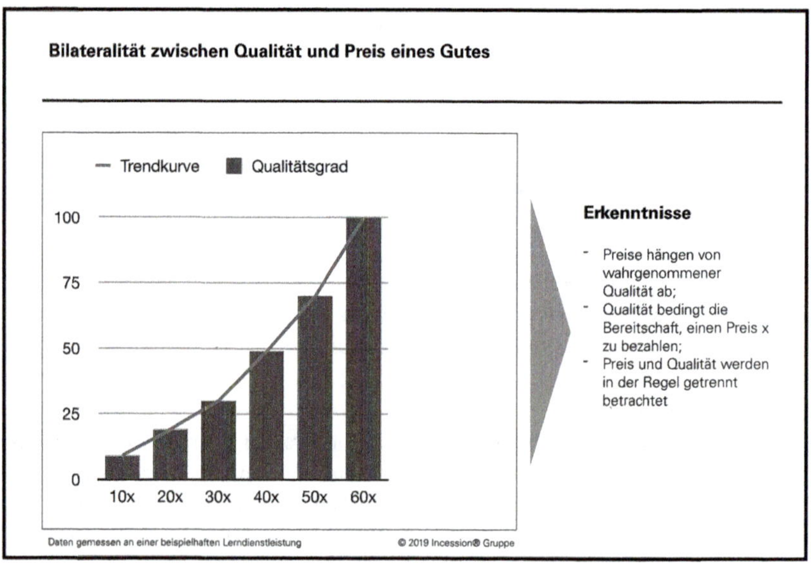

Abb. 1.1 Bilateralität zwischen Qualität und Preis eines Gutes

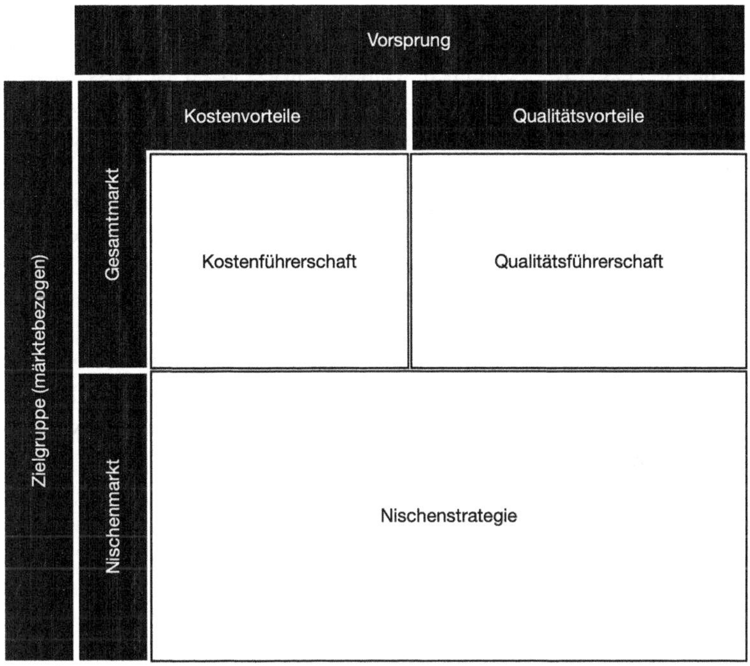

Abb. 1.2 Wettbewerbsstrategien globalisierter Märkte

Um die wahrgenommene Bilateralität und Vermutung von Käufern zu widerlegen, können Wettbewerbsstrategien herangezogen werden. So verdeutlicht insbesondere die Outpacing-Strategie, dass eine hohe Qualität sehr gut mit niedrigen Preisen verknüpft werden kann. Zur besseren Veranschaulichung sollte die Abb. 1.2 herangezogen werden.

Während Michael E. Porter in seinen Ausführungen zu Wettbewerbsstrategien im Wesentlichen drei Positionierungen vorsah, werden nach heutiger Auffassung zwei neue Marktpositionierungsstrategien ergänzt. Porter beschrieb folgende drei grundsätzliche Marktpositionierungsstrategien [3]:

1. Kostenführerschaft im Gesamtmarkt
2. Qualitätsführerschaft im Gesamtmarkt
3. Fokussierung/Nischenstrategie bezogen auf Teilmärkte (selektive Kosten- oder Qualitätsführerschaft)

Die Outpacing- und die Kundenbindungsstrategie komplettieren die Kombinationsmöglichkeiten zwischen Qualitäts- und Kostenvorteilen, die in der Literatur nicht durch PORTER beschrieben wurden. Entscheidend ist, dass auch diese Marktpositionierungsstrategien vorrangig die Deckungsgleichheit des Qualitätsbegriffes mit der Güteklassifizierung eines Produktes oder einer Dienstleistung unterstellen.

Doch ist Qualität tatsächlich nur die Güte eines Produktes oder einer Dienstleistung ohne weitere Produkt-/Dienstleistungseigenschaften einzubeziehen?

Um diese Frage zu beantworten, müssen die Interessierten des Produktes oder der Dienstleistung hinsichtlich ihrer Anforderungen befragt werden. Da neben dem Unternehmen selbst und den Käufern auch andere Interessierte bestehen, ist der Begriff Stakeholder einzuführen. Tab. 1.1 fasst einige Stakeholder einer Lerndienstleistung in Anlehnung an den Kontext der Organisation aus der DIN EN ISO 9001:2015 zusammen, die beispielsweise Anforderungen an ein Produkt oder eine Dienstleistung stellen können [4].

Tab. 1.1 Stakeholder einer Lerndienstleistung unter Einbeziehung des Kontexts der Organisation

Externe Themen (international, national, regional und lokal)	
Gesetzliches Umfeld	Gesetzgeber, Behörden und Juristen
Technisches Umfeld	Lieferanten technischer Produkte und Dienste, Universitäten, Forschungseinrichtungen, Durchführende von Wartungsarbeiten
Wettbewerbliches Umfeld	Potenzielle und bestehende Wettbewerber und Substitute
Marktbezogenes Umfeld	Lieferanten und Kunden (Beschaffungs- und Absatzmärkte)
Kulturelles Umfeld	Gesellschaft
Soziales Umfeld	Gesellschaft, Nachbarn, Kooperationspartner, Mitarbeiter, Gesellschafter, Fremdkapitalgeber, Lieferanten, Kunden
Wirtschaftliches Umfeld	Umgebende Unternehmen, Nachbarn, Kooperationspartner, Mitarbeiter, Gesellschafter, Fremdkapitalgeber
Interne Themen	
Werte	Unternehmenskultur, Corporate Identity, Ethik, Ehrbarer Kaufmann, Nachhaltiges und verantwortungsbewusstes Handeln
Kultur	Corporate Culture
Wissen	Vorhandenes Wissen, Forschung und Entwicklung sowie Innovation, Lernen, betriebliche Weiterbildung
Leistung	Arbeitsleistung, Maschinenleistung, Rechenleistung, Kapital (human, finanziell)

Beispiele gegliedert nach internen und externen Themen einer Organisation [4]

Die Auffassung, Stakeholder bei der Frage einzubeziehen, welche Elemente Bestandteil der Qualität sind, teilen auch die Normungsinstitutionen, darunter:

- International Organization for Standardization (ISO)
- Comité Européen de Normalisation (CEN)
- Deutsches Institut für Normung (DIN)

Die ISO 9000:2015 benutzt für die Erklärung des Begriffes Qualität folgende Definition:

► Qualität ist der Grad, in dem eine Menge innewohnender Merkmale eines Objektes Anforderungen erfüllt.

Somit ist Qualität nicht nur die Güte eines Objektes, sondern der Zufriedenheitsgrad hinsichtlich der Erfüllung aller Erwartungen und Erfordernisse von Stakeholdern. Qualität wird eine quantifizierbare Größe, die anhand der Zufriedenheit von Stakeholdern ermittelt werden kann: sie ist messbar. Dabei ist nicht nur die Güte in die Zufriedenheit einzubeziehen, sondern weitere von Stakeholdern erwartete Merkmale. Jedoch wird eine Einschränkung hinsichtlich der Merkmale festgestellt – Merkmale müssen innewohnend sein.

Üblicherweise sind innewohnende Merkmale einer Lerndienstleistung:

- Güte
- Lernzielerreichung
- Lern- und Wissenstransfer
- Anwendbarkeit des Erlernten (Praxisorientierung und beruflicher Kontext)
- Kongruenz zwischen Angebot und Leistungserstellung
- Servicequalität der Betreuung
- Zusatzservices
- After-Sales-Services
- Informationsbereitstellung
- Angebotsprozess
- Vertragsprozess
- Abschluss der Lerndienstleistung
- Bewertung und Evaluation der Lerndienstleistung
- Beschwerde- und Verbesserungswesen
- Preis

Doch wann ist ein Merkmal innewohnend und wie kann ein Preis Bestandteil von Qualität sein?

Zur Beantwortung dieser Frage ist ein Schritt von der Betriebswirtschaft in die Volkswirtschaft notwendig. Nach Adam Smith, Vater der Ökonomie, existieren in der Wirtschaftswissenschaft zwei unterschiedliche Elemente der Preisbildung [5]:

1. der natürliche Preis
2. der Marktpreis

Der natürliche Preis ist der Preis, der zur Deckung aller kalkulierter Kosten erzielt werden muss. Smith nannte dabei die drei Produktionsfaktoren

1. Arbeit,
2. Boden,
3. Kapital.

In die heutige Form der Preiskalkulation übertragen, beschreiben die drei Produktionsfaktoren die Kosten, die in Tab. 1.2 veranschaulicht werden.

Die sinngemäße Zusammenfassung des Werks von Smith sieht folgenden Ansatz vor:

Als Arbeit bezeichnet Smith insgesamt die Leistung, der kostenseitig die Vergütung von Mitarbeitern entgegensteht. Hierunter sind Löhne, Gehälter und Provisionen, sowie alle damit verbunden Sozialkosten und sonstige Kosten zu verstehen.

Unter Boden berücksichtigt Smith die mit der Bereitstellung von Grund und Boden sowie Gebäuden und Maschinen in Verbindung stehenden Kosten. Darunter sind beispielsweise Kosten wie Pacht, Miete, Grundsteuer und Abschreibungen verbunden.

Kapital fasst Smith als alle Kosten zusammen, die mit der Beschaffung und Rückzahlung von Eigen- und Fremdkapital in Verbindung stehen. Hierzu zählen beispielsweise Fremdkapitalzinsen und die Verzinsung des Eigenkapitals (Gewinn).

Hingegen ist der Marktpreis im Gegensatz zu dem natürlichen Preis der Preis, der tatsächlich nach dem Gesetz des Marktes erzielt werden kann. Er ist abhängig von Angebot und Nachfrage und kann sowohl über als auch unter dem natürlichen Preis liegen. Die Abb. 1.3 verdeutlicht das Gesetz des Marktes in vereinfachter Darstellung im genannten Zusammenhang durch Angebots- und Nachfragekurve.

Die umfassende Erläuterung des Unterschieds zwischen natürlichem und Marktpreis ist notwendig, um zu erschließen, inwieweit der Preis als innewohnendes Merkmal in den Qualitätsbegriff einzubeziehen ist.

Die Hypothese, dass der Preis ein innewohnendes Merkmal eines Gutes/einer Dienstleistung ist und damit auch ein Bestandteil der Qualität, kann weiterhin auch durch die Funktionen des Geldes hergeleitet werden. In der Volkswirtschaft werden dem Geld vier Grundfunktionen zugeschrieben [6]:

Tab. 1.2 Beispielhafte Preiskalkulation einer Lerndienstleistung in Verbindung mit Produktionsfaktoren nach Smith

Kostenart (KLR)	Produktionsfaktoren	Faktorkosten	Kostenbeispiele
Materialeinzelkosten	Kapital	Zins (Amortisation der Anschaffung)	Lerndienstleistungsunterlagen Sonstige Materialien wie Blöcke, Stifte, …
Materialgemeinkosten	Kapital	Zins (Amortisation der Anschaffung)	Warenwirtschaft Einkauf EDV (bei Bereitstellung von eLearning Portalen und deren Zugängen)
Fertigungseinzelkosten	Arbeit	Lohn	Dozenten
Fertigungsgemeinkosten	Boden	Rente (Miete)	Miete Ausstattung
Verwaltungsgemeinkosten	Arbeit	Lohn	Geschäftsführung Assistenz Buchführung Controlling
Vertriebsgemeinkosten	Kapital, Zins	Zins (Amortisation der Anschaffung und des Betriebs), Lohn	Werbemittel Website Vertrieb
Aufschlag	Kapital	Zins (Gewinn)	Gewinn Fremdkapitalzins
Die Tabelle dient lediglich der Herleitung des Qualitätsbegriffes und sollte nicht zur Kalkulation von Preisen verwendet werden.			

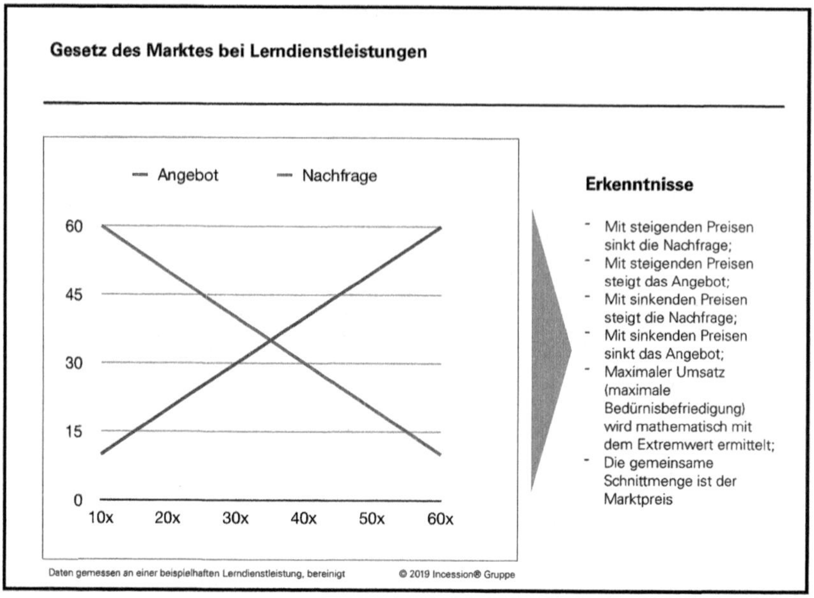

Abb. 1.3 Gesetz des Marktes bei Lerndienstleistungen

1. Tauschmittel
   Der Austausch von Gütern wird durch Geld vereinfacht
2. Zahlungsmittel
   Geld, sofern es akzeptiert wird, dient als Zahlungsmittel
3. Recheneinheit
   Güter- und Vermögenswerte können in Geld ausgedrückt und verglichen werden
4. Wertaufbewahrungsmittel
   Kauf und Verkauf von Güter- und Vermögenswerten können zeitlich auseinanderliegen, wenn das Material des Geldes beständig ist

Entscheidend ist für den Begriff *Qualität* die Funktion der Recheneinheit des Geldes. Durch Geld als Recheneinheit können die genannten Bestandteile eines Preises (Arbeit, Boden, Kapital) beziffert werden. Dies wäre ohne die Funktion des Geldes als Recheneinheit nicht möglich und die Bestandteile des Preises einer Lerndienstleistung müssten in Stunden, Dozenten oder anderen abstrakten „Einheiten" ausgedrückt werden. Damit stellen Kosten und Preise zwingend innewohnende Merkmale eines Objektes dar, da ansonsten kein Bezug zu dem Objekt hergestellt werden kann. Damit wird auch die Hypothese gestützt, dass Preise Bestandteile des Qualitätsbegriffes sind und nicht ausschließlich mit der Güte gleichgesetzt werden können. Wenn Stakeholder einen bestimmten (niedrigen) Preis für ein Gut oder eine Dienstleistung erwarten und das Unternehmen in der Lage ist, die Erwartungen zu erfüllen, erzielt es einen ebenso hohen Grad an Bedürfnisbefriedigung wie ein Unternehmen der Qualitätsführerschaft. In diesem Zusammenhang kann geschlussfolgert werden, dass auch eine Kosten-, eine Kundenbindungs- und eine Outpacing-Strategie mit dem Begriff Qualität einhergehen. Folglich ist der Begriff Qualität viel weiter zu fassen als im allgemeinen Sprachgebrauch angenommen. Qualität im Kontext des Qualitätsmanagements ist vollkommen von der reinen Güteklassifizierung losgelöst und öffnet neue Perspektiven der strategischen Ausrichtung eines Unternehmens. Das Verständnis für die eigene Wertschöpfung wie auch für die Außenkommunikation kann durch die Begriffserklärung im weiteren Sinne positiv beeinflusst werden.

Begriff Qualitätsmanagementsystem

Abschließend sollte der Begriff *Qualitätsmanagementsystem* definiert werden. Nachdem der Begriff *Qualität* bekannt ist, muss weiterhin das *Managementsystem* bestimmt werden.

► Ein Managementsystem in einem betriebswirtschaftlichen Zusammenhang besteht aus mehreren untereinander verknüpften, sich gegenseitig beeinflussenden Elementen, Abteilungen oder Bereichen eines Unternehmens. Diese versuchen Politiken, Ziele und Prozesse festzulegen, die die Zielerreichung verfolgen.

Die in der Definition genannten Politiken werden als Absichten und Ausrichtungen betrachtet. Weiter gefasst sind neben Politiken auch Leitbilder, Visionen und Missionen einzuschließen, deren Definitionen allerdings nicht näher erläutert werden sollen. Ein gängiges Beispiel aus der Praxis zu Qualitätspolitiken ist nachfolgend zu entnehmen.

Praxisbeispiel

Eine Bildungseinrichtung aus Hamburg mit ca. 2000 Seminarteilnehmern pro Jahr weist die nachfolgende Qualitätspolitik durch die Website nach.

Unser Unternehmen wird bis 2030 der beliebteste und wirtschaftlich erfolgreichste Seminaranbieter der Hansestadt Hamburg. Wir pflegen hierbei einen partnerschaftlichen Umgang mit unseren Seminarteilnehmern, Dozenten und Mitarbeitern. Wir zählen zu den drei beliebtesten Arbeitgebern der Region Norddeutschland.

Ein Einzelunternehmen mit einem Trainer und Inhaber aus Sachsen mit ca. 90 Trainings pro Jahr verdeutlicht seine Qualitätspolitik durch sein Curriculum und die Umsetzung im Training.

Ich werde bis 2025 der innovativste Trainer in Sachsen sein. Ich will nicht zu den Besten gehören, sondern der Beste sein! Meine enorme Innovationskraft, meine unbegrenzte Motivation und mein innerer Ansporn unterstützen mich dabei, dieses Ziel zu erreichen. Ich werde der Pionier im Bereich digitaler Trainings sein und den Grundstein für das Training 4.0 legen.

Die in der Definition genannten Ziele, die das Managementsystem neben den Politiken anvisiert, sind mit *geplanten Ergebnissen* der Unternehmensprozesse gleichzusetzen. In diesem Zusammenhang sollte prägnant der prozessorientierte Ansatz des Qualitätsmanagements erläutert werden, um darauffolgend die Definition des Managementsystems abzuschließen. Weiterführend wird der prozessorientierte Ansatz in Abschn. 3.3 vorgestellt.

Der prozessorientierte Ansatz stellt im Qualitätsmanagement einen der entscheidendsten Ansätze dar. Zum einen ist er eine von drei Grundlagen des Qualitätsmanagementsystems. Zum anderen ist der prozessorientierte Ansatz einer von sieben Grundsätzen des Qualitätsmanagements. Weiterhin bildet die Prozessorientierung die Basis der DEMING'schen Lehre, die im Rahmen des vorliegenden Werkes in Kap. 2 noch detaillierter beschrieben wird. Insgesamt ist die Anwendung des prozessorientierten Ansatzes mit folgenden Vorteilen zu verknüpfen:

1. Verstehen und Steuern der Anforderungen und deren konsequente Einhaltung
2. Betrachtung der Prozesse hinsichtlich Effizienz und Wertschöpfung
3. Erreichung von Effizienz
4. Bewertung von Daten und Informationen
5. Verbesserung der Prozesse

Zur Verdeutlichung des prozessorientierten Ansatzes kann die Abb. 1.4 in Anlehnung an die DIN EN ISO 9001:2015 verwendet werden.

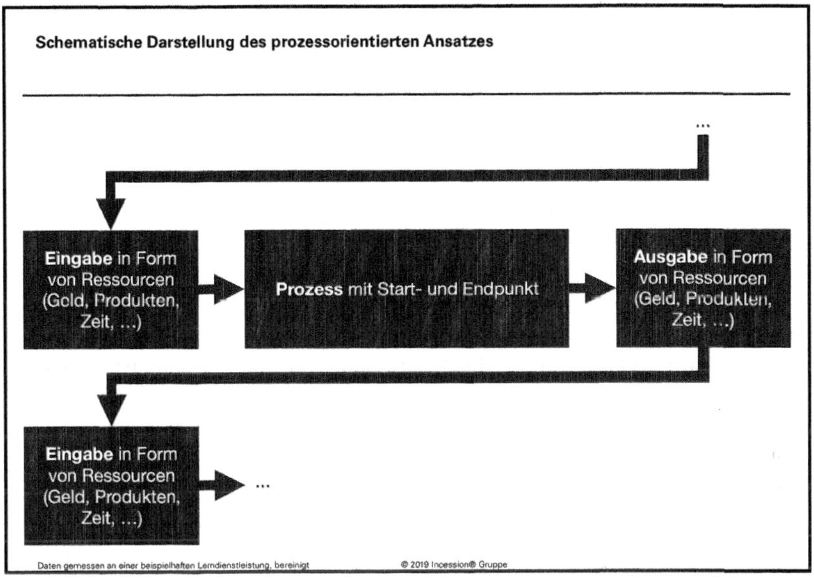

Abb. 1.4 Schematische Darstellung des prozessorienterte Ansatzes

1.2 Historische Entwicklung des Qualitätsmanagements

„Qualität ist die günstigste Art, sein Geld anzulegen." – Aba Assa

1.2.1 Wie und mit welchem Hintergrund wurde Qualitätsmanagement entwickelt?

Wieso sollte die historische Entwicklung von Qualitätsmanagement für ein Unternehmen der Bildungsbranche relevant sein? Dies ist eine ausgesprochen häufige Frage, die in der Lehre und Unternehmensberatung von Studenten und Mandanten gestellt wird. Die Antwort darauf ist nicht weniger prägnant – Ohne den historischen Bezug und die Kenntnis der Entwicklungen von Qualitätsmanagement können keine Rückschlüsse hinsichtlich vergangener Fehler und Fehlerursachen getroffen werden. Getreu dem Motto, wer die Vergangenheit vergisst, erlebt sie zweimal, ist die Betrachtung der historischen Entwicklung ein zwingender Bestandteil einer gesamtheitlichen Betrachtung.

1.2.1.1 Bronze- und Eisenzeit von 2200 v.Chr. bis 800 n.Chr.

Der Beginn des Qualitätsmanagements kann nicht eindeutig bestimmt werden. Daher scheint es zunächst absurd, mit der Bronzezeit zu beginnen. Doch bezogen auf die oben beschriebenen Definitionen kann der Beginn gut und gern in den frühen Anfängen der Marktwirtschaft gesehen werden.

Marktwirtschaftliches Handeln in der Bronzezeit als ein einfacher Austausch zwischen Angebot und Nachfrage fordert bei beiden Parteien ein gemeinschaftliches und akzeptiertes Verständnis für die Merkmale, die die Tauschgüter besitzen sollen. Das folgende Beispiel soll die Herleitung des frühen Qualitätsverständnisses unterstützen.

Beispiel des frühen Qualitätsverständnisses

Wird der simpelste Fall eines marktwirtschaftlichen Handels angenommen, besteht der direkte Tausch zwischen Gütern. Aus der Perspektive einer Handelspartei ist das angebotene Gut ein Objekt mit definierten Merkmalen. Es soll gegen ein nachgefragtes Gut mit definierten Merkmalen getauscht werden.

Das angebotene Gut sei eine kunstvoll gegossene Brosche und besitzt bestimmte Merkmale, die eine Abgrenzung zu anderen Broschen aufweist:

- Physikalische/physische Merkmale
  - Fehlerfreiheit im Gussprozess
  - Keine Lufteinschlüsse
  - Goldener Glanz durch einen hohen Kupferanteil von 90 %
  - Mechanische Performance durch einen Zinngehalt von 10 %
  - Keine Patina
- Künstlerische Merkmale
  - Interessantes Motiv
  - Detaillierte Ausführung
  - Moderne Linienführung
- Servicemerkmale
  - Zwischenmenschliche Sympathie
  - Dauerhafter Reparatur- und Politurservice
  - Kompetente Beratung

Das angebotene Gut ist aufgrund seiner Merkmale einzigartig. Es unterscheidet sich von den anderen vergleichbaren Gütern (Broschen im Wettbewerb) und Substituten (Medaillons, Anhänger, Armbänder, Ringe). Gleiches gilt für das nachgefragte Gut. Im Beispiel sei dies ein Lederbeutel Salz mit folgenden spezifischen Merkmalen:

- Chemische Merkmale
  - Hoher Reinheitsgrad
  - Hoher Weißheitsgrad
  - Salziger Geschmack
- Physikalische/physische Merkmale
  - Geringe Restfeuchte
  - Geringe Körnung
- Servicemerkmale
  - Hochwertiger Lederbeutel
  - Zwischenmenschliche Beratung

Was im Zusammenhang mit der Bildungsbranche kein hilfreiches Beispiel zu sein scheint, verdeutlicht klar verständlich und einfach nachvollziehbar den Qualitätsbegriff aus einer anderen Perspektive. Denn der Handel zwischen den beiden Handelsparteien kann nur dann zustande kommen, wenn ein einvernehmliches, klar definiertes und einheitliches Verständnis für die Merkmale der jeweiligen Güter besteht. Darüber hinaus müssen die Handelspartner einander von Beginn an Informationen zu den Gütern und deren Merkmale bereitstellen. Ebenso bestimmen die Güteeigenschaften die Wertigkeit, also den Preis. Im genannten Beispiel läge die Grundfrage vor, wieviel Salz dem Wert einer Brosche entspricht und umgekehrt. Hieraus wird neben den Merkmalen der Güte erneut deutlich, dass auch der Wert (Preis) ein innewohnendes Merkmal von Produkten und Dienstleistungen ist.

Aus dem gesamten Kausalzusammenhang ist anzunehmen, dass bereits in einer „vorzeitlichen" Handelsbeziehung feste Kriterien, Schlussfolgerungen und eine Form der Definition für den Qualitätsbegriff bestanden. Ebenso muss ein Management zur Erlangung dieser Qualität vorgelegen haben. Anderenfalls wäre es dem Broschenmacher (Bronzegießer/Kunsthandwerker) nicht gelungen, eine Brosche mit den genannten Merkmalen anzufertigen. Gleiches trifft auf alle gelenkten Prozesse einer Saline zu, die in der Lage war, das Salz in der entsprechenden Güte herzustellen.

1.2.1.2 Mittelalter bis Industrialisierung vom 6. Jahrhundert bis 18. Jahrhundert

Der vorangegangene Gedanke setzt sich im Mittelalter in einer umfassenderen Komplexität fort. Neben den einfachen Begriffen *Qualität* und *Qualitätsmanagement*, kann nun auch der Begriff eines *Qualitätsmanagementsystems* eingebracht werden. Durch zahlreiche Faktoren, die zu einer gesellschaftlichen, kulturellen und wirtschaftlichen Entwicklung und Stabilisierung der Weltwirtschaft führten, ist insbesondere die Systematisierung der Schrift ein entscheidender Faktor für das Qualitätsmanagement. Es kann angenommen werden, dass durch die Schrift und Dokumentation die Komplexität und Systematisierung fundamental verbessert wurden. Prozesse sind durch Dokumentationen nicht nur personenunabhängig durchführbar, sondern auch systematisch kopier- und skalierbar. Mit dem zunehmenden Handel (sowohl marginal als auch zwischen Kulturen/Ländern) stiegen die Anforderungen an die Organisation des Gütertauschs, unabhängig davon, ob Güter gegen Güter oder Güter gegen Geld getauscht werden. Dabei können mittelalterliche Zünfte als eine solche Organisation angesehen werden, die eine personenunabhängige und standardisierte Leistungserstellung vorantrieben. Sie definierten in umfassenden Werken, wie Produkte und Dienstleistungen zu erbringen sind und welche Voraussetzungen ein Leistungserstellender erfüllen musste, um Bestandteil der Zunft zu sein. Abhängig von dem Betrachter und Kontext, werden die Funktionen einer Zunft unterschiedlich beschrieben. Volks- und betriebswirtschaftlich betrachtet, kann eine Zunft in zwei Kernfunktionen untergliedert werden:

1. Einführung von Markteintrittsbarrieren
2. Einführung eines Qualitätsmanagementsystems

Die erste Kernfunktion lässt sich durch Ausführungen von Smith in „Der Wohlstand der Nationen“ beweisen [5]. Dabei bestand der Grundgedanke einer künstlichen Angebotsverknappung. Durch die Verknüpfung von Leistungserstellung an eine Zunft, war es nur noch Mitgliedern einer Zunft gestattet, bestimmte Gewerke herzustellen/Leistungen zu erbringen. So entstand in vereinzelten Städten ein Zunftzwang, der einer Gewerbefreiheit im Gegensatz stand. Unabhängig davon, ob dies gerecht ist, konnte unerwünschter Wettbewerb ausgeschlossen werden. So gelangen unter der Verwaltung einer Zunft keine Produkte und Dienstleistungen minderer Güte an die Kunden. Ebenso wenig gelangten Produkte und Dienstleistungen höherer Güte an Kunden. Somit liegt die Definition von Güte und Preis allein bei den Zünften.

Dies führt zu der zweiten Kernfunktion einer Zunft – dem Implementieren eines Qualtätsmanagementsystems. Die Tab. 1.3 verdeutlicht kurz und schlüssig den Zusammenhang zwischen den Qualitätsansätzen einer Zunft in Bezug auf die Gliederung der ISO 9001:2015.

Auf dieser Grundlage waren die mittelalterlichen Zünfte in der Lage städte- und länderübergreifender Qualitätsstandards festzulegen, umzusetzen und aufrechtzuerhalten.

Tab. 1.3 Einordnung der Tätigkeiten und Prozesse einer Zunft in die Gliederung der ISO 9001:2015

Kapitel 4 Kontext der Organisation	Wissen um die interessierten Parteien und deren Anforderungen, insbesondere der Abnehmer, der Stadt, der Gesetzgebung und der Wettbewerber, Betrachtung interner und externer Themen
Kapitel 5 Führung	Verpflichtung der Zunftvorsitzenden hinsichtlich des Managements und der Organisation der Zunft, Kundenorientierung, Fahren einer Qualitätspolitik, Aufbauorganisation mit Funktionsverteilung (Rollen und Verantwortlichkeiten)
Kapitel 6 Planung	Risikomanagement, Fahren von Qualitätszielen, Umgang mit Änderungen
Kapitel 7 Unterstützung	Dokumentation, Verknüpfung mit der Gesetzgebung, Management der Aus- und Weiterbildung, Festsetzung von Mindestlöhnen, Wissensmanagement, Veranstaltungen und Netzwerken, Bereitstellung einer Infrastruktur
Kapitel 8 Betrieb	Leistungserstellung und Bezugnahme externer Anbieter, Freigabe und Steuerung nichtkonformer Ergebnisse
Kapitel 9 Bewertung der Leistung	Bewertung der Leistungserstellung, Feedback durch Abnehmer, interne Audits (Prüfwesen der Zunft bei Handwerkern und Dienstleistern)
Kapitel 10 Verbesserung	Kontinuierliche Verbesserung des Managementsystems der Zunft und der Handwerker und Dienstleister

[Tabellenfu§zeile – bitte Ÿberschreiben]

1.2.1.3 Industrialisierung und Neuzeit ab dem 18. Jahrhundert

Mit Einsetzen der Industrialisierung Mitte des 18. Jahrhunderts und der weitestgehenden Arbeitsteilung von Produktions- und Dienstleistungsprozessen gewann das Qualitätsmanagement weiter an Bedeutung. Schließlich führt das Zerlegen von Prozessen in Haupt- und Teilprozesse zu differenzierten Qualitätsanforderungen der jeweiligen Prozessergebnisse. Zur Verdeutlichung dieser Zerlegung in einzelne Prozesse, die teilweise ausgelagert werden können, soll folgendes Beispiel herangezogen werden.

Praxisbeispiel für das Zerlegen von Prozessen in Haupt- und Teilprozesse

Ein Tischler stellt Holztische her. Ein Tisch besteht dabei aus einer Deckplatte und vier Beinen. Die Bestandteile werden aus Holz gefertigt. Als Hilfsstoffe werden Klebstoff zur Verbindung und Eisennägel zur Fixierung verwendet. In einer nicht arbeitsteiligen Werkstätte besäße der Tischler nun folgende Werkzeuge und Betriebsstoffe:

- Werkzeuge zur Holzbearbeitung
- Kochstelle zur Herstellung von Birkenpech als Klebstoff
- Feldschmiede zur Herstellung der Eisennägel

Die Herstellungsprozess unterliegt nun einer hohen Komplexität. Zahlreiche Werkzeuge und Betriebsstoffe gilt es zu verwalten, deren Anschaffung vorzufinanzieren. Die Qualitätsanforderungen sind innerhalb der Werkstätte zu kontrollieren und zu managen. Der Hauptprozess ist in zahlreiche Neben- und Teilprozesse zu zerlegen, mit deren Ausführung der Tischler allein oder mit Tischlerkollegen betraut ist.

Dem Modell der Manufakturarbeit ist die arbeitsteilige Spezialisierung entgegenzusetzen, die Smith in seinen Werken detailliert untersuchte. Würde der Tischler seine Hauptprozesse spezialisiert fremdvergeben, wäre eine Verringerung des zeitlichen wie finanziellen Aufwands möglich. Durch die Fokussierung auf einen Hauptprozess setzen zudem Effekte wie Standardisierung, Automatisierung, Lern- und Erfahrungskurve ein. Als moderner Literaturhinweis sei zudem der Ansatz „Kopf schlägt Kapital“ zu nennen, der auf Faltin zurückgeht. Der Ansatz sieht vor, auf die Expertise und Kompetenzen externer Anbieter zurückzugreifen und den eigenen Fokus auf die Zusammensetzung dieser Komponenten zu legen [7].

Produktionsprozesse zu organisieren, indem sich der Unternehmer auf die tatsächliche Kompetenz beschränkt, ist nachweislich effizienter und kostengünstiger als eine Produktion in gänzlicher Eigenregie durchzuführen. Nachteilig ist in diesem Fall lediglich ein gegebenenfalls höheres Organisationsmanagement der internen Prozesse und externen Anbieter.

Fokussiert sich der Tischler nun auf das Handwerk, welches er erlernt hat, bedeutet das, dass er nur noch folgende Werkzeuge und Betriebsstoffe benötigt:

- Holz
- Werkzeuge zur Holzbearbeitung

Die Werkzeuge zur Herstellung von Klebstoff und Eisennägeln entfallen. Sie werden zu Hilfsstoffen. Dadurch verringern sich die aufzuwendenden Ressourcen wie Lagerkosten, Kosten der Herstellung, Opportunitätskosten, Anschaffungskosten, Instandsetzungs- und Reparaturkosten, zeitliche Ressourcen. Mit der Herstellung des Klebstoffes und der Eisennägel wurden Handwerker betraut, die sich ihrerseits darauf spezialisiert haben – Leimsieder und Nagelschmied. Damit kann der Tischler frei gewordene zeitliche und finanzielle Ressourcen für die Herstellung weiterer Deckplatten und Tischbeine verwenden und den Bezug von Klebstoffen und Eisennägeln organisieren.

Bei dem genannten Beispiel können die Prozesse auch weiter in Neben- und Teilprozesse gegliedert werden. Je tiefgründiger die Unterteilung in Prozesse erfolgt, umso spezialisierter wird dabei ein einzelner Prozess. Sind die Prozesse dabei so tiefgründig definiert und dokumentiert worden, dass geplante Ergebnisse mit festgelegten Eingaben auch personenunabhängig durchgeführt werden können, dann liegt der Idealzustand eines Qualitätsmanagementsystems vor. Denn dieses ist nun in der Lage, auch teilweise von externen Anbietern übernommen zu werden. Zudem kann die gesamte Leistungserstellung unabhängig von bestimmten Personen durchgeführt werden. Mitarbeiter werden austauschbar. Dies geht allerdings nicht zwingend mit der negativen Konsequenz einher, dass Mitarbeiter ersetzbar werden. Im Gegenteil, Mitarbeiter werden unersetzbar. Allerdings scheitert die Leistungserstellung nicht an der Abwesenheit einer Person, zum Beispiel durch einen Krankheitsfall.

Die einzige Herausforderung besteht in der effizienten Zerlegung von Prozessen und detaillierten Beschreibung, die die Ausführung des Prozesses unter der Berücksichtigung der geplanten Ergebnisse ermöglicht. Dieser Zusammenhang ist tatsächlich auch die oberste Prämisse im Zusammenhang mit dem Dokumentationsaufwand eines gelebten Qualitätsmanagementsystems. Zu dieser Thematik folgen allerdings weitere Informationen an geeigneter Stelle.

Weiter ausgeführt, leitet die historische Entwicklung der arbeitsteiligen Spezialisierung und des erwähnten Beispiels zu der klassischen Fließbandfertigung. Sie zeichnet sich durch Zerlegung von Prozessen in so kleine Teile aus, dass diese auch von unqualifizierten Arbeitskräften ausgeführt werden konnten. Bekannte Größen in der Entwicklung einer solchen Form der Leistungserstellung sind Taylor und Ford. Taylor führt in diesem Zusammenhang den Inspekteur als eine Person des Qualitätsmanagements ein, deren Aufgabe die Kontrolle der Qualität mit sich bringt. In diesem Fall stellt die Qualitätskontrolle allerdings erneut die reine Überprüfung der Güte von Prozessen, Produkten und Dienstleistungen dar. Die Überprüfung hinsichtlich der Anforderungen interessierter Parteien liegt damit nur unmittelbar im Aufgabenfeld des Inspekteurs. Seine Hauptaufgabe bestand in der Filterung fehlerhafter Ergebnisse, der Veranlassung, der Korrektur und Instandsetzung.

Im Jahre 1903 wurde die Ford Motor Company in Detroit durch Henry FORD gegründet. Neben Frederick Taylor gilt Henry Ford als Begründer der arbeitsteiligen Massenproduktion [8]. Auch der Fahrzeug-Pionier besaß innerhalb seiner Produktionsstätten den Ansatz der Qualitätskontrolle. Doch trotz des neuen und fortschrittlichen Ansatzes der systematischen und organisierten Überprüfung auf fehlerhafte Ergebnisse scheint dieser Prozess neue Schwachstellen mit sich zu bringen.

Zum einen sind personelle und damit finanzielle Ressourcen für die Inspektoren zur Verfügung zu stellen. Zum anderen sind jegliche Korrekturen und Instandsetzungen fehlerhafter Ergebnisse ein Paradoxon zu dem Konzept der Massenproduktion. Schließlich muss bei einer Korrektur und Instandsetzung ein einzelnes Ergebnis individuell behandelt, der Fehler vollständig untersucht und abgestellt werden. In der Folge sind alle Korrektur- und Instandsetzungskosten in der Kalkulation eines einzelnen Ergebnisses zu berücksichtigen. Alternativ wäre es möglich, einen bestimmten Ausschuss von Ergebnissen zur Kenntnis zu nehmen und weder Korrekturen noch Instandsetzungen durchzuführen. Dies könnte allerdings ein Widerspruch zu den Anforderungen interessierter Parteien sein, beispielsweise durch Gesellschafter, Behörden, der Gesellschaft und der Umwelt.

In den 30er-Jahren erkannte das amerikanische Unternehmen Bell Telefone Laboratories die Problematik der Qualitätskontrolle und suchte eine Lösung, den Ausschuss bereits vor dem eigentlichen Auftreten von Fehlern zu verringern. Shewhart entwickelte hierzu statistische Methoden der Steuerung von Qualität, die nicht ausschließlich auf der Qualitätskontrolle beruhte. Die entscheidende Weiterentwicklung und weltweite Nutzung der statistischen Methoden zur Qualitätssteuerung gelang jedoch erst mit der militärischen Anwendung. Zugleich ist dies mutmaßlich auch der Beginn der Relevanz und Karriere von William E. Deming, heute als Vater des modernen Qualitätsmanagements tituliert.

Deming wurde vom amerikanischen Militär engagiert, um durch statistische Methoden eine Möglichkeit zu finden und einzuführen, die Materialfehler in der Belieferung von Streitkräften zu verringern und zu eliminieren. Im Nachhinein handelte es sich dabei um die statistische Prozesskontrolle, welche daraufhin 1959 die Grundlage für die MIL Q-9858 „Quality Program Requirements“ darstellte (Amerikanischer Militärstandard). Die MIL Q-9858 wird inoffiziell häufig als Vorfahre der ISO 9001 bezeichnet.

Während das Militär einerseits positive Auswirkungen auf die Entwicklung des Qualitätsmanagements nahm, gab es auch negative Auswirkungen. So bestand nach den beiden Weltkriegen weltweit nur eine geringe Nachfrage der Bevölkerung nach Qualitätsmanagement. Zahlreiche Konsumenten stellten kaum Anforderungen an Produkte und Dienstleistungen. Eine allgemeine Zufriedenheit konnte bereits erzielt werden, indem überhaupt konsumiert werden konnte. Daher sank auch die Motivation von Unternehmen, ein systematisches Qualitätsmanagement zu betreiben.

Lediglich Japan war sich des möglichen Wissensvorsprungs innerhalb seiner wirtschaftlichen Strukturen bewusst und engagierte die Koryphäe Deming für die bevorstehenden Entwicklungen. Der Qualitäts-Regelkreis, später auch Deming-Zyklus genannt, wurde entwickelt. Der Deming-Zyklus scheint dabei wohl die bedeutendste Errungenschaft Demings zu sein, wo er doch Grundbestandteil jeder Norm und jedes Standards geworden ist. Auch der Begriff *Qualitätsmanagement* scheint mit dieser Errungenschaft gekoppelt zu sein: dem PDCA-Zyklus.Der PLAN-DO-CHECK-ACT-Zyklus (PLANEN-DURCHFÜHREN-PRÜFEN-HANDELN-Zyklus) ist bis heute das unerlässliche Instrument des Qualitätsmanagements und beispielsweise fundamentaler Bestandteil der ISO 9001.

Kurze Zeit später wurde auch Juran, dessen Abhandlungen ein „Quality Control Handbook“ und die Qualitäts-Trilogie zur Folge hatten, Mitentwickler der japanischen Qualitätsbestrebungen und Begründer der (Qualitäts-)Managementphilosophie. Nach der (Qualitäts-)Managementphilosophie ist ein Kunde/Abnehmer Urheber und zentrales Element aller Überlegungen hinsichtlich der Qualitätsplanung, -regelung, -kontrolle und Verbesserung.

Um den vermeintlichen japanischen Wissensvorsprung zu bewerten, wird im Qualitätsmanagement oftmals das Beispiel TOYOTA MOTORS verwendet. So wird auch jeder Wirtschaftswissenschaftler innerhalb des Studiums früher oder später mit den produktionswirtschaftlichen und qualitätstechnischen Entwicklungen durch TOYOTA MOTORS konfrontiert gewesen sein. Darunter sind Entwicklungen vorzufinden wie statistische Methoden der Fertigungsplanung durch Taguchi oder PokaYoke durch Shingo.

Auch Ishikawa, Entwickler des Ursache-Wirkungs-Diagramms (in der Literatur auch Ishikawa- oder Fischgräten-Diagramm), ist eine bedeutende japanische Größe in Bezug auf Qualitätsmanagement des 20. Jahrhunderts. Er wird als Vater der japanischen Qualitätskontrolle bezeichnet und ist Begründer des Company Wide Quality Control-Modells. Dabei handelt es sich um einen Ansatz, bei dem alle Mitarbeiter und Führungsebenen in die Qualitätskontrolle einbezogen werden.

Ein weiterer, japanischer Ansatz der Entwicklung des Qualitätsmanagements ist das Quality Function Deployment durch Akao und Mizuno. Zusammenfassend sieht dieser Ansatz die Einbeziehung von Kundenwünschen in den Produktentwicklungsprozess vor.

Damit wird der steigende Wettbewerbsvorteil japanischer Unternehmen gegenüber den europäischen und amerikanischen Unternehmen nicht nur durch die zahlreichen Entwicklungen immer deutlicher. Die steigende Qualität der japanischen (asiatischen) Güter und Dienstleistungen wurde in den 70er-Jahren spürbar überdurchschnittlich und lag teilweise über der der einheimischen Unternehmen. So waren bis in die 70er-Jahre nach und nach Produkte des japanischen Marktes in die amerikanischen und europäischen Ladenregale gelangt. Eine Qualitätsführerschaft behaupteten japanische Unternehmen beispielsweise in zahlreichen Branchen der Elektronik- und Optikindustrie. Auch in der Automobilindustrie wurde die Marke TOYOTA MOTORS zunehmend bekannter und gefragter.

Zweifelsohne schien auch die eingangs beschriebene, vorherrschende Marktordnung einen positiven Effekt für den nachhaltigen Erfolg der japanischen

Produkte und Dienstleistungen zu haben. Teilweise bedingt durch zwei Weltkriege, war die wirtschaftliche Marktordnung in der ersten Hälfte des 20. Jahrhunderts ein klassischer Verkäufermarkt. Kunden/Abnehmer waren gezwungen, die angebotenen Produkte und Dienstleistungen zu erwerben. Entweder gab es keine vergleichbaren oder überhaupt keine anderen Produkte und Dienstleistungen, als die, die angeboten wurden. Die einsetzende Internationalisierung und die zunehmende Erholung marktwirtschaftlicher Ordnungen und „freier Märkte" führte zu einer Wandlung des Verkäufermarktes und Nachfrageüberhangs zu einem Käufermarkt und damit Angebotsüberhangs. Der zunehmende Einkommensüberfluss aus einer sich erholenden Wirtschaft in den Haushalten begünstigte diese Entwicklung in der zweiten Hälfte des 20. Jahrhunderts entscheidend.

Aus volkswirtschaftlicher Sicht war diese Entwicklung sicher wünschenswert, aber war sie dies auch aus Sicht der vorherrschenden Monopolisten/Oligopolisten?

Entscheidend für den Fortbestand der nicht-japanischen Unternehmen war konsequenterweise eine erzwungene Veränderung. Für amerikanische und europäische Unternehmen gab es nur eine Möglichkeit, um

a. Marktanteile zu behalten,
b. Marktanteile zu erhöhen.

Es muss ein Umdenken stattfinden, was Qualität bedeutet und wie Qualitätsmanagement umgesetzt werden kann. So gelang 1980 Deming mit dem Dokumentarfilm „If Japan can … Why can't we?" von NBC weltweite Berühmtheit als Vater des modernen Qualitätsmanagements. Die steigende Nachfrage nach seinen Beratungsdienstleistungen ließ dabei auch nach Preisanpassungen des Honorars keinen Abriss.

Schließlich gelang der weltweite Durchbruch des Deming-Zyklus (PDCA-Zyklus) und des weiterentwickelten Company Wide Quality Control-Ansatzes zu dem Total Quality Management. Auch die Nullfehlerproduktion, die zu Beginn eine Grundüberlegung und Anforderung des Militärs war, entwickelte sich zu dem heutigen Six-Sigma-Ansatz fort.

Der aufkommende Schwung und die zahlreichen Entwicklungen und Ansätze des Qualitätsmanagements führten auch zu Neuerungen im Bereich der Normung. So wurde in England die Verfassung der Norm BS 5750 angeregt. Sie wurde 1987 als Vorlage der ersten Version der Normenreihe ISO 9000 ff. publiziert. Die zunehmend globalisierten Märkte nahmen einheitliche Definitionen und Verständnisse für Qualität verständlicherweise schnell an und brachten die ISO 9001 im Jahr 2000 in eine beinahe vollendete Fassung zur Definition von Anforderungen an ein Qualitätsmanagementsystem [9].

1.3 Einführung in die Normungsarbeit

Normen und Standards effektiv nutzen, besser werden und Erfolgspotenziale in Erfolg umwandeln

Normungsarbeit als Wettbewerbsvorteil

Personen in einem Unternehmen, denen die Ehre zuteilwurde das Qualitätsmanagement zu betreuen, beginnen meist den ersten Schritt mit der Erlangung des Titels „QMB“. Die Laufbahn eines Qualitätsmanagementbeauftragten (QMB) beginnt dabei mit dem Besuch eines Kurses bei einem Bildungsanbieter, wie der IHK oder vergleichbarer Anbieter. Anschließend wird der Kurs durch das Ablegen einer Prüfung gekrönt und mit der Vergabe eines Zertifikates abgeschlossen. Damit beginnt die zugegebenermaßen plakative Laufbahn eines QMB im Unternehmen.

Dieses Vorgehen bildet vermeintlich den Grundstein, um ein komplexes und abteilungsübergreifendes Managementsystem innerhalb des Unternehmens zu organisieren, zu implementieren, aufrechtzuerhalten, zu verbessern und natürlich zu dokumentieren. In der Praxis kann festgestellt werden, dass für den „Kurs-QMB“ die Dokumentation ein essenzielles Instrument des Qualitätsmanagements wird:

> „Schreibt alles auf! Führt ein Qualitätsmanagement-Handbuch mit Fußzeilen, Verfahrensanweisungen und Prozessbeschreibungen, nur dann liegt auch ein Qualitätsmanagementsystem vor. Das steht schließlich in der Norm“, ist eine gängige Einstellung zu Qualitätsmanagement(-Normen) der „Kurs-QMB“.

Da könnte die Frage aufkommen, wieso der Dokumentation in der Unternehmenspraxis des Qualitätsmanagements eine derartige Bedeutsamkeit zugesprochen wird. Eine mögliche Erklärung liegt darin, dass die Lehrenden der QMB mit den Versionen 2000 oder 2008 der ISO 9001 die längste Zeit ihres Lebens gearbeitet haben und mit der schriftlichen Dokumentation tief verbunden sind. Die gegenwärtig meisten Lehrenden im QM-Bereich nach ISO 9001 arbeiteten schließlich jeher mit Normen, in denen die Anforderung an schriftliche Dokumentation eine Quintessenz war. Zudem ist auch feststellbar, dass Lehrende in ihrer beruflichen Praxis aus dem Zertifizierungsmarkt stammen. Bekannterweise sind externe Auditoren vergleichsweise nachweisfixiert und verknüpfen Qualitätsmanagement automatisch mit schriftlichen Dokumentationen. Die beschriebene Hypothese kann hinlänglich auf Basis der Lebensläufe dieser Lehrenden nachgewiesen werden.

Ein weiterer Grund, warum zahlreiche QMB Qualitätsmanagement mit schriftlicher Dokumentation gleichstellen, ist die starke Bekanntheit eines Qualitätsmanagement-Handbuchs. Hierbei soll die Verantwortlichkeit keinesfalls nur auf zwei Branchen abgeschoben werden, doch besonders Beratungs- und Zertifizierungsunternehmen waren in der Vergangenheit für die Verbreitung von Qualitätsmanagement-Handbüchern verantwortlich. Dabei war ein übliches Vorgehen, die Gliederung an der Gliederung der jeweiligen Norm auszurichten und die Inhalte so oberflächlich und allgemein wie möglich zu formulieren, damit ein universeller Einsatz möglich war. Den Beratungsgesellschaften entstand der Vorteil der Vervielfältigung und Anwendung des Gesetzes der Massenproduktion. Den Zertifizierungsgesellschaften kann unterstellt werden, auf diese Weise die Erbringung von Konformitätsbewertungen und Nachweisen vereinfacht zu erbringen. Doch unabhängig von potenziellen Schuldzuweisungen und möglichen historischen Entwicklungen, hält sich die weitläufige Meinung:

▶ **Qualitätsmanagement = schriftliche Dokumentation = Qualitätsmanagement-Handbuch**

Das diese Feststellung keinesfalls den eigentlichen Charakter des Qualitätsmanagements trifft, wird bereits aus der vorangegangenen Darlegung der historischen Entwicklungen deutlich. Ebenso liegt auf der Hand, dass Größen wie Shewart, Deming, Ishikawa und Juran ihr Leben nicht dem Qualitätsmanagement gewidmet haben, um mit einer solchen Feststellung abgehandelt zu werden, dass die bloße schriftliche Dokumentation bereits alles sei. Durch eine derartige Umsetzung eines Qualitätsmanagements wird nicht nur verhindert, an den zahlreichen Vorteilen eines gelebten Qualitätsmanagements zu partizipieren, zudem werden beinahe alle Erkenntnisse genannter Personen ignoriert und despektierlich abgetan.

Wenn die schriftliche Dokumentation nicht zwingender Bestandteil einer Norm ist, was dann? Wie entstehen Normen und welchen Nutzen haben sie für ein Unternehmen, einen Endkunden und die gesamte Weltwirtschaft?

Folgende Feststellungen müssen zunächst zum weiteren Verständnis getroffen werden:

- Qualitätsmanagement muss nicht an eine Norm gekoppelt sein.
- Qualitätsmanagement muss nicht schriftlich dokumentiert sein.
- Normen fordern nicht ausschließlich eine schriftliche Dokumentation.
- Die Normung dient ausschließlich der Bereitstellung eines Rahmens zum Management von Qualität (und sonstigen Normungsinhalten), ohne die Art und Weise festzulegen.
- Folgendes Motto sollte verstanden und umgesetzt werden: Ein Unternehmen sollte irgendwie systematisch dokumentieren was es tut und geplant tun, was dokumentiert wurde. Die Form der Dokumentation ist unternehmensspezifisch und den eigenen Anforderungen entsprechend.

Dies sollte die Überleitung zur Normungsarbeit darstellen. Denn das erste womit Studenten im Modul QM/UM, Mitarbeiter im Unternehmen und zukünftige QMB in der Ausbildung konfrontiert werden, sind die Ergebnisse der Normungsarbeit. Dabei scheinen Qualitätsmanagement und DIN EN ISO 9001:2015 untrennbar zusammenzugehören. Zudem scheinen Personen zu denken, die erstmalig mit Qualitätsmanagement in Kontakt kommen, Normung bestehe nur aus der ISO 9001.

Notiz des Autors:
„Als Dozent im Modul Qualitätsmanagement/Umweltmanagement an einer Hochschule führe ich zu Beginn jedes neuen Semesters ein Einführungsgespräch durch. Essenziell ist dabei für mich immer, welche Erwartungen die Studierenden an das Modul haben, mit welchem Wissen sie das Modul abschließen möchten und welche Berührungspunkte bereits zu Qualitätsmanagement bestanden. Seither beantworten alle Studierenden die Fragen unterschiedlich. Bei den meisten Antworten fällt mindestens einmal ISO 9001 und QM in einem Satz."

Diese Feststellung verdeutlicht, dass häufig eine Verbindung zwischen Qualitätsmanagement und einer spezifischen Norm besteht. Wer darüber hinaus mit weiteren Normen konfrontiert wird, beispielsweise der ISO 14001, der ISO 50001 oder der ISO 19011, könnte von der Fülle an Ziffern und Normnummern verwirrt werden.

Denn zunächst scheinen alle Ergebnisse der Normungsarbeit ein undurchschaubares Gewirr aus Ziffernkombinationen zu sein, die mit den Abkürzungen DIN, ISO oder EN gespickt werden. Um die Zusammenhänge zwischen der Normungsarbeit und dem Qualitätsmanagement nachzuvollziehen, soll daher im folgenden Kapitel grundlegend auf die Normungsarbeit eingegangen werden. In Kap. 4 wird die Normungsarbeit detaillierter betrachtet und spezifiziert. Zudem werden in Kap. 4 die konkreten Vorteile der Normungsarbeit vorgestellt.

Praxisbeispiel Mehrwert der Normung und des Qualitätsmanagements

„Normen haben doch was mit dem Qualitätsmanagement zu tun, dieser 9001. Für mich sind diese Qualitätsbeauftragten nichts weiter als privilegierte Homo Novi.

Warum sie privilegiert sind?

Weil sie 40 Stunden in der Woche in der 9-0-0-1 blättern, ständig unsere Prozessanweisungen ändern, zentral abheften, nervige Fragen stellen und dafür bezahlt werden! Die haben doch gar keine Ahnung von unseren Prozessen und Abläufen. Wie auch, wenn sie nur in die Produktionshalle kommen, um Audits durchzuführen! Außerdem haben unsere Qualitätsbeauftragten gar kein technisches oder naturwissenschaftliches Studium absolviert, möchten aber gern auf diesem Level mitreden.

Warum sie Emporkömmlinge sind? Sie denken jeden Prozess hinterfragen, alles verbessern und optimieren zu können. Sie stellen teilweise vollkommen unlogische und überflüssige Fragen, um Dokumente zu füllen und Sympathien bei der Geschäftsleitung ernten zu können. Je mehr Fehler gefunden werden, umso besser. Die sollten meine Arbeit erst einmal so machen wie ich.

Insgesamt sehe ich nur Aufwand durch die Norm. Für mich persönlich hat das keinen Nutzen. Im Gegenteil, ich bin angehalten zahlreiche Formulare zu führen und Unterschriften zu leisten. Außerdem werden durch die Audits meine Kollegen gehindert, ihre Arbeit auszuführen. Unser Qualitätsbeauftragter bringt viel Unsicherheit und Unruhe in unsere Produktion.", so die Aussage eines Produktionsleiters in Bezug auf die Relevanz und Mehrwerte der Normung.

Eine durchaus begründete und zugleich strittige Auffassung hinsichtlich der potenziellen Mehrwerte der Normung. Dabei zeigt dieses Beispiel einmal mehr, welche Bedeutung dem Top-Management zugeschrieben werden kann, wenn es darum geht, den Mitarbeitern eines Unternehmens den Mehrwert der Normung und des Qualitätsmanagements näher zu bringen. Kommunikation und unternehmensförderliche Anwendung von Norminhalten werden zu Schlüsseltätigkeiten. Der Erfolg der Implementierung eines Qualitätsmanagements oder der Aufrechterhaltung mag zwar eine Entscheidung der oberen Leitungsebene sein, aber es muss auf allen Ebenen greifbar sein und verstanden werden. Zudem müssen die Norminhalte *richtig* verstanden, angewendet und umgesetzt werden. Kaum eine Person ist motiviert, unsinnige und unlogische Anforderungen zu erfüllen, nur weil ein Unternehmen einem Blatt Papier Genüge tun möchte. Sehen die Personen jedoch einen Sinn und eine Logik sowie Mehrwert in diesem Blatt Papier, weil beispielsweise Prozesse einfacher und smarter durchgeführt werden können, ist dies durchaus motivierend.

Da die Normungsarbeit zumeist direkt mit der ISO 9001 in Verbindung gebracht wird und diese auch die meist bezogene Norm der Welt ist, bietet sie den idealen Einstieg in das Thema dieses Kapitels. Es ist die Norm, die die Anforderungen an (allgemeine) Qualitätsmanagementsysteme beschreibt und nach deren Zertifizierung viele Unternehmen bestrebt sind. In dem Vorwort der DIN EN ISO 9001:2015-11 wird zunächst die ISO vorgestellt. Es handelt sich hierbei um die International Organization of Standardization (Internationale Organisation für Normung). Die ISO hat den Zweck der internationalen, weltweiten Normung, Standardisierung und Spezifikation. Die herausgegebenen Produkte der ISO sind Normen, Standards, Spezifikationen und andere ISO-Deliverables wie Leitfäden, Guidelines und Empfehlungen etc. Normen, die auf ISO-Ebene erstellt oder angenommen wurden, dürfen die Abkürzung *ISO* im Namen tragen.

Das europäische Pendant zu der ISO ist das CEN, das Comité Européen de Normalisation (Europäisches Komitee für Normung). Normen, die auf CEN-Ebene erstellt oder anerkannt wurden, dürfen die Abkürzung *EN* in der Normbezeichnung tragen.

Auf nationaler Ebene bestehen jeweils einzelne Standardization Bodies. In Deutschland wird diese Aufgabe durch das DIN erfüllt. DIN steht für das Deutsche Institut für Normung e. V. DIN verfolgt auf deutscher Ebene, ebenso wie ISO auf internationaler Ebene, den Zweck der Normung, Standardisierung und Spezifikation. Sofern eine Norm durch DIN erstellt oder anerkannt wird, darf die Norm die Abkürzung *DIN* im Namen tragen.

Wenn also eine Norm wie die ISO 9001 auf internationaler, europäischer und deutscher Ebene anerkannt wird und Gültigkeit besitzt, darf sie die Abkürzungen DIN EN ISO tragen. Eine Norm wie die ISO 29990 oder die ISO 29993 werden durch CEN nicht anerkannt, beziehungsweise besitzen auf europäischer Ebene keine Relevanz (Gründe seien an dieser Stelle nicht näher ausgeführt). Aus diesem Grund dürfen beide Normen die Abkürzungen DIN ISO tragen. Das EN ist für beide Beispiele auszulassen.

Darüber existieren reine DIN- oder reine ISO-Normen, die keine weiteren Anerkennungen besitzen. Das muss allerdings nicht bedeuten, dass die Norm keine nationale oder internationale Relevanz besitzen würde. So ist beispielsweise zum Stand der Erarbeitung dieses Werkes die ISO 21001, die im Abschn. 8.2 weiter ausgeführt wird, nur eine ISO-Norm. Der Grund liegt gegenwärtig darin, dass bisher keine deutsche Übersetzung angefertigt wurde und im Zertifizierungsmarkt kein Akkreditierungsrahmen vorliegt. Das bedeutet allerdings besonders für diese Norm nicht, dass sie keine nationale Relevanz hat. Insbesondere in Bezug auf die adäquate Nachfolge der DIN ISO 29990 durch die DIN ISO 29993 und ISO 21001 in Kombination, ist bereits die englische Erstfassung enorm wichtig für die Bildungsbranche geworden.

Aber auch DIN-Normen spielen auf nationaler Ebene eine entscheidende Rolle, ohne eine globale Relevanz zu besitzen. Das beste gegenwärtige Beispiel ist die DIN 77200, die Anforderungen an Sicherheitsdienstleister stellt. Für den deutschen Markt ist die Norm vergleichsweise bedeutsam, auch ohne eine ISO-Norm zu sein.

Das bedeutet, dass die Wertigkeit oder Bedeutsamkeit einer Norm, eines Standards oder einer Spezifikation keinesfalls von der Bezeichnung abhängt, als vielmehr vom Markt der Normanwender und ausgewählten Monopolisten, die einer Norm eine gewisse Stellung einräumen.

Neben den Kennzeichnungen DIN, EN und ISO folgt eine Normnummer und das Ausgabejahr. In Einzelfällen wird bei der Bezeichnung ein Ausgabemonat aufgegriffen. Die Normnummer hängt von der festgelegten Einordung innerhalb eines Schemas ab. In den jeweiligen Institutionen existieren Komitees, die sich mit bestimmten Branchen und Themen auseinandersetzen. So zum Beispiel dem Komitee „Normungsausschuss Bildungsdienstleistungen“ im DIN oder dem Technischen Komitee „Education and Learning Services“ im ISO. In diesem Fall ist das deutsche Komitee ein Spiegelgremium des ISO-Komitees, weshalb die zugeteilte Nummerierung in beiden Fällen mit 29 beginnt. Damit müssen alle Normen und Standards fortlaufend auf dem Schema 29XXX beruhen. Art und Inhalt oder Gültigkeit spielen keine Rolle. Auch können inaktive Normen nicht durch aktive ersetzt werden. Eine Nummer kann nur einmalig vergeben werden. Die nachfolgende Tabelle verdeutlicht, dass nur die nummerische Abfolge schematisch ist, Inhalte oder Art der Norm spielen bei der Normbezeichnung keine Rolle.

Lediglich die ISO 21001 kann in dieser Nummerierung nicht eingeordnet werden. Dies hängt mit der Historie und dem erarbeitenden Komitee der Norm zusammen. Im Gegensatz zu den in Tab. 1.4 genannten Normen, die im ISO/TC 232 erarbeitet wurden, gilt das PC 288 als Entwickler der ISO 21001. Die Einordnung der ISO 21001 in das ISO/TC 232 erfolgte erst mit Veröffentlichung der Norm in englischer Sprache.

Tab. 1.4 Erarbeitete Normen aus dem ISO/TC 232

Norm-Bezeichnung	Inhalt	Notiz
DIN ISO 29990	Lerndienstleistungen für die Aus- und Weiterbildung – Grundlegende Anforderungen an Dienstleister (ISO 29990:2010)	Zurückgezogene Norm, deren adäquate Nachfolge die DIN ISO 29993 und die ISO 21001 in Kombination sind
DIN ISO 29991	Sprachlerndienstleistungen für Aus- und Weiterbildung – Anforderungen (ISO 29991:2014)	Ausgegeben und erneut in der (Weiter-)Entwicklung durch eine fünfjährige Überprüfung
ISO 29992	Bewertung der Ergebnisse von Lerndienstleistungen – Empfehlungen zur Umsetzung	Veröffentlichte ISO, die eine DIN-Norm werden könnte
DIN ISO 29993	Lerndienstleistungen jenseits der formalen Bildung – Dienstleistungsanforderungen (ISO 29993:2017)	Veröffentlicht und zusammen mit der ISO 21001 die adäquate Nachfolge der DIN ISO 29990
ISO 29994	Learning services outside formal education – Additional requirements for distance learning	Norm in Erarbeitung
ISO 29995	Learning services outside formal education – Terminology	Norm in Erarbeitung

[Tabellenfußzeile – bitte Überschreiben]

Dieser Zusammenhang zwischen den einzelnen Normungsinstituten kann darüber hinaus schematisch durch das Normungsdreieck in Abb. 1.5 ausgedrückt werden.

Bezogen auf das anfängliche Beispiel der DIN EN ISO 9001:2015-11 bedeutet das, dass die Norm eine national (in Deutschland), europäisch und international anerkannte Grundlage für Anforderungen an ein Qualitätsmanagement ist. Unternehmen jeder Größe können weltweit die Anforderungen der ISO 9001 erfüllen und werden zugleich den Anforderungen der deutschen DIN 9001 gerecht. Dies vereinfacht nicht nur die global und international einheitliche Verständigung auf einen gültigen Qualitätsstandard und ein gemeinsames Qualitätsverständnis. Zudem erhalten Anwender der Norm die Sicherheit, dass Lieferanten, Partner und Kunden, die ebenfalls die Konformität gegenüber der ISO 9001 nachweisen können, kompatible Managementsysteme aufweisen. Dabei war und ist es insbesondere auf ISO-Ebene der eigene Anspruch, Normen, Standards und Spezifikationen

Abb. 1.5 Normungsdreieck nach Florian Mai

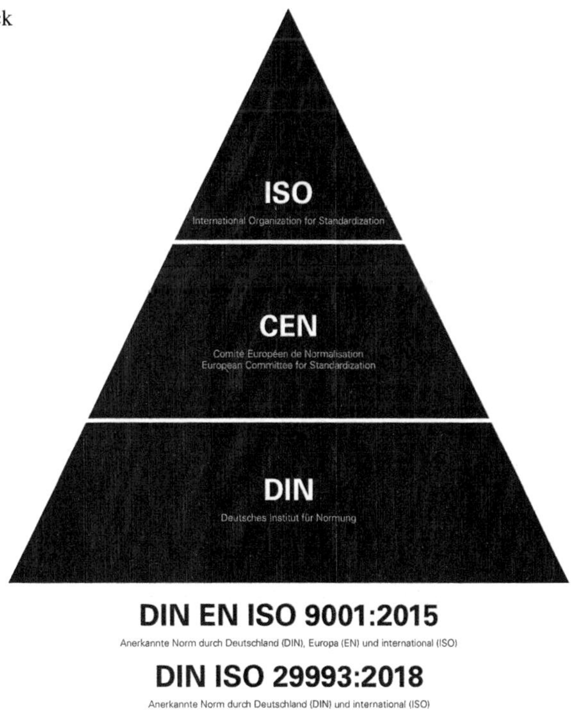

so universell und international wie möglich zu verfassen. Der Grundsatz, den ISO einmal prägte, ist folgender:

> „ISO was founded with the idea of answering a fundamental question: what's the best way of doing this?" (deutsche Übersetzung: ISO wurde mit der Idee gegründet, folgende fundamentale Frage zu beantworten: Welches ist die beste Art und Weise dies umzusetzen?) (ISO 2019) [10]

Um die Frage zu beantworten, sollte idealerweise das globale Wissen zusammengefasst werden, um die besten Aspekte darunter auszuwählen und als Sammelwerk herauszugeben: einer Norm. Und das verrichtet ISO mit Erfolg. Während im Februar 2005 seit der Gründung von ISO in 1946 nur rund 14.900 Normen und ISO-Deliverables bestanden [11], sind es im April 2019 bereits 22.595 [12].

Neben dem Zuwachs von ca. 7700 Normen in 14 Jahren sind auch die Mitgliederzahlen bei ISO gestiegen. In 2005 waren nur ca. 97 Länder stimmberechtigt. Gegenwärtig zählt ISO 164 Mitglieder und über 785 Komitees und Subkomitees. Dies verdeutlicht die Globalisierung und Internationalisierung der Märkte, aber zugleich auch den steigenden Bedarf nach Normen und Standards. Welche Vorteile dabei konkret von Normen ausgehen, soll in Kap. 4 weiter ausgeführt werden.

ISO 9001 und DIN 9001 unterscheiden sich folglich nur in der Sprache, die Anforderungen sind identisch. Damit kann jedes Unternehmen weltweit durch die DIN EN ISO 9001 hinsichtlich seines Qualitätsmanagements eingeschätzt werden. Eine Zertifizierung und die Betrachtung des entsprechenden Zertifikates, welches bestätigt, dass die Anforderungen der ISO 9001 erfüllt werden, kann dabei hilfreich sein. Doch eine Zertifizierung ist selbstverständlich keine Pflicht. Es existieren zumindest in Deutschland kaum Gesetze, die eine Norm als Pflicht ansehen. Jedoch kann eine Norm durchaus juristische Relevanz gewinnen, insbesondere bei der Produkthaftung. Mehr hierzu wird ebenso in Kap. 4 aufgegriffen.

Weiterhin stellt die Zertifizierung keine Pflicht durch ISO dar. ISO und andere Normungsinstitutionen dienen der reinen Normung und Standardisierung sowie Spezifikation. Was und wie die Normanwender mit den ISO-Deliverables umgehen, bleibt dem jeweiligen Anwender überlassen. So nutzen Unternehmen Normen in der Regel als Leitfaden oder Hilfestellung zur Umsetzung von Prozessen, Produkten oder Dienstleistungen. Zertifizierungsgesellschaften, die ebenfalls nur Normanwender sind, nutzen die ISO-Deliverables, um Unternehmen auf deren Einhaltung und Wirksamkeit in der Umsetzung zu beurteilen und Zertifikate hierfür zu vergeben. ISO und andere Normungsinstitutionen stellen lediglich die Grundlage dafür bereit.

Das bedeutet, dass es jedem Normanwender vollkommen freisteht, Intensität, Art und Umfang der Umsetzung sowie Vollständigkeit der Anforderungen einer Norm zu wählen. Wie sich im Verlauf dieses Werkes herausstellen sollte, ist die Interpretation und Umsetzung von Normanforderungen dem Normanwender überlassen. So beweist eine Zertifizierung folglich auch nicht, dass ein bezogenes Produkt oder eine bezogene Dienstleistung mängelfrei sein muss oder die eigenen Anforderungen gänzlich erfüllt. Eine Zertifizierung nach einer internationalen Norm lässt lediglich die Aussage zu, dass die auditierten Prozesse und Vorgehensweisen den Anforderungen der Zertifizierungsgrundlage entsprechen. Es gilt:

▶ Eine Zertifizierung nach einer Norm ist keine Gewährleistung für Qualität – es ist eine Gewährleistung für die Erfüllung von Anforderungen, die durch die Norm vorgegeben werden.

Das sorgt in der Praxis vermehrt zu Verwirrungen, wie einzelne Anforderungen gemeint sind und interpretiert werden sollten.

Praxisbeispiel

Abhängig von der Betonung verschiedener Wörter ergeben sich vollkommen verschiedene Fragen:

„Wie sind Sie eigentlich Auditor geworden?" – Grundfrage

„**Wie** sind Sie eigentlich Auditor geworden?" – Frage nach den Umständen, Schulungen, Seminaren und Verfahren, wie die Person Auditor geworden ist; meist mit Neugierde und Wissbegierde.

„Wie sind **Sie** eigentlich Auditor geworden?" – Frage nach dem Umstand, dass ausgerechnet diese Person Auditor geworden ist; meist im negativen Sinn mit einem pessimistischen Hintergrund.

„Wie sind Sie eigentlich **Auditor** geworden?" – Frage nach dem Umstand, dass die Person ausgerechnet Auditor geworden ist.

Dieser Umstand ergibt sich unter anderem aus zwei Sachverhalten. Zum einen können Texte bisher noch keine Betonungen einzelner Satzbestandteile wiedergeben. Zum anderen ergeben sich in der Praxis Verwirrungen durch die Übersetzungen der Original-Fassung einer ISO-Norm. Es gilt beispielsweise im DIN der Grundsatz, dass ISO-Normen möglichst sinngemäß übersetzt werden sollten, ohne zu weit von einer wortwörtlichen Übersetzung abzuschweifen. Doch eine sinngemäße, deutsche Übersetzung eines englischen Begriffes oder Satzes kann hinlänglich unmöglich werden, ohne in seiner Gesamtheit von der Original-Form abzuweichen.

Beispiel „facilitator"

In der ISO 29990 und der ISO 29993 wird der *facilitator* als Begriff eingeführt und definiert. *Facilitators* sind vereinfacht gesagt Personen, die Lerndienstleistungen erbringen. Damit wird dem universellen Gedanken von ISO entsprochen, eine möglichst allgemeine Beschreibung verschiedener Personen zu treffen, zum Beispiel:

- Lehrende
- Dozierende
- TrainerInnen
- Coaches
- Mentoren/-Innen
- ReferentInnen
- …

Und das stellt bereits eine ausgesprochen schwierige Situation der deutschen Normungsarbeit dar, eine passende Übersetzung zu finden, die der Original-Form entspricht und den Sinn und Zweck des Begriffes trifft. Die Übersetzung mit Lehrenden könnte zur Folge haben, dass sich TrainerInnen und Coaches nicht von der Norm angesprochen fühlen und keinen Geltungsbereich sehen. Das gleiche gilt für jeden anderen Begriff als Substitut. Aus diesem Grund wurde im Deutschen auf *Lernunterstützer* zurückgegriffen. Da dieser Begriff im deutschen Sprachgebrauch kaum verwendet wird, lässt dies wiederum einen großen Interpretationsspielraum, wer Lernunterstützer sein kann.

So entstehen nicht nur Verwerfungen zwischen zwei Normanwendern, wie einem Unternehmen und einer Zertifizierungsgesellschaft. Auch die Normungsinstitutionen untereinander diskutieren rege über die Interpretation und Intention.

Damit bleibt abschließend die Frage zu klären, welche Bedeutung die Ziffern einer Norm-Bezeichnung nach den Abkürzungen DIN, EN und ISO haben.

Nach den Abkürzungen und der Normnummer folgen Doppelpunkte. Die anschließenden Ziffern geben das Ausgabejahr der Norm an. Damit endet in der Praxis die Norm-Bezeichnung. In vereinzelten Fällen wird ein Bindestrich angeschlossen, nachdem erneut die Zahlen 1 bis 12 folgen. Sie stehen für den Ausgabemonat der Norm. In der Praxis wird der Ausgabemonat häufig aufgrund fehlender Relevanz bei der Normanwendung vernachlässigt.

Für das aufgegriffene Beispiel der ISO 9001 bedeutet das Folgendes:

DIN	EN	ISO	9001	:	2015	11
Deutsche,	europäische,	internationale	Norm 9001	:	Ausgabe 2015,	November

In enger Verbindung mit der ISO 9001 steht die DIN EN ISO 9000:2015-11, welche Grundlagen und Begriffe für Qualitätsmanagementsysteme definiert. In der Praxis ist die Norm häufig unbekannt oder wird vergessen. Nur in wenigen Fällen wird im beruflichen oder im akademischen Rahmen die ISO 9000 berücksichtigt, obwohl die Inhalte entscheidend für das Verständnis der ISO 9001 und anderer Normen sind. Schließlich spiegelt beispielsweise die ISO 9001 in Kap. 0 nur oberflächlich die Inhalte der gesamten ISO 9000 wieder. Weitere Inhalte hierzu befinden sich unter Kap. 3.

Neben der ISO 9001 und deren Voraussetzung, der ISO 9000, sind weitere bekannte Normen die ISO 14001 und die ISO 50001. Die ISO 14001 stellt Anforderungen an ein Umweltmanagementsystem, wohingegen die ISO 50001 Anforderungen an ein Energiemanagementsystem stellt.

Weiterhin kommen in diesem Kontext die ISO 19011 und die ISO 9004 vor. Die ISO 19011 stellt die Normgrundlage der Auditierung dar. Die Norm ISO 9004 stellt eine Anleitung zum Erreichen nachhaltigen Erfolges dar.

Die Abb. 1.6 visualisiert die mögliche Verbindung der einzelnen Normen innerhalb eines Unternehmens, bezogen auf die ISO 9001 als Grundlage. Die Abb. 1.7 stellt die gleiche Möglichkeit der Verbindung aller Normen bezogen auf die Bildungsbranche und die ISO 21001 dar.

DIN EN ISO 9001:2015	Ergänzung/zusätzliches Wissen
Kapitel 0	DIN EN ISO 9000
Kapitel 1	
Kapitel 2	
Kapitel 3	DIN EN ISO 9000
Kapitel 4	DIN EN ISO 14001/DIN EN ISO 50001
Kapitel 5	DIN EN ISO 9004
Kapitel 6	
Kapitel 7	
Kapitel 8	Servicestandards wie DIN ISO 29993
Kapitel 9	DIN EN ISO 19011
Kapitel 10	

Abb. 1.6 Verbindung zwischen Normen basierend auf die Kapitel der DIN EN ISO 9001:2015

DIN ISO 21001:2019	Ergänzung/zusätzliches Wissen
Kapitel 0	DIN EN ISO 9000
Kapitel 1	
Kapitel 2	
Kapitel 3	DIN EN ISO 9000/ISO 29995
Kapitel 4	DIN EN ISO 14001/DIN EN ISO 50001
Kapitel 5	DIN EN ISO 9004
Kapitel 6	
Kapitel 7	
Kapitel 8	Servicestandards wie DIN ISO 29993
Kapitel 9	DIN EN ISO 19011/PAS 1064
Kapitel 10	

Abb. 1.7 Verbindung zwischen Normen für eine Bildungseinrichtung basierend auf den Kapiteln der ISO 21001:2018

Literatur

1. Duden Online. (2018). Qualitätsmanagement. https://www.duden.de/rechtschreibung/Qualitaetsmanagement. Zugegriffen am 18.04.2019.
2. DIN EN ISO 9000. (2015). *Qualitätsmanagementsysteme – Grundlagen und Begriffe (ISO 9000:2015); Deutsche und Englische Fassung EN ISO 9000:2015.* Berlin: DIN Deutsches Institut für Normung e. V.
3. Porter, M. E. (1984). *Wettbewerbsstrategie – Methoden zur Analyse von Branchen und Konkurrenten.* Frankfurt a. M.: Campus.
4. DIN EN ISO 9001. (2015). *Qualitätsmanagementsysteme – Anforderungen (ISO 9001:2015); Deutsche und Englische Fassung EN ISO 9001:2015.* Berlin: DIN Deutsches Institut für Normung e. V.
5. Smith, A. (1789). *Der Wohlstand der Nationen.* München: Deutscher Taschenbuch.
6. Deutsche Bundesbank. (2013). Funktionen des Geldes. https://www.bundesbank.de/de/service/schule-und-bildung/schuelerbuch-geld-und-geldpolitik-digital/funktionen-des-geldes-614130#tar-1. Zugegriffen am 18.04.2019.
7. Faltin, G. (2016). *Kopf schlägt Kapital – Die ganz andere Art, ein Unternehmen zu gründen – Von der Lust, ein Entrepreneur zu sein* (7. Aufl.). München: dtv Verlagsgesellschaft.
8. Ford-Werke GmbH Kundenzentrum. (2018). Die Geburt der Ford Motor Company. https://www.ford.11.de/ueber-ford/geschichte. Zugegriffen am 18.01.2018.

9. Paeger, J. (2016). Eine kleine Geschichte des Qualitätsmanagements. http://www.paeger-consul13ting.de/html/geschichte_qm.html. Zugegriffen am 21.01.2018.
10. ISO. (2019). Unter https://www.iso.org/benefits-of-standards.html. Zugegriffen am 11.08.2019.
11. Schneider, R. (2005). Was die Welt zusammenhält. https://folio.nzz.ch/2005/februar/was-die-welt-zusammenhaelt. Zugegriffen am 16.04.2019.
12. ISO. (2019). About Us. https://www.iso.org/about-us.html. Zugegriffen am 16.04.2019.

2 Produktivität als Schlüssel des Qualitätsmanagements

Qualitätsmanagement als Mehrwert – durch Produktivität und Effizienz zu finanziellem und wirtschaftlichem Erfolg

Die Grundgedanken von William Edwards Deming, dem Vater des modernen Qualitätsmanagements, als Ausgangsbasis für Qualität in der Bildung.

Zusammenfassung
William Deming ist der Vater des modernen Qualitätsmanagements. Seine Lehre basiert auf seiner Ausbildung als promovierter Mathematiker und Physiker, sowie seiner zahlreichen Feldstudien und Praxiserfahrungen in Zusammenarbeit mit japanischen und amerikanischen Unternehmen. Die Erkenntnisse, die Deming zusammenstellte und entwickelte, sind bis heute essenziell für das Gesamtverständnis von Qualitätsmanagement. Deming gilt als einer der Ersten, die Qualitätsmanagement als Philosophie lehrten und von Qualitätssicherung abgrenzten. Auch für die Bildungsbranche ist es notwendig, die Forschungsergebnisse Demings nachvollziehen zu können und entsprechende Maßnahmen daraus abzuleiten.

Die vorangegangenen Ausführungen in Kap. 1 verdeutlichen, dass ein Qualitätsmanagementsystem primär die Aufgabe hat, Prozesse, Produkte und Dienstleistungen so bereitzustellen, dass die Anforderungen interessierter Parteien größtmög-

F. Mai, *Qualitätsmanagement in der Bildungsbranche*,
https://doi.org/10.1007/978-3-658-27004-9_2

lich erfüllt werden. Dabei können interessierte Parteien innerhalb aber auch außerhalb eines Unternehmens bestehen. Zudem haben interne und externe Themen einen Einfluss auf die Erfüllung der Anforderungen.

Um die Bedürfnisbefriedigung zu erzielen wird zunächst vorausgesetzt, dass die „7R der Logistik" zutreffend sind:

- Das richtige Gut,
- zur richtigen Zeit,
- am richtigen Ort,
- in der richtigen Güte,
- in der richtigen Menge,
- zu den richtigen Kosten
- und mit den richtigen Informationen.

Dabei sollte durch die Leistungserstellung ebenfalls vorausgesetzt werden, das vereinbarte Gut fehler- und mängelfrei hervorzubringen. Oder zumindest muss sichergestellt sein, dass fehlerhafte Prozesse, Produkte und Dienstleistungen nicht an die nachgelagerten Empfänger dieser Ergebnisse ausgeliefert werden. Das bedeutet im worst case, dass Fehler und Mängel behoben werden oder ein Ersatz für das Gut erfolgt.

Dabei sollte der Fokus jedoch eindeutig bereits auf der fehler- und mängelfreien Leistungserstellung liegen, da anderenfalls Kosten für Kontrolle, Nacharbeit und Opportunitätskosten entstehen. Und führte diese Betrachtungsweise in der Vergangenheit bei zahlreichen Unternehmen nicht zu ungewöhnlich hohen Ausschussquoten, die wiederum fester Bestandteil der Kosten- und Preiskalkulationen wurden? Betriebswirtschaftlich und finanziell gesehen mag dies für Rohstoffe und Güter auch Sinn machen (ungeachtet der negativen Umweltaspekte und -auswirkungen).

Doch wie verhält sich dies mit knappen oder preisintensiven Rohstoffen und Ressourcen?

Wie verhält sich dies mit der Ressource Zeit, die den größten Engpass einer Leistungserstellung darstellt?

Unternehmer erwidern diese Frage gern, indem sie Zeit in Geld bemessen. Die Ressource Zeit kann zu einem gewissen Grad gekauft werden, sei es eine Produktion oder eine Dienstleistungserbringung. Insbesondere auf globalisierten, internationalisierten und vielfach digitalisierten Märkten kann die Ressource Zeit gekauft werden. Und sobald der Preis für die Ressource Zeit bekannt ist, kann sie in den Verkauf der Produkte und Dienstleistungen einkalkuliert werden. Alle Überlegungen in diese Richtung hätten lediglich zur Folge, dass der Preis abhängig vom Ausschuss steigt.

Doch dieser Ansatz entspricht keinem wirtschaftlichen Denken, denn hierbei wird nur versucht, bestehende Fehler und Mängel zu beheben, die vorher eingetreten sind. Damit muss für einen festgelegten Output einer Leistungserstellung ein höherer Input eingebracht werden. Ein Produkt oder eine Dienstleistung muss mit mehr Zeit und Arbeit erbracht werden, als nötig wäre. Stattdessen sollte das Ziel darin liegen, die Ursachen der Fehler und Mängel zu eliminieren und einmalig Ressourcen hierfür einzusetzen.

DEMING spricht von: „Working **smarter** not working harder!" [5]

Was DEMING so treffend in einer Dokumentation zusammenfasst, entspricht dem Ökonomischen Prinzip, mit gegebenem Input einen maximalen Output zu generieren oder bei erwartetem Output den minimalen Input zuzuführen. Damit basiert das Qualitätsmanagement durch die Vermeidung von Fehlern auf den drei ökonomischen Grundprinzipien Produktivität, Effizienz und Effektivität.

Produktivität = realisierte Ausbringungsmenge / realisierte Eingabemenge

Effizienz = realisierteAusbringungsmenge / realisierte Eingabemenge

Effektivität = realisierteAusbringungsmenge / erwartete Ausbringungsmenge

Während die Unterschiede zwischen Effizienz und Effektivität bereits tiefgründig in der Literatur behandelt wurden, stellt sich die Frage, wie sich Produktivität und Effizienz voneinander unterscheiden lassen.

▶ **Zur Erinnerung** Effektivität gibt den Grad an, zu dem ein Ziel erreicht wurde. Es gilt, die richtigen Dinge zu tun.

Effizienz gibt den Grad an, mit welchem Ressourceneinsatz das Ziel erreicht wurde. Es gilt, die richtigen Dinge zu tun.

Beispiel

Ein Feuer mit einer Flüssigkeit zu löschen ist effektiv, sei es Wein, Sekt oder Champagner. Ein Feuer mit Wasser zu löschen ist ebenfalls effektiv. Im Vergleich zu den genannten Getränken ist die Brandbekämpfung mit Wasser allerdings bedeutend effizienter.

Damit stellt sich die Frage, wie sich trotz der gleichen Formel, Produktivität und Effizienz voneinander unterscheiden. Zur Definition von Effizienz kann die ISO 9000 als „Wörterbuch des Qualitätsmanagements" herangezogen werden. Hierin wird Effizienz definiert als [1]:

▶ Verhältnis zwischen einem realisierten Ergebnis und den aufgewendeten Ressourcen.

Im Vergleich dazu definiert die ISO 9000 Effektivität als den deutschen Begriff Wirksamkeit durch [2]:

▶ Ausmaß, in dem geplante Ergebnisse erreicht werden (durch geplante Tätigkeiten)

Aus der ISO 9000 kann leider keine Definition für Produktivität entnommen werden. Die Fachliteratur verwendet allerdings ähnliche Definitionen wie die der Effizienz nach ISO 9000.

Um den Unterschied zu ergründen, müssen daher die Absichten und Hintergründe der beiden Begriffe und Formeln untersucht werden. Hierzu kann das ökonomische Prinzip einbezogen werden. Wie eingangs beschrieben, liegen folgende ökonomische Prinzipien vor:

1. Mit einem gegebenen Input einen maximalen Output generieren – Maximalprinzip
2. Bei einem erwarteten Output minimalen Input zuführen – Minimalprinzip

Beide ökonomische Prinzipien verleiten förmlich dazu, Output und Input in ein Verhältnis zu setzen, zum Beispiel in Form der dargelegten Formeln für Produktivität und Effizienz.

Produktivität ist damit eindeutig dem Maximalprinzip zuzuordnen. Mit einem vorhandenen Ressourceneinsatz (realisierte Eingabemenge) wird versucht, die Ausbringungsmenge zu erhöhen. Der Input ist gegeben, der Output soll maximiert werden. Damit liegt ein produktiver Prozess vor, wenn mit allen eingesetzten Ressourcen die maximale Ausbringung umgesetzt werden kann. Im besten Fall kann mit einem Ressourceneinsatz von 100 eine Ausbringung von 100 erreicht werden.

Effizienz ist folglich dem Minimalprinzip zuzuordnen. Ein Ergebnis/Output wird erwartet, daher muss der Ressourceneinsatz (Input) minimiert werden. Der erwartete Output ist in diesem Zusammenhang nicht mit dem Ziel/der erwarteten Ausbringungsmenge nach der Effektivitätsdefinition zu verwechseln. Ein Prozess gilt als effizient, wenn bei einer erwarteten Ausbringungsmenge von 80 der Ressourceneinsatz von 100 auf < 100 reduziert werden kann, zum Beispiel auf 90.

Damit können die gegebenen Formeln durch die Einzeichnung der Tendenzen wie folgt geändert werden:

$$Produktivität = \uparrow realisierte\ Ausbringungsmenge\ /\ realisierte\ Eingabemenge$$

$$Effizienz = realisierteAusbringungsmenge / \downarrow realisierte\ Eingabemenge$$

$$Effektivität = \uparrow realisierteAusbringungsmenge\ /\ erwartete\ Ausbringungsmenge$$

Um nun auf das Zitat von DEMING zurückzukommen, ist es nicht zielführend härter zu arbeiten und mehr Ressourcen zuzuführen. Die Formeln verdeutlichen, dass eine Erhöhung der Eingabemengen nicht vorgesehen ist. Stattdessen ist es das Ziel des Qualitätsmanagements smarter zu arbeiten, sprich die Ausbringungsmenge zu erhöhen und Ressourceneinsätze zu minimieren.

Damit ist DEMING als federführende Persönlichkeit innerhalb der Entwicklung des Qualitätsmanagements, der von 1900 bis 1993 lebte, nicht nur für das Qualitätsmanagement, sondern auch für die Wirtschaftlichkeitsbetrachtung der Betriebswirtschaft eine bedeutende Koryphäe.

Sein nachhaltiges Wirken wird nach wie vor hoch gewürdigt, so beispielsweise durch die Benennung eines Preises nach ihm – dem Deming-Prize. Dabei werden die Kernaussagen des promovierten Physikers und Statistikers innerhalb der wirtschaftswissenschaftlichen Disziplinen in folgenden Ergebnissen zusammengefasst:

- den 14 Punkten des Managementprogramms,
- den sieben tödlichen Krankheiten eines Managementsystems,
- der DEMING'schen Reaktionskette.

Der Deming-Zyklus (PDCA-Zyklus) sei nach eigenen Angaben DEMINGS auf seinen Lehrer SHEWHART zurückzuführen. Urheber des internationalen Bekanntwerdens der DEMING'schen Werke und Errungenschaft, sowie der Steigerung seiner nicht-japanischen Präsenz, ist die eingangs erwähnte NBC Dokumentation „If Japan can … why can't we?".

2.1 14 Punkte des Managementprogramms – die DEMING'sche Managementphilosophie

Die Grundaussage der von DEMING gesammelten Erfahrungen, Theorien, Seminar-Ergebnisse und Beratungs-Erkenntnisse werden in einem fundamentalen Werk detailliert ausgeführt. Kurz und prägnant zusammengefasst, hat DEMING die 14 Punkte des Managementprogramms entwickelt. Sie zeigen, wie ein

Unternehmen durch 14 grundlegende Maßnahmen, die in der operativen wie strategischen Ebene umgesetzt werden, erfolgreich werden kann.

Als Grundvoraussetzung für die mögliche Einführung der 14 Punkte des Managementprogramms sind jedoch drei Grundhaltungen unabdingbar:

1. Das Fundament der 14 Punkte eines Managementprogramms bildet der prozessorientierte Ansatz, der auch die Grundstruktur der Normenreihe 9000 ff. bildet. Demnach ist alles innerhalb eines Unternehmens in Prozesse zerlegbar und damit auch offen für Verbesserungen und Optimierungen.
2. Weiterhin ist das Lösen eines auftretenden Problems nicht ausreichend. Bei Problemen sind vielmehr fundamentale Änderungen notwendig, um definitiv ein erneutes Auftreten zu verhindern. Ursacheneliminierung ist der Problemkorrektur vorzuziehen.
3. Die oberste Leitung eines Unternehmens muss die Verantwortung für alles Handeln übernehmen. Doch dies reicht zur Implementierung der 14 Punkte des Managementprogramms nicht aus. Darüber hinaus ist die oberste Leitung dazu verpflichtet, zu handeln und das Handeln nicht nur zu delegieren.

Sind die Grundvoraussetzungen in einem Unternehmen erfüllt, ist es möglich, die 14 Punkte des Managementprogramms ein- und durchzuführen [3].

Kritisiert wurden die 14 Punkte des Managementprogramms primär durch Kollegen und Wirtschaftswissenschaftler, da DEMING der Meinung war, dass Unternehmen und deren Managementsysteme nicht nur durch Kosteneinsparungspotenziale effizienter oder besser werden. Dies widersprach vielen Kritikern. Nach DEMING sei der Schlüssel zum Erfolg vielmehr ein neues und vor allem besseres Verständnis für statistische Methoden, Qualität und Mitarbeiterführung. Dabei gehen Statistik und Qualität Hand in Hand. Der Weg zu einer besseren Qualität führe demnach nicht über Inspektionen und Kontrollen von Qualität bei Produkten und Dienstleistungen. Vielmehr sollte die Qualität von Beginn an in den Prozess, das Produkt oder die Dienstleistung integriert sein [4].

In dem Interview der NBC Dokumentation „If Japan can … why can't we?" ist DEMING folgender Auffassung [5].

> „Inspection does not build the quality. The quality is already made. Before you inspect it, it's far better to make it right in the first place. Statistical methods help you make it right in the first place so that you don't need to test it.", sagte DEMING.

(„Kontrolle führt nicht zu Qualität. Qualität ist schon davor integriert. Bevor man etwas kontrolliert, ist es viel besser, es von Anfang an richtig herzustellen.

Statistische Methoden unterstützen den Prozess, es von Beginn an richtig herzustellen. Damit sind Kontrollen/Tests nicht mehr nötig., sinngemäße, deutsche Übersetzung)

Ein Unternehmen, welches lediglich Inspektionen und klassische Qualitätskontrollen durchführt, vergeudet Ressourcen. Es vergeudet die zeitlichen Ressourcen der Mitarbeiter, es vergeudet Maschinenzeit und -kapazitäten und schließlich vergeudet es Material. Ein Beispiel hierzu sind die Inspekteure der Fließbandfertigung aus dem Beispiel zu TAYLOR und FORD, siehe Abschn. 1.2.1.3.

Stattdessen muss die Qualität von Beginn des Anwendungsbereiches eines Qualitätsmanagementsystems bis zu dessen Ende integriert sein. So kann der Prozess der Inspektion und Qualitätskontrolle vernachlässigt werden. In der Normung käme dieses Vorgehen der Verifizierung gleich. Verifizierung bedeutet in diesem Zusammenhang vereinfacht gesagt, dass Prozesse, Produkte und Dienstleistung definierte Merkmale aufweisen und Anforderungen erfüllen. Wenn sie im Ergebnis eines Prozesses die Anforderungen erfüllen, sind sie Ausgabe des vorliegenden und Eingabe eines nachgelagerten Prozesses zugleich. Doch ein nachgelagerter Prozess kann nur dann eine Eingabe verarbeiten, wenn vorgesehene Merkmale und Anforderungen erfüllt sind. Dem gegenüber steht die Validierung, bei der die Funktionsfähigkeit beziehungsweise eine beabsichtigte Verwendung überprüft würde. Hierbei ist eine Überprüfung allerdings zwingend notwendig.

Die Kritik des Managementprogramms läuft schließlich drauf hinaus, dass trotz eines neuen Qualitätsverständnisses alle 14 Punkte des Managementprogramms auf Kosteneinsparungspotenziale hinauslaufen und DEMING sich selbst widerspricht. Weiterhin seien die Punkte sich untereinander sehr ähnlich und geben teilweise dasselbe wieder. DEMING entgegnete, dass die 14 Punkte des Managementprogramms in sich konsistent sein müssen und in einer gesamten Einheit eine Philosophie bilden. Eine fundamentale Unterscheidung sei nicht zielführend. In diesem Zusammenhang beschreibt DEMING die 14 Punkte des Managementprogramms in Kurzfassung wie in Tab. 2.1 dargestellt [4].

2.2 Sieben tödliche Krankheiten eines Managementsystems

Weiterhin geht DEMING in seinen bibliografischen Werken neben den 14 Punkten des Managementprogramms auf sieben tödliche Krankheiten eines Managementsystems ein. Diese geben sinngemäß die gegenteilige Handlung der Empfehlungen aus dem 14 Punkte Managementprogramm wieder. In der Tab. 2.2 werden die Grundaussagen von DEMING mit Anmerkungen dargelegt.

Tab. 2.1 14 Punkte eines Managementprogramms nach DEMING

Punkt	Managementprogramm	Beschreibung
1	Ein unverrückbares Unternehmensziel	Schaffe ein feststehendes Unternehmensziel in Richtung ständiger Verbesserung von Produkten und Dienstleistungen.
2	Der neue Denkansatz	Um wirtschaftliche Stabilität sicherzustellen, ist eine neue Philosophie nötig. Wir sind in einer neuen Wirtschaftsära.
3	Keine Sortierprüfungen mehr	Beende die Notwendigkeit und Abhängigkeit von Vollkontrollen, um Qualität zu erreichen.
4	Nicht unbedingt das niedrigste Angebot berücksichtigen	Beende die Praxis, nur das niedrigste Angebot zu berücksichtigen.
5	Verbessere ständig die Systeme	Suche ständig nach Fehlerursachen, um alle Systeme für Produktion und Dienstleistungen sowie alle anderen im Unternehmen vorkommenden Tätigkeiten auf Dauer zu verbessern.
6	Schaffe moderne Anlernmethoden	Schaffe moderne Anlernmethoden und sorge für wiederholendes Training am Arbeitsplatz.
7	Sorge für richtiges Führungsverhalten	Schaffe moderne Führungsmethoden, die sich darauf konzentrieren, dem Menschen zu helfen, seine Arbeit besser zu verrichten.
8	Beseitige die Atmosphäre der Angst	Fördere die gegenseitige Kommunikation und andere Mittel, um die Angst innerhalb des gesamten Unternehmens zu beseitigen.
9	Beseitige Barrieren	Beseitige die Grenzen zwischen Bereichen.
10	Vermeide Ermahnungen	Beseitige Slogans, Aufrufe und Ermahnungen.
11	Setze keine festgeschriebenen Standards	Beseitige Leistungsvorgaben, die zu erreichende Ziele willkürlich festschreiben.
12	Gestatte es, auf gute Arbeit stolz zu sein	Beseitige alles, was das Recht jedes Arbeiters und jedes Managers in Frage stellt, auf ihre Arbeit stolz zu sein.
13	Fördere die Ausbildung	Schaffe ein durchgreifendes Ausbildungsprogramm und eine Atmosphäre der Selbstverbesserung für jeden einzelnen.
14	Verpflichtung der Unternehmensleitung	Mache die ständige Verbesserung von Qualität und Produktivität zur Aufgabe der Unternehmensleitung.

Tab. 2.2 Sieben tödliche Krankheiten eines Managementsystems nach DEMING

Nummer	Krankheit	Hypothese
1	Das Unternehmen verfügt nicht über einen feststehenden Organisationszweck.	Wenn die empfohlenen Punkte 1 und 2 der 14 Punkte des Managementprogramms keine Beachtung in einem Unternehmen finden, steht der Organisationszweck nicht fest. Dieser als übergeordnetes Leitbild und Unternehmensvision interpretiert, ist jedoch zwingend erforderlich, um auf dessen Grundlage Unternehmensziele ableiten zu können. Die Unternehmensziele sind wiederum notwendig, um durch Produktivität, Effektivität und Effizienz eine Wirtschaftlichkeit zu erreichen. Die Wirtschaftlichkeit wiederum ist für das Bestehen eines Unternehmens in einem kompetitiven Marktumfeld notwendig.
2	Ein Unternehmen legt den Fokus auf kurzfristige Gewinne	Aufgrund fehlender, mittel- und langfristiger, strategischer Ausrichtungen steht der kurzfristige Gewinn im Mittelpunkt. Zwar gelingt es einem solchen Unternehmen oftmals kurzfristig hohe Gewinne zu erwirtschaften, doch kann es ohne Thesaurierung und Investition in die Zukunft nicht bestehen. Wettbewerber werden Unternehmen mit dieser Strategie aufgrund fehlender Entwicklungen von den Märkten verdrängen.

(Fortsetzung)

Tab. 2.2 (Fortsetzung)

Nummer	Krankheit	Hypothese
3	Jährliche Bewertung, Leistungsbeurteilung, persönliches Beurteilungssystem	Wenngleich eine übertrieben ausgeführte und unnötig häufige Bewertung durchgeführt wird, die mit der Bindung von Ressourcen verbunden ist, handelt es sich um eine Krankheit. Hingegen ist die grundsätzliche, jährliche oder Leistungsbewertung ein elementarer Bestandteil des Deming-Zyklus. Insofern ist nicht ganz nachvollziehbar, warum die jährliche Bewertung eine Krankheit eines Managementsystems darstellen sollte. Im Zusammenhang mit der fünften tödlichen Krankheit ist allerdings unbedingt davon auszugehen, dass die Bewertung und Leistungsbeurteilung Ressourcenverschwendung ist. Daher ist die fünfte tödliche Krankheit in Verbindung mit der Dritten zwingend zu vermeiden.
4	In den oberen Management-Ebenen besteht eine hohe Fluktuation.	Sowohl in den 70er- und 80er-Jahren wie auch heute in der Industrialisierung 4.0 ist Wissensmanagement ein entscheidender und erfolgsbestimmender Faktor für Unternehmen. Qualität ist damit nicht nur Bestandteil von Prozessen, Produkten und Dienstleistungen, sondern auch zwingend im Human- und Sozialkapital erforderlich. Ein überdurchschnittlicher Wechsel von Führungskräften führt zu Wissensverlust, verhindert den Wissensaufbau und führt zu Unstimmigkeiten innerhalb eines Teams. Darüber hinaus werden die allgemeine Moral und das Betriebsklima verschlechtert. Natürlich sind derartige personelle Veränderungen mit hohen Personalkosten verbunden und beziehen sich auf die sechste tödliche Krankheit.

(Fortsetzung)

Tab. 2.2 (Fortsetzung)

Nummer	Krankheit	Hypothese
5	Verwendung von Kenngrößen durch das Management, ohne Berücksichtigung von solchen Größen, die unbekannt oder nicht quantifizierbar sind.	Wie bei der vierten tödlichen Krankheit ausgeführt wurde, ist Wissensmanagement ein bedeutsamer Faktor. Unwissen über einzelne Kenngrößen und deren mögliche Folgen kann fatal für die Existenz eines Unternehmens sein. Eine mögliche Begründung kann bei einem solchen Vorgehen nur durch bewusstes Eingehen von Risiken plausibilisert werden, in der Hoffnung das Risiko als Gewinn zu amortisieren. Mit anderen Worten ist die Unkenntnis zu Kennzahlen nur dann akzeptabel, wenn daraus Gewinne erwirtschaftet werden können und sich das Unternehmen diesem Sachverhalt bewusst ist.
6	Das Unternehmen besitzt überhöhte Sozialkosten.	Überhöhte Sozialkosten sind durchaus ein Hinderungsgrund der Umwandlung von Erfolgspotenzialen in nachhaltigen Erfolg eines Unternehmens. Hierbei gilt es allerdings, einen gesunden Ausgleich zwischen genau richtig und überhöht zu finden. Eine Interpretation der Aussagen von DEMING lässt die Hypothese zu, dass das Humankapital einen entscheidenden Einfluss haben kann. Die finanzielle Unterstützung des Humankapitals und des personengebundenen Wissens ist damit zwingend erforderlich. Natürlich auch, um die Moral und ein gutes Betriebsklima aufrechtzuerhalten. Verschwendung finanzieller Ressourcen, z. B. durch hohe Fluktuation, ist hingegen durchaus als überhöht zu bezeichnen.

(Fortsetzung)

Tab. 2.2 (Fortsetzung)

Nummer	Krankheit	Hypothese
7	Überhöhte Kosten aus Produkthaftpflichturteilen	Kosten im Kontext mit juristischen Themen sind oftmals mit hohen Kosten verbunden, z. B. Gerichtskosten, Anwaltskosten, Strafen, Folgekosten, Opportunitätskosten. Ist als Urheber der Kosten eine mangelhafte Qualität eines Prozesses, des Produktes oder einer Dienstleistung verantwortlich, so muss der Verschwendung finanzieller und zeitlicher Ressourcen als eine tödliche Krankheit eines Unternehmens zugestimmt werden. Insbesondere dann, wenn die Nutzung von Normen in die Produkthaftung einbezogen werde muss, ist es als tödliche Krankheit eines Managementsystems zu bezeichnen, wenn Unternehmen hierbei mit Unkenntnis begeistern. Das Kap. 4 geht tiefgründiger auf den Zusammenhang der Normen und Standards mit der Produkthaftung ein.

2.3 DEMING'sche Reaktionskette

Die DEMING'sche Reaktionskette ist eine weitere prägnante Errungenschaft der jahrelangen Erfahrung und Berufstätigkeit von DEMING im Bereich des Qualitätsmanagements. Sie wird als eines der bedeutendsten Modelle DEMINGS bezeichnet. Da Überlegungen zu Qualität im Fokus eines Unternehmens stehen sollten, ist das Ziel aller Unternehmensprozesse, Anforderungen interessierter Parteien zu erfüllen.

Dabei stellte DEMING die Überlegung an, dass Kunden die Abnehmer von Prozessen, Produkten und Dienstleistungen sind und damit den Unternehmensumsatz erzeugen. Doch darüber hinaus sind auch Mitarbeiter (Kollegen) untereinander Kunden. Der Mitarbeiter eines nachgelagerten Prozesses ist der Abnehmer eines Prozesses, den der Mitarbeiter vor ihm betreute. Und selbstverständlich stellt jeder Mitarbeiter Anforderungen an die Ergebnisse eines Kollegen, die ihm für seinen Prozess als Eingabe dienen. Erfüllt das Ergebnis die gestellten Anforderungen des Mitarbeiters für seinen durchzuführenden Prozess nicht, führt dies zu Unzufriedenheit und zeit- und kostenintensiven Reklamationen.

Die DEMING'sche Reaktionskette stellt mit dieser Hypothese als Basis eine simple Verkettung weiterer Kausalitäten dar. Ein Kettenglied beeinflusst das Nächste und ist ohne das Vorangegangene nicht umsetzbar. Dabei stellt sich die weitere DEMING'sche Reaktionskette wie folgt dar [4]:

DEMING'sche Reaktionskette

- Ein Unternehmen besitzt ein funktionierendes Qualitätsmanagementsystem.
- Alle Qualitätsverbesserungen innerhalb und außerhalb des Unternehmens (abhängig vom Anwendungsbereich des Qualitätsmanagementsystems) führen zwangsläufig zu Verbesserungen der Produktivität und Effizienz.
- Unternehmensprozesse sind in der Lage mit einem geringer werdenden Input einen steigenden Output zu generieren (ökonomische Prinzipien). Die Qualitätsverbesserungen bedingen in der Folge Kosteneinsparungen bei der Leistungserstellung.
- Die erzielten Kosteneinsparungen werden dann in Form von Kostenvorteilen an die Abnehmer weitergegeben. In diesem Fall erfolgt die Weitergabe an die Kunden der Leistungserstellung. Die Folge sind sinkende Preise der Ergebnisse des Unternehmens.
- Durch sinkende Preise eines Produktes oder einer Dienstleistung sind die Unternehmen in der Lage, nach dem Gesetz des Marktes einen höheren Absatz zu erzielen. Durch den höheren Absatz steigt der Marktanteil des Unternehmens.
- Die Steigerung des Marktanteils führt zur konsequenten Positionierung im Markt und Sicherstellung der Unternehmensexistenz.
- Eine Sicherung der Unternehmensexistenz verläuft parallel zu der Sicherstellung von Arbeitsplätzen.
- Die gesicherten Arbeitsplätze sichern wiederum die Durchführung der Prozesse der Leistungserstellung und weiteren Qualitätsverbesserungen.
- Die DEMING'sche Reaktionskette beginnt erneut und wird zu einem kontinuierlichen Kreislauf der Verbesserung und Verschlankung.

Damit die DEMING'sche Reaktionskette in Gang gesetzt werden kann, ist es notwendig, ein funktionierendes Qualitätsmanagementsystem zu besitzen. Dieses setzt voraus, dass

1. jeder Mitarbeiter innerhalb seines Aufgabengebietes für Qualität verantwortlich ist und dazu steht,
2. es keinen Mitarbeiter, Kollegen, Leiter oder Manager gibt, der von dem Qualitätsbegriff losgelöst ist,
3. jeder mit Qualität konfrontiert ist,
4. und Qualität als Unternehmensphilosophie akzeptiert und gelebt wird [4].

Auch zu der DEMING'schen Reaktionskette existieren zahlreiche Kritiker, die die Kausalitäten in einigen Fällen anzweifeln. Innerhalb dieses Werkes soll allerdings nicht näher darauf eingegangen werden, da die Kernthese essenziell ist:

> Der nachhaltige und substanzielle Erfolg eines Unternehmens hängt von einem funktionierenden Qualitätsmanagementsystem ab. Einem System, welches Prozesse so lenken und steuern kann, dass die Anforderungen interessierter Parteien erfüllt werden können.

Literatur

1. DIN EN ISO 9000. (2015). *Qualitätsmanagementsysteme – Grundlagen und Begriffe (ISO 9000:2015); Deutsche und Englische Fassung EN ISO 9000:2015* (3.7.10 Effizienz, Seite 46). Berlin: DIN Deutsches Institut für Normung e. V.
2. DIN EN ISO 9000. (2015). *Qualitätsmanagementsysteme – Grundlagen und Begriffe (ISO 9000:2015); Deutsche und Englische Fassung EN ISO 9000:2015* (3.7.11 Wirksamkeit, Seite 46). Berlin: DIN Deutsches Institut für Normung e. V.
3. Deming, W. E. (1986). *Out of the crisis*. Cambridge, MA: Massachusetts Institute of Technology.
4. Deming, W. E. (1982). *Quality, productivity, and competetive position* (S. 44). Cambridge, MA: Massachusetts Institute of Technology.
5. Deming Institute. (2015). *If Japan can, why can't we?* https://www.youtube.com/watch?21v=vcG_Pmt_Ny4. Zugegriffen am 22.01.2017 (Zeit ab 01:09:32).

3 Grundlagen des Qualitätsmanagements nach DIN EN ISO 9000:2015

Grundlagen des Qualitätsmanagements: einfach, kompakt und praxisorientiert

„Was wir wissen, ist ein Tropfen. Was wir nicht wissen, ist ein Ozean."

– Isaac Newton

Zusammenfassung

Die Grundlagen des Qualitätsmanagements basieren überwiegend auf den Inhalten der ISO 9000:2015. Sie kann als eine Mutternorm aller anderen Normen verstanden werden und legt alle allgemeinen Begriffe, Definitionen und Verständnisgrundlagen fest. Will eine Bildungseinrichtung ein lebendiges Qualitätsmanagement implementieren und aufrechterhalten, muss sie die richtigen Voraussetzungen kennen und Qualitätsmanagement von der Pike auf erlernen. Die ISO 9000:2015 ist hierfür die ideale Basis. Insbesondere das Verstehen der Konzepte und Grundsätze ist essenziell, um einen Gesamtzusammenhang zwischen Normung, Normanwendung und Konformitätsbewertung herzustellen. Mit der neuen High Level Structure sind drei essenzielle Bestandteile eingeführt worden, die künftig Bestandteil jedes Managementstandards werden. Das Verstehen und Umsetzen von PDCA, dem prozessorientierten Ansatz und risikobasierten Denkens ist unumgänglich, wenn ein komplexes und lebendiges Qualitätsmanagement aufgebaut und aufrechterhalten werden soll.

F. Mai, *Qualitätsmanagement in der Bildungsbranche*,
https://doi.org/10.1007/978-3-658-27004-9_3

3.1 DIN EN ISO 9000:2015

Getreu dem obenstehenden Motto, stellt die ISO 9000 nur einen kleinen Bestandteil der Grundlagen des Qualitätsmanagements dar. Die Norm bietet jedoch die ideale Voraussetzung, essenzielle Elemente, Begriffe und Ansätze zu verstehen und anzuwenden. Eine Vertiefung dieser Kenntnisse kann im Anschluss nach den jeweiligen Bedarfen oder Interessen erfolgen, so zum Beispiel zu Prozessmanagement, Projektmanagement, Risikomanagement oder KAIZEN.

Dieses Kapitel hat lediglich das Ziel, detaillierter auf die Grundlagen eines Qualitätsmanagements einzugehen, die sich aus der DIN EN ISO 9000:2015 ergeben. Aus der langjährigen akademischen Lehre, Beratung und Zertifizierung ist dem Autor bewusst, welche Bedeutsamkeit den Grundlagen auf Basis der ISO 9000 zugeschrieben werden sollte. Ein gesamtheitliches Verständnis komplexer Zusammenhänge im Qualitätsmanagement kann nur gewährleistet werden, wenn die Grundlagen beherrscht werden. Die Inhalte der ISO 9000 blicken hierzu auf eine praxisnahe und -bewährte historische Entwicklung zurück, die es ermöglicht, die Gültigkeit der Grundlagen zu verifizieren. Wohl kaum ein seriöser Qualitätsmanagementsystem-Berater, Qualitätsmanagement-Beauftragter, interner oder externer Auditor würde sich der Bedeutsamkeit der Grundlagen durch die ISO 9000 entsagen. Immer wieder verweisen Normen auf die Grundlagen der ISO 9000. Immer wieder finden sich Normanwender der ISO 9001, der ISO 29990 oder der ISO 21001 gedanklich in der ISO 9000 wieder und erkennen Parallelen und Ursachen, warum Anforderungen auf die eine oder andere Weise formuliert werden.

Die Grundlagen der Qualitätsmanagementsysteme werden in der DIN EN ISO 9000:2015 in fünf Konzepte und sieben Grundsätze unterschieden. Zunächst soll demnach auf die fünf Konzepte und im Anschluss auf die sieben Grundsätze eines Qualitätsmanagementsystems eingegangen werden.

3.1.1 Konzepte eines Qualitätsmanagementsystems

Die DIN EN ISO 9000:2015 nennt die folgenden fünf Konzepte eines Qualitätsmanagementsystems:

- Qualität
- Qualitätsmanagementsystem
- Kontext der Organisation
- Interessierte Parteien
- Unterstützung

3.1.1.1 Qualität

Wie bereits in Abschn. 1.1 angedeutet wurde, beschreibt Qualität den Grad, in dem ein Satz inhärenter Merkmale eines Objektes Anforderungen erfüllt. Doch Ziel des Konzeptes Qualität in der ISO 9000 ist zunächst nicht, den Begriff zu definieren, als vielmehr Qualität als ein strategisches Konzept für Erfolg zu verdeutlichen. Im Fokus der Betrachtung steht der Mehrwert eines Gutes oder einer Dienstleistung, der durch die Unternehmenskultur, Verhaltensweisen, Einstellungen, Tätigkeiten und Prozesse positiv beeinflusst werden sollte. Der Mehrwert eines Gutes oder einer Dienstleistung würde gemäß der Definition dann entstehen, wenn Erfordernisse und Erwartungen (Anforderungen) von interessierten Parteien erfüllt werden. Das Konzept baut folglich darauf auf, Fähigkeiten zur Leistungserstellung so abzustimmen, dass Kunden und andere interessierte Parteien zufrieden gestellt werden. Dabei sind Chancen und Risiken (beabsichtigte und unbeabsichtigte Auswirkungen) auf Güter und Dienstleistungen, Prozesse und das Unternehmen zu berücksichtigen.

Bereits dieses Konzept bietet ausreichend gehaltvolle Informationen, die dazu einladen, Interpretationen und Verweise zu betriebswirtschaftlichen Disziplinen und Instrumentarien aufzubauen, wie die folgenden Beispiele beweisen:

- Befriedigung von Kundenbedürfnissen setzt eine Analyse der Bedarfe voraus:
  - SWOT-Analyse,
  - Wettbewerbsanalyse,
  - Marktanalyse,
  - Analyse der Marktanteile,
  - Kundenbefragungen,
  - Marktstudien,
  - McKinsey-Portfolio,
  - BCG-Portfolio,
  - Innovationserhebungen
- Prozessoptimierung:
  - Business Model Canvas,
  - Businessplanung,
  - Lean Management,
  - Material- und Produktionswirtschaft,
  - Supply Chain Management,
  - Just-in-time,
  - Fehlermöglichkeits- und Einflussanalyse,
  - Six Sigma,
  - KAIZEN,

  - Kontinuierliche Verbesserung,
  - Ökonomisches Prinzip
- Risk Management:
  - Strategisches und Operatives Controlling,
  - Risikobewertung,
  - Managementbewertung,
  - SWOT-Analyse
- Customer Service:
  - Kundenbefragungen,
  - After-Sales-Services,
  - Zufriedenheitserhebungen,
  - Beschwerdemanagement,
  - Feedback

3.1.1.2 Qualitätsmanagementsystem

Der Begriff des Qualitätsmanagementsystems umfasste die wiederkehrenden und regelmäßigen Tätigkeiten zum Führen und Steuern eines Unternehmens hinsichtlich der Befriedigung von Bedürfnissen interessierter Parteien. Das in der ISO 9000 zugrunde gelegte Konzept greift die Definition in ähnlicher Weise auf. Ein Qualitätsmanagementsystem sollte alle Tätigkeiten umfassen, die dem Unternehmen ermöglichen, Ziele zu ermitteln und Prozesse sowie Ressourcen zu bestimmen, die zum Erreichen der Ziele notwendig sind. Jene Prozesse und Ressourcen stehen in einer wechselseitigen Beziehung, deren Steuerung und Lenkung wiederum zum Ziel hat, die Bedürfnisse der interessierten Parteien zu befriedigen. Nur wenn die interessierten Parteien, vor allem die Kunden befriedigt werden, gelingt es dem Unternehmen auch, eigene ermittelte Ziele zu erreichen. Wird dieses Grundkonzept aufgegriffen, ist das Qualitätsmanagementsystem folglich nichts anderes, als eine strategische Entscheidung, Prozesse und Ressourcen wirksam und effizient zu lenken, um hieraus kurz-, mittel- und langfristige Erfolge zu verwirklichen und umzusetzen. Auch innerhalb des Konzepts des Qualitätsmanagementsystems sind kongruent zu dem Konzept der Qualität Chancen und Risiken zu berücksichtigen.

3.1.1.3 Kontext der Organisationen

Der didaktisch gut gegliederte Aufbau der Konzepte, welcher bei der Qualität begann und sich in dem Qualitätsmanagementsystem fortsetzte, geht nun noch eine Ebene weiter. Die Abb. 3.1 verdeutlicht den sphärischen Aufbau.

Selbstverständlich gibt es Einflussfaktoren auf die Erfordernisse und Erwartungen der interessierten Parteien sowie die Chancen und Risiken. Der Kontext der

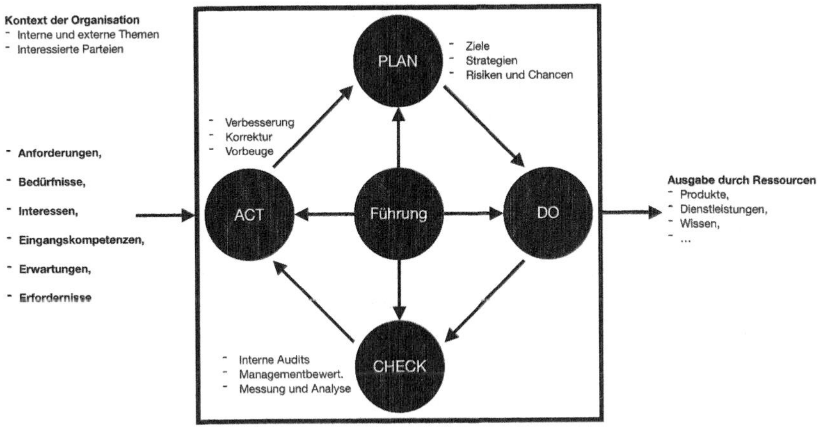

Abb. 3.1 Beziehung zwischen einem Qualitätsmanagementsystem und dem Kontext einer Organisation

Organisation stellt dabei Faktoren interner und externer Herkunft dar, die den Zweck, die Ziele und die Nachhaltigkeit des Unternehmens beeinflussen. Interne Themen können beispielsweise durch Kultur, Werte, Wissen und Leistung gegeben sein. Wissen und Leistung als interne Themen beeinflussen die Qualität eines Produktes oder einer Dienstleistung ganz entscheidend, wie dem folgenden Beispiel entnommen werden kann.

Praxisbeispiel

Aussagen einer Berliner Unternehmerin, Coach für Führungskräfte, beweist die Bedeutung der internen Themen Wissen und Leistung wie folgt:

„Wir sind noch ein recht junges Unternehmen. Uns gibt es seit ca. zwei Jahren, doch unsere Lern- und Erfahrungskurve ist extrem hoch. Wir starteten 2015 als ein kleines, dreiköpfiges Team von Master-Absolventen und hatten den Traum ein richtiges Unternehmen zu gründen. Den ersten Schritt gingen wir, indem wir alle zusammen eine WG bezogen. Berlin ist eine große Stadt. Die Wege zwischen unseren Wohnungen waren lang. Und lange Wege kosten Zeit und Geld. Deshalb hatten wir bei einem abendlichen Briefing kurzerhand beschlossen, zusammen in eine WG zu ziehen und dort ein Business hochzuziehen. Gesagt getan. Innerhalb von drei Monaten hatten wir unsere erste gemeinsame Wohnung – und unser erstes Office. Wir saßen stundenlang zusammen, hielten Besprechungen ab, brainstormten und kamen schließlich zu unserer

Geschäftsidee samt Business Plan: Coachings und Seminare für junge Führungskräfte. Die Idee war eigentlich ganz einfach: wir kannten als Master-Absolventen den genauen Kenntnisstand der jungen Führungskräfte, aber auch ihre Bedürfnisse, Wünsche und Ängste. Das Ziel bestand also darin, passgenaue Coachings zu entwickeln und anzubieten, die sowohl für die jungen Führungskräfte als auch für die Unternehmen einen Mehrwert bieten würde. Nach der Gründung als UG, dem Aufbau einer Wordpress-Website und einigen Anrufen mit Kommilitonen standen auch schon die ersten Aufträge. In Rückbesinnung auf unsere Vorlesungen, Projekt-, Bachelor- und Masterarbeiten, entwickelten wir unsere Skripte und Seminarunterlagen und starteten unser erstes Business.

Natürlich gab es immer ein paar Schwierigkeiten, besonders die Finanzen bauten einen ganz eigenen Druck, eine ganz eigene Dynamik auf. Doch letztlich hatten wir es geschafft und konnten im ersten Jahr 2–3 Seminare pro Monat halten. Zusammenfassend kann ich sagen: Spaß hatten wir, die Kunden waren okay und die Bezahlung stimmte. Aber was eigentlich wirklich bemerkenswert war, war unsere persönliche und fachliche Weiterentwicklung. Unsere Expertise hat durch das Lehren einen so starken Lerneffekt mit sich gebracht, dass ich mich fast schäme, für die ersten Seminare Geld genommen zu haben. Die Vorlesungsqualität und Seminarunterlagen haben anfangs den Inhalt schon sachgemäß, richtig und aktuell wiedergegeben, aber erst die Erweiterung und Verbesserung unserer Skills und unseres Know-hows haben zu unserem aktuellen Erfolg beigetragen.

Was ich damit sagen will, ist, dass nur die Veränderung zum Besseren dazu beigetragen hat, dass wir heute erfolgreich und gefragt sind. Ich mag zu bezweifeln, dass wir so viele Kunden hätten, wären wir auf dem Stand von vor zwei Jahren geblieben. Entscheidend ist die Entwicklung und das Beachten von Wissen und Kompetenz. Doch die entscheidende Frage ist immer, wie man zu solchen Veränderungsprozessen kommt. Wir sind durch die Einführung eines QMS und dem tiefgründigen Beschäftigen mit den Anforderungen darauf gestoßen. Klar hat man immer und immer wieder im BWL-Studium davon gehört und gelesen, aber umgesetzt hat man es ja doch nicht. Bis zu unserer Zertifizierung nach ISO 29993!"

Das Beispiel verdeutlicht, dass ein Start-up in der Bildungsbranche anfänglich unmöglich die gleiche Qualität bieten kann, wie es diese ein Jahr später zu bieten vermag. Erfahrungen, Routine, Wissen, Kompetenzaufbau, Unternehmenskultur und Werte haben einen entscheidenden Einfluss auf die Weiterentwicklung. Allein aus diesem Grund ist ausgeschlossen, dass ein Unternehmen stetig auf seinem bestehenden Level verbleiben kann. Interne Einflüsse führen automatisch zu Veränderungen und einem Handlungsbedarf.

Ebenso spielen externe Themen, zum Beispiel gesetzliche und behördliche, technologische, marktbezogene, wettbewerbsbezogene, kulturelle, soziale und ökonomische Umfelder eine bedeutende Rolle. Sie beeinflussen ein Unternehmen und stellen ständig neue An- und Herausforderungen. Neue Gesetze und behördliche Auflagen, ob international, national, regional oder lokal, bedingen die ständige Anpassung eines Unternehmens. Aktuelle Beispiele sind die geänderten Anforderungen an Datensicherheit und -schutz durch die DSGVO und das neue BDSG. Weiterhin führen technologische Themen unwillkürlich zu sich ändernden Anforderungen durch Kunden und Wettbewerber. Neue Technologien, bedingt durch die Digitalisierung und weitere Automatisierung, die New Economy etc., zwingen Unternehmen zu handeln. Tun sie das nicht und beharren auf alten, bewährten Strukturen, werden sie mutmaßlich nicht lang im Wettbewerb verbleiben. Insbesondere in der Bildungsbranche stellen technologische Themen eine Chance und Risiko zugleich dar. Sei es bezogen auf die Inhalte der Bildung oder die Durchführung der Bildung, zum Beispiel:

- Inhalte der Bildung
  - New Economy
  - Digitalisierte Geschäftsprozesse
  - Online Marketing (Website und Social Media)
  - Influencer Marketing
  - Digitale Produkte
  - …
- Durchführung der Bildung
  - Online Webinare und Seminare
  - Digitale Produkte
  - Digitale Absatzmärkte
  - Online Marketing (Website und Social Media)
  - Influencer Marketing
  - …

3.1.1.4 Interessierte Parteien

Oftmals stehen bei einem Unternehmen nur die Kunden im Fokus. Und zweifelsohne ist dies auch ein essenzieller Erfolgsfaktor. Allerdings partizipieren an einem Unternehmen, dessen Leistungserstellung und Produkten sowie Dienstleistungen weitere interessierte Kreise: relevante interessierte Parteien. Relevante interessierte Parteien stellen all jene Kreise dar, die einen Einfluss auf die Nachhaltigkeit des Unternehmens haben können. Das trifft insbesondere dann zu, wenn die Unzufriedenheit der

Kreise ein Risiko für das Unternehmen in sich bürgen kann. Daher gilt, dass auch diese Kreise in die Betrachtung und Bedürfnisbefriedigung einzubinden sind.

Entscheidende Beispiele für relevante interessierte Parteien sind Mitarbeiter, Gesellschafter, Gesetzgeber und Behörden oder die Gesellschaft.

3.1.1.5 Unterstützung

Die Unterstützung der Prozesse, die notwendig sind, um mit den Prozessergebnissen interessierte Parteien zufriedenzustellen, kann auf vielfältige Weise durchgeführt werden. Mindestens jedoch muss das Qualitätsmanagementsystem durch die Bereitstellung von Personen und Ressourcen, die Überwachung von Prozessen, das Chancen- und Risikomanagement und die Maßnahmendurchführung unterstützt werden.

Die Beschaffung, Bereitstellung, Aufrechterhaltung, Verbesserung und Freisetzung von Ressourcen unterstützt das gesamte Qualitätsmanagementsystem dabei, seine Ziele zu erreichen und erfolgreich zu sein. Die möglichen Unterstützungsmöglichkeiten gehen jeweils aus dem siebten Kapitel der ISO 9001 oder der ISO 21001 hervor, sollen an dieser Stelle allerdings nicht weiter ausgeführt werden.

3.1.2 Grundsätze eines Qualitätsmanagements

Weiterhin nennt die DIN EN ISO 9000:2015 die folgenden sieben Grundsätze eines Qualitätsmanagementsystems:

- Kundenorientierung
- Führung
- Engagement von Personen
- Prozessorientierter Ansatz
- Verbesserung
- Faktengestützte Entscheidungsfindung
- Beziehungsmanagement

3.1.2.1 Kundenorientierung

3.1.2.1.1 Hypothese

Eine der wichtigsten interessierten Parteien sind Kunden. Sie stellen unter anderem Anforderungen an Produkte und Dienstleistungen eines Unternehmens und werden zum Käufer. Sie kreieren Absatz und Umsatz. Sind Kunden sehr zufrieden mit der Erfüllung ihrer Anforderungen, werden sie zum Wiederkäufer oder tätigen Empfehlungen und führen zu weiterem Absatz und Umsatz.

3.1.2.1.2 Begründung

Ein nachhaltiger Erfolg stellt sich dann ein, wenn die Kunden durch ein Produkt oder Dienstleistungen einen Mehrwert erhalten. Nutzstiftung ist der Schlüssel für nachhaltige, wiederkehrende und langfristige Umsätze eines Unternehmens. Besteht kein Mehrwert für den Kunden, verbleibt es bei einem einzigen getätigten Kauf: einem Fehlkauf. Sowohl Folgeumsätze als auch Reputation des Unternehmens unterbinden eine langfristige Etablierung. Wettbewerber werden sich am Markt behaupten und durchsetzen.

3.1.2.1.3 Vorteile

- Hoher Kundenwert
- Hohe Zufriedenheit der Kunden
- Kundenbindung
- Folgeumsätze
- Reputation
- Kundenstamm
- Hohe Marktanteile

3.1.2.1.4 Maßnahmen

- Wissen um die Anforderungen der Kunden
- Ausrichten der Prozesse, Produkte und Dienstleistungen an den Anforderungen
- Überwachen und Messen der Prozessergebnisse und Kundenzufriedenheit
- Ableiten von Verbesserungsmaßnahmen
- Kundenbeziehungen managen

3.1.2.2 Führung

3.1.2.2.1 Hypothese

Die Führung eines Unternehmens plant Prozesse und Prozessergebnisse sowie Ziele des Unternehmens. Daher muss es auf jeder Hierarchie- und Prozessebene die Übereinstimmung von Zweck und Ausrichtung sowie Engagement der Personen ermöglichen.

3.1.2.2.2 Begründung

Nur wenn Zweck und Ausrichtung aufeinander abgestimmt sind und sich in diesem Komplex befindliche Personen engagieren, können die so durchgeführten Prozesse beitragen, geplante Prozessergebnisse, Ziele, Politiken und Strategien zu erreichen.

3.1.2.2.3 Vorteile

- Produktivität der Prozesse
- Effizienz der Prozesse
- Koordination der Prozesse
- Kommunikation zwischen verschiedenen Hierarchie- und Prozessebenen
- Verbesserung der Prozesse und Personenkompetenzen

3.1.2.2.4 Maßnahmen

- Kommunikation der Politik, Ziele, Strategien, Vision, Mission
- Schaffen eines gemeinsamen Verständnisses für Werte durch eine Corporate Culture und Corporate Governance
- Grundsätze eines Ehrbaren Kaufmanns (Integrität, Ehrlichkeit, Authentizität, Vertrauen, ...)
- Verpflichtung zu Qualität
- beispielhaft Vorangehen
- Rollen, Verantwortlichkeiten und Befugnisse einrichten
- Betriebliche Weiterbildung fördern

3.1.2.3 Engagement von Personen

3.1.2.3.1 Hypothese

Personen mit Engagement sind kompetent und befugt. Dies befähigt sie, aktiv an der Aufrechterhaltung und Verbesserung der Wirksamkeit des Qualitätsmanagementsystems mitzuwirken.

3.1.2.3.2 Begründung

Lob und Kritik sind zwei elementare Elemente, um Personen zu respektieren und in das Qualitätsmanagementsystem einbeziehen zu können. Anerkennung, Befähigung und Weiterbildung der Personen unterstützen die Einbeziehung und tragen dazu bei, die Unternehmensziele einfacher zu erreichen. Insbesondere dann, wenn die Personen das *Warum* verstehen, können sie sich der Frage des *Wie* widmen und aktiv selbst zum Erfolg beitragen.

3.1.2.3.3 Vorteile

- Verständnis für die Unternehmensziele
- Hohe Motivation zur Zielerreichung
- Positive Einstellung zu Lob und Kritik
- Positive Einstellung zur kontinuierlichen Verbesserung
- Persönlichkeitsentwicklung und Förderung der Eigeninitiative und Kreativität

- Hohe Zufriedenheit von Personen
- Vertrauen in das Unternehmen
- Aufmerksamkeit hinsichtlich der Wirksamkeit des Qualitätsmanagementsystems

3.1.2.3.4 Maßnahmen

- Kommunikation mit den Personen
- Herunterbrechen der Politik und Unternehmensziele auf Individualziele
- Förderung von Personen
- Wissens- und Erfahrungsaustausch
- Einrichten einer vertrauensvollen Umgebung
- Herstellen einer angst- und furchtbefreiten Umgebung
- Lob und Kritik von Personen
- Selbstbeurteilungen und Wünsche
- Feedback zur Zufriedenheit und Verbesserungsmaßnahmen

3.1.2.4 Prozessorientierter Ansatz

3.1.2.4.1 Hypothese

Geplante Ergebnisse werden besser, effizienter, wirksamer und einfacher erreicht, wenn alle Tätigkeiten als zusammenhängende Prozesse verstanden werden. Denken in Prozessen erlaubt, das gesamte, in sich kohärente System nachzuvollziehen. Hierdurch können Kausalitäten verstanden, gelenkt und gesteuert werden, um geplante Ergebnisse zu erreichen.

3.1.2.4.2 Begründung

Das Verstehen der Prozesse, die geplante Ergebnisse zur Folge haben, ermöglicht das Verständnis für potenzielle Fehler, Probleme, Risiken und Chancen. Dies hat zur Folge, dass jene Prozesse und deren Leistung optimiert werden können. Dabei können Vorbeuge- und Korrekturmaßnahmen ergriffen werden. Doch allein durch Änderungen innerer und äußerer Einflüsse (interne und externe Themen) ergibt sich die Notwendigkeit einer kontinuierlichen Verbesserung, um Produktivität, Effektivität und Effizienz gerecht zu werden.

3.1.2.4.3 Vorteile

- Fähigkeit, den Fokus auf Schlüsselprozesse zu legen und diese zu verbessern
- beständige Erbringung von Prozessergebnissen
- Leistungsverbesserung
- Prozesseffizienz

- reduzierte funktionsübergreifende Barrieren
- Vermittlung von Vertrauen gegenüber interessierten Parteien

3.1.2.4.4 Maßnahmen

- Festlegung von Politik und Zielen
- Planung der Prozessergebnisse
- Verteilung von Rollen, Verantwortlichkeiten und Befugnissen
- Rechenschaftspflicht
- Festlegung von Wechselbeziehungen zwischen Prozessen
- Führen, Lenken und Steuern von Prozessen
- Sicherstellen der Verfügbarkeit von Informationen (dokumentierte Informationen)
- Chancen- und Risikomanagement

3.1.2.5 Verbesserung

3.1.2.5.1 Hypothese

Erfolgreiche Unternehmen betreiben eine kontinuierliche Verbesserung. Unternehmen ohne Erfolg besitzen kein Verbesserungsmanagement.

3.1.2.5.2 Begründung

Interne und externe Themen beeinflussen ein Qualitätsmanagementsystem zwingend. Es ergeben sich neue Chancen und Risiken. Verschließt sich ein Unternehmen dagegen, wird es nicht in der Lage sein, das eigene Leistungsniveau zu halten. Spätestens wenn interessierte Parteien infolgedessen ausscheiden, verknappen sich die Ressourcen und haben den Ruin des Unternehmens zur Folge (finanzielle Ressourcen durch Kunden, finanzielle Ressourcen durch Geldgeber, personelle Ressourcen durch Mitarbeiter, ...).

3.1.2.5.3 Vorteile

- Verbesserte Prozessleistung
- Produktivität, Effektivität, Effizienz
- Steigerung der Kundenzufriedenheit
- Ausrichtung auf Ursachenanalyse und -eliminierung
- Chancen- und Risikomanagement
- Berücksichtigung von Innovationen und Wettbewerbsvorteilen

3.1.2.5.4 Maßnahmen

- Fördern der Einführung von Zielen, die die Verbesserung beinhalten
- Weiterbildung von Personen hinsichtlich Verbesserung und Verbesserungstechniken sowie Methoden

- Steigern der Kompetenz von Personen in Verbesserungsprojekten
- Entwickeln und Durchführen von Verbesserungsprojekten
- Überprüfen und Bewerten der Ergebnisse aus Verbesserungsprojekten
- Auditieren
- Integration von Verbesserungen in die Entwicklung neuer oder veränderter Prozesse und Prozessergebnisse
- Erkennen und Anerkennen der Verbesserung

3.1.2.6 Faktengestützte Entscheidungsfindung

3.1.2.6.1 Hypothese

Entscheidung auf Grundlage von Daten und deren Analyse und Auswertung führt zu beabsichtigten Ergebnissen.

3.1.2.6.2 Begründung

Die Entscheidungsfindung selbst ist ein komplexer Prozess der auf Eingaben und Eingabequellen basiert (prozessorientierter Ansatz). Daher ist die Entscheidungsfindung immer mit einer Unsicherheit verbunden. Sowohl Eingabequellen als auch Eingaben, zum Beispiel Informationen, sowie deren Interpretation sind subjektiv. Die Beachtung von Ursachen und Wirkungen sowie potenzieller Folgen sollte sichergestellt werden. Eine Möglichkeit dies zu gewährleisten und zugleich größere Sicherheit und Objektivität zu gewinnen, ist das Einbeziehen von Tatsachen, Nachweisen und Datenanalysen. Verifizierbare Nachweise ermöglichen eine solide Basis zur Entscheidungsfindung und eliminiert Unsicherheiten.

3.1.2.6.3 Vorteile

- Verbesserter Prozess der Entscheidungsfindung
- Verbesserte Bewertung der Prozessleistung und Zielerreichung
- Verbesserte betriebliche Wirksamkeit
- Verbesserte Fähigkeit, Meinungen und Äußerungen zu beurteilen oder in Frage zu stellen
- Fähigkeit frühere Entscheidungen und deren Wirkung nachzuvollziehen

3.1.2.6.4 Maßnahmen

- Bestimmen von Kennzahlen
- Messen und Überwachen der Kennzahlen
- Informationsbereitstellung für relevante Personen
- sichere, präzise und verlässliche Daten und Informationen sammeln und bereitstellen

- Auswahl geeigneter Bewertungsmethoden
- Auswahl kompetenter Personen für die Analyse, Messung und Überwachung

3.1.2.7 Beziehungsmanagement

3.1.2.7.1 Hypothese
Das Pflegen von Beziehungen zu interessierten Parteien stellt einen nachhaltigen Erfolg des Unternehmens sicher.

3.1.2.7.2 Begründung
Interessierte Parteien stellen Anforderungen an das Unternehmen, dessen Prozesse, Produkte und Dienstleistungen. Damit haben sie einen unmittelbaren Einfluss auf die Wirksamkeit und Leistung. Nachhaltiger, langfristiger Erfolg wird wahrscheinlich besser erreicht, wenn sich das Unternehmen diesem Einfluss bewusst ist und eine Beziehung zu den interessierten Parteien pflegt. Die Beziehung zu Bestandskunden, Lieferanten, Anbietern, Kooperationspartnern und anderen Netzwerkpartnern ist von besonderer Bedeutung. Sympathie, Empathie und die Fähigkeit der faktengestützten Kommunikation können Beziehungen positiv beeinflussen.

3.1.2.7.3 Vorteile
- Verbesserte Fähigkeit auf individuelle Bedürfnisse interessierter Parteien eingehen zu können und die Leistung und Wirksamkeit des Qualitätsmanagementsystems zu verbessern
- Gemeinsames Verständnis und Verstehen von Politiken, Zielen, Werten und Leitbildern
- Verbesserte Wertschöpfung durch die gemeinsame Verwendung von Ressourcen und Kompetenzen
- Stabile Bereitstellung von Ressourcen (z. B. durch Lieferanten oder Mitarbeiter)

3.1.2.7.4 Maßnahmen
- Bestimmen relevanter, interessierter Parteien
- Bestimmen und Priorisieren der Beziehungen
- Aufbauen neuer Beziehungen
- Sammeln und Teilen von Wissen und Kompetenzen
- Sammeln von Feedback
- Gemeinschaftliche Verbesserungsmaßnahmen
- Anregen und Anerkennen von Verbesserung

3.2 Deming-Zyklus – PDCA

Auf alle Prozesse jeder Ebene kann der Deming-Zyklus angewendet werden. Da unklar ist, wer tatsächlicher Urheber des Zyklus ist, verwenden alle Normen den neutraleren Ausdruck PDCA-Zyklus oder auch „Planen-Durchführen-Prüfen-Handeln"-Zyklus. Der Zyklus stellt ein systematisches Vorgehen zur Planung, Durchführung, Überprüfung und Verbesserung von Prozessen dar und ist universell anwendbar. Seit 2015 sind zudem alle Managementstandards (zum Beispiel ISO 9001, ISO 14001, ISO 21001) nach dem PDCA-Zyklus gegliedert. Hieraus ergab sich eine der bekanntesten Darstellungen des Qualitätsmanagements. Mehr dazu wird im Kap. 4 beschrieben.

3.2.1 Plan

Das Ziel des Plan bezogen auf jeden Prozess jeder Ebene ist die Planung der Prozessergebnisse und dafür notwendigen Ressourcen, um diese Ergebnisse zu erreichen. Außerdem sind die Ziele des Prozesses zu planen, ebenso wie die Risiken und Chancen, die sich aus dem Prozess ergeben.

In Folge ist der Prozess an sich zu planen. Das beinhaltet die Festlegung der Haupt- und Nebenprozesse (wertschöpfende Prozesse und unterstützende Prozesse). Weiterhin müssen die Rollen, Verantwortlichkeiten und Befugnisse festgelegt werden. Abschließend gilt es die Methoden der Bewertung und zu bewertenden Ergebnisse zu planen.

3.2.2 Do

Im Do geht es um die Umsetzung des Geplanten. Dabei spielt die Leistungserstellung eine Rolle, aber auch alle Maßnahmen, die zur Unterstützung ergriffen werden. Die Unterstützung kann zum Beispiel durch Ressourcen (Personen, Infrastruktur, die Prozessumgebung, Ressourcen der Überwachung und Messung, Wissen), Kompetenzen, Bewusstsein, Kommunikation und dokumentierte Informationen erfolgen.

3.2.3 Check

Das Check beschreibt das Prüfen der Umsetzung. Dies beinhaltet die Überwachung und Messung der Prozesse und resultierenden Ergebnisse. Die Vorgaben des

Plans sind essenziell, um festzustellen, inwieweit die Soll-Vorgaben erreicht wurden. Ebenso sind die Prozessergebnisse hinsichtlich der festgelegten Politiken, Ziele und Anforderungen interessierter Parteien zu überprüfen. Abschließend beinhaltet das Check die Berichterstattung in geplanter Form.

3.2.4 Act

Act bezeichnet alle Maßnahmen der Verbesserung. Act ist in jedem Fall aufzugreifen, nicht nur bei Fehlern und Mängeln oder Abweichungen des Geplanten. Maßnahmen der Verbesserung sind Vorbeuge-, Korrektur- und Verbesserungsmaßnahmen. Vorbeuge- und Korrekturmaßnahmen sind zu ergreifen, wenn im Check Abweichungen zwischen dem Soll- und dem Ist-Zustand festgestellt werden konnten. Dies kann Korrekturen, Nacharbeiten, einen Ersatz oder Sonderfreigaben beinhalten. Doch auch wenn aus dem Check keine Abweichungen vorlagen, sind mindestens Verbesserungsmaßnahmen zu ergreifen. Die Notwendigkeit ergibt sich aus sich ändernden externen Einflüssen, zum Beispiel externen Themen, siehe Abschn. 3.1.1.3. Zum anderen sind Verbesserungsmaßnahmen auch Notwendigkeit, um dem Anspruch an Produktivität, Effizienz und Effektivität (Ökonomische Prinzipien) gerecht zu werden, siehe Kap. 2.

3.3 Prozessorientierter Ansatz

Der prozessorientierte Ansatz sieht vor, dass alle Tätigkeiten eines Unternehmens und das Unternehmen selbst im Kontext seiner Organisation als Prozess betrachtet wird. Hierdurch soll sichergestellt werden, die Anforderungen der interessierten Parteien erfüllen zu können und eine ideale Bedürfnisbefriedigung zu erreichen.

Aus diesem Grund empfiehlt beispielsweise die ISO 9001:2015 selbst, bei dem Aufbau, der Verwirklichung, Umsetzung und Verbesserung eines Qualitätsmanagementsystems nach dem prozessorientierten Ansatz vorzugehen. Das Verstehen von Prozessen innerhalb eines Systems erlaubt schließlich, die Ergebnisse zu beeinflussen, Wechselwirkungen zu verstehen und die Effizienz und Wirksamkeit des Prozesses zu optimieren. Der Deming-Zyklus ist ebenfalls ideal geeignet, um mit dem prozessorientierten Ansatz zusammen die gesamte Leistungsfähigkeit zu verbessern.

Der prozessorientierte Ansatz unterscheidet in fünf Elemente, die ein Prozess mit sich bringt. Diese werden nachfolgend erläutert.

3.3.1 Eingabequellen

Eingabequellen sind vorangegangene Prozesse des zu betrachtenden Prozesses. Sie sind verantwortlich für die Eingabe. In der Regel sind Eingabequellen interessierte Parteien oder eigene, interne oder externe Prozesse die vor dem zu betrachtenden Prozess liegen. Das Wissen um die Eingabequellen ist notwendig, um die gesamte Kette der Leistungserstellung nachvollziehen zu können, Urheber der Eingaben zu kennen und deren Anforderungen zu wissen.

Beispiel bei einer Lerndienstleistung

- Agentur für Arbeit,
- Dozenten,
- Gesetzgebung,
- Arbeitsmarkt,
- Lieferanten von Lernmaterialien,
- Vermieter der Lernumgebung,
- Geldgeber wie Banken und Gesellschafter

3.3.2 Eingabe

Eingaben sind Ressourcen, die die Eingabequellen in den zu betrachtenden Prozess geben. Sie müssen nicht materiell sein, wie beispielsweise Rohstoffe, Waren, Geld oder Personen. Eingaben können auch immateriell sein, wie beispielsweise Wissen, Informationen oder Energie. Die Eingaben (auch Input genannt) sind die Grundlage der Produktivitäts- und Effizienzbetrachtung. Sie können zum Beispiel in das Verhältnis zu Ergebnissen (auch Output genannt) gesetzt werden.

Beispiel bei einer Lerndienstleistung

- Lernmaterialien,
- Bücher und Fachliteratur,
- Dozenten,
- Curriculum,
- Zeit,
- Geld,
- Inventar

3.3.3 Prozess

Der eigentliche Prozess wird untergliedert in den Startpunkt der Tätigkeit, die Tätigkeit und den Endpunkt der Tätigkeit. Hierbei werden alle Eingaben miteinander kombiniert, um ein Ergebnis zu erzielen. Dabei werden Eingaben aufgebraucht, umgewandelt oder zeitweise verwendet. Ein Unternehmen führt in der Regel eine Nutzstiftung durch jeden Prozess durch. Das bedeutet, dass Eingaben veredelt werden und einen zusätzlichen oder neuen Nutzen erhalten. Was als Prozess gilt, wo dieser beginnt und endet, ist subjektiv zu entscheiden. Es existieren verschiedene Prozessebenen, deren Definition dem Anwender der Norm freigestellt ist. Bezogen auf eine Lerndienstleistung kann es angebracht sein, drei Hauptprozesse zu definieren und alle weiteren Tätigkeiten als unterstützende oder Nebenprozesse festzulegen. Wenn allerdings ein Unternehmen der Auffassung ist, für eine Lerndienstleistung zwölf Prozesse mit jeweiligen unterstützenden und Nebenprozessen zu definieren, entspricht dies auch der Intention der Norm.

Beispiel bei einer Lerndienstleistung

- Eigentliche Lerndienstleistung oder
- Modul 1, Modul 2, Modul 3, … oder
- Tätigkeiten vor der Lerndienstleistung und Lerndienstleistung und Tätigkeiten nach der Lerndienstleistung oder
- Kennenlernen und Begrüßung, Teil 1 der Tagesagenda, Teil 2 der Tagesagenda, Abschluss und Feedback, Auswertung des Feedback oder
- …

3.3.4 Ergebnis

Ergebnisse sind das Ziel eines Prozesses. Ergebnisse sind veredelte oder mit einem zusätzlichen oder neuen Mehrwert ausgestattete Eingaben. Innerhalb des Prozesses wurden die Eingaben kombiniert und ein Ergebnis erstellt. Ergebnisse können wie auch Eingaben materiell oder immateriell sein, also beispielsweise Materialien, Energie, Informationen, Wissen etc.

Beispiel bei einer Lerndienstleistung

- Erfolgreicher Abschluss des Lernenden,
- Prüfung und Prüfungsergebnis,
- Erfolgreicher Lerntransfer,

- Erreichen der Lernziele,
- Sehr gutes Feedback ohne Korrekturmaßnahmen,
- Aushändigung eines Zertifikates oder einer Teilnahmebescheinigung
- Bezahlung einer Rechnung

3.3.5 Empfänger von Ergebnissen

Empfänger von Ergebnissen sind nachfolgende Prozesse bei interessierten Parteien. Wie auch bei den Eingabequellen sind Empfänger von Ergebnissen entscheidend, um die jeweiligen Anforderungen an die Eingaben, den Prozess und die Ergebnisse selbst zu kennen. Das Ziel ist auch im Zusammenhang mit den Empfängern von Ergebnissen eine maximale Bedürfnisbefriedigung.

Beispiel bei einer Lerndienstleistung

- Lernende,
- Unternehmen, in denen die Lernenden angestellt sind (Sponsoren),
- Kollegen der Lernenden,
- Freunde und Familie der Lernenden,
- Arbeitsmarkt,
- deutsche Gesamtwirtschaft,
- Gesetzgebung

3.4 Risikobasiertes Denken

Das risikobasierte Denken ist ein neues Element, welches mit der 2015er-Generation der ISO 9000 ff. eingeführt wurde. Selbstverständlich war der Umgang mit Chancen und Risiken bereits in vorigen Versionen und anderen Normen enthalten, allerdings nicht in dieser umfassenden Form. Weiterhin existiert eine eigene Norm, die sich mit der Betrachtung von Risiken beschäftigt. Die ISO 31000:2018 ist die überarbeitete und neue Version der ISO 31000:2009 und stellt eine Pflichtlektüre für Personen dar, die sich mit Risikomanagement detaillierter beschäftigen möchten. Da das Risikomanagement als solches ein umfassendes Thema ist, zu dem es umfassende Literatur gibt, soll in diesem Werk nur auf die Grundlagen eingegangen werden, die die ISO 9000:2015 beziehungsweise ISO 9001:2015 beschreiben. Ziel dieses Kapitels ist das Vorstellen der Grundüberlegungen und das Schaffen eines Anreizes, sich näher mit Risikomanagement auseinanderzusetzen.

3.4.1 Risiko

Risiken sind Auswirkungen von Ungewissheit. Auswirkungen können dabei sowohl positiv wie auch negativ ausfallen. Damit können sich Chancen aus positiven Auswirkungen von Ungewissheit ergeben. Jedoch ist nicht jede positive Auswirkung von Risiken eine Chance.

Beispiel

So besteht bei der Erbringung einer Lerndienstleistung immer das Risiko, dass die Lernziele nicht erreicht werden. In der Folge kann das dazu führen, dass der Lernende seiner Verpflichtung nicht nachkommt, eine Rechnung zu bezahlen. Dies ist zweifelsohne eine negative Auswirkung angesichts der Liquidität des Unternehmens.

Andererseits ist dies ebenfalls eine positive Auswirkung hinsichtlich der Verbesserung der Lerndienstleistung. Durch eine Ursachenanalyse und durch das Feedback des Lernenden kann festgestellt werden, welche Mängel und Verbesserungspotenziale die Lerndienstleistung aufweist, um die Erreichung der Lernziele dauerhaft sicherzustellen. Dieser Sachverhalt stellt bisher noch keine Chance dar.

Eine Chance ergibt sich beispielsweise dann, wenn der Lernende aufgrund einer kundenfreundlichen Kommunikation, dem finanziellen Entgegenkommen und der personenspezifischen Lernbedarfsanalyse ein zweites Mal die Lerndienstleistung besucht. Hierdurch entsteht die Möglichkeit, die eigene Verbesserung einzubeziehen und eine Bedürfnisbefriedigung des Lernenden zu erzielen, ohne finanzielle Nachteile zu tragen.

Da zahlreiche Normen die Begriffe *Risiko* und *Chance* einbeziehen und immer wieder leicht unterschiedliche Erklärungen verwendet werden, herrscht auch auf ISO-Ebene noch Unklarheit, welcher Begriff und welche Definition universell gewählt werden sollte. Zudem sind auch sprachliche und kulturelle Barrieren ein Grund dafür, warum Risiko und Chance als kompatible Begriffe zu verwenden sind, oder strikt getrennt werden sollten. *Chance* wird innerhalb der ISO 9001:2015 oder der ISO 9000:2015 nicht definiert.

Mit Risiken kann auf vielfältige Weise verfahren werden. So können Risiken beispielsweise:

- vermieden werden,
- aufgenommen werden, um sie in Chancen zu wandeln,
- durch eine fundierte Entscheidung beibehalten werden,

- geteilt werden,
- oder es kann deren Ursache eliminiert werden.

3.4.2 Chancen

Die ISO 9001:2015 und die ISO 9000:2015 verwenden keine Definition für den Begriff *Chance*. Die ISO 9001:2015 bezieht allerdings unter dem risikobasierten Ansatz eine Erklärung für *Chancen* ein. So können sich Chancen aus einer Reihe von Ereignissen ergeben und einen positiven Einfluss auf die Erreichung von Ergebnissen haben.

Chancen führen zu unterschiedlichen Ergebnissen, zum Beispiel zu:

- neuen Praktiken,
- neuen Märkten,
- neuen Produkten und Dienstleistungen,
- neuen Kunden,
- neuen Partnern.

Normungsarbeit und Zertifizierung

4

Zusammenfassung

Normung und Zertifizierung werden häufig in einen unmittelbaren Zusammenhang gestellt. Doch die Normung und die Zertifizierung haben eigentlich nur eine direkte Verbindung: die Normung der Zertifizierung (und Akkreditierung). Normung und Standardisierung ist ein weltweites, gemeinnütziges Vorhaben zur Vereinfachung und Vereinheitlichung zahlreicher Prozesse, Produkte, Dienstleistungen und Managementsysteme. Die Zertifizierung nutzt lediglich die ausgegebenen Normen und Standards, um ihrerseits unabhängige Konformitätsbewertungen an Normanwender zu vergeben. Ein Muss besteht in den seltensten Fällen. Besonders in der Bildungsbranche bestehen zahlreiche Alternativen, um die konforme Normanwendung zu bestätigen und zu kommunizieren, die Zertifizierung kann eine davon sein. Für eine Bildungseinrichtung und deren interessierte Parteien ist es dennoch essenziell zu verstehen, wie Normungsarbeit funktioniert und welchen Nutzen und Hintergrund die Zertifizierung und Akkreditierung hat. Ein Ausflug in die Welt der Normungsarbeit und Zertifizierung lohnt sich, um Gesamtzusammenhänge und Notwendigkeiten nachvollziehen zu können.

F. Mai, *Qualitätsmanagement in der Bildungsbranche*,
https://doi.org/10.1007/978-3-658-27004-9_4

4.1 Grundlagen der Normungsarbeit

Zunächst sollten zum einheitlichen Verständnis der nachfolgenden Inhalte Begriffe der Normungsarbeit unterschieden und definiert werden. Ad hoc gilt es zwischen der *Normung* und *Standardisierung* sowie zwischen einer *Norm* und einer *Spezifikation* zu unterscheiden. Alle vier Begriffe gehen aus der Normungsarbeit der zuständigen nationalen, europäischen und internationalen Normungsinstitutionen hervor. Für die zutreffenden Inhalte des vorliegenden Werkes spielen lediglich das DIN, das CEN und die ISO eine zentrale Rolle.

Der Begriff *Normung* bezeichnet die planmäßige Vereinheitlichung von materiellen und immateriellen Gegenständen, Gütern oder Dienstleistungen. Hierbei werden interessierte Parteien in die Vereinheitlichung einbezogen, die gemeinschaftlich versuchen einen Konsens (Übereinstimmung aller Meinungen) zu bilden, um den Nutzen der Allgemeinheit zu verbessern. Die Normung besitzt eine hohe Anerkennung und Legitimation, sowohl auf nationalem und europäischen Parkett wie auch auf internationaler Ebene. Das Ergebnis der Normung ist eine Norm.

Entscheidend für Normen sind zwei Eigenschaften:

- Bildung eines Konsens
- Annahme/Akzeptanz durch eine (staatlich) anerkannte Institution, z. B. DIN

Beispiele für Normen sind DIN-Normen, DIN EN-Normen, DIN ISO-Normen oder DIN EN ISO-Normen.

Die *Standardisierung* zielt im Gegensatz zur Normung nicht primär auf die Konsensbildung ab. Die Vereinheitlichung von Anforderungen an einen Gegenstand, ein Gut oder eine Dienstleistung erfolgt auch ohne alle interessierten Parteien einzubeziehen. Die Standardisierung kann hierbei aus einem temporär gebildeten Arbeitsgremium hervorgegangen sein. Das Ergebnis der Standardisierung ist die *Spezifikation.*

Die Spezifikation besitzt folgende kennzeichnende Eigenschaften:

- keine Konsensbildung
- Erstellung durch temporäre Arbeitsgremien Beispiele auf nationaler Ebene sind die DIN SPEC.

4.1.1 Vorteile für Normanwender

Die Normung und Normungsarbeit bieten zahlreiche Vorteile, darunter die folgenden, die im Anschluss erläutert werden sollen:

- Überschreitung von (selbst aufgebauten) Markteintrittsbarrieren
- Schaffen einheitlicher Regeln und Eigenschaften
- Kosteneinsparungspotenziale durch Lean Management (Effizienz)
- Umsatzsteigerungen (preislich bedingt) durch Erfüllung von Kundenanforderungen
- Umsatzsteigerungen (absatztechnisch bedingt) durch Erfüllung von Kundenanforderungen
- Gewinnmaximierung durch Umsatzsteigerung und Kosteneinsparungen
- Kommunikationspolitik
- Senkung des Produkthaftungsrisikos
- Vereinfachung von Auftragsverhandlungen

Sowohl auf nationaler, auf europäischer wie auf internationaler Ebene stellt die Normung eine klassische Markteintrittsbarriere und zugleich eine Marktchance dar. In der volkswirtschaftlichen Betrachtung eines freien Marktes sind die Aspekte der Normung mutmaßlich nicht wünschenswert, da das Gesetz des Marktes nicht bereits zu Beginn der Gegenüberstellung von Angebot und Nachfrage einsetzen kann. Sofern Normung in einzelnen Teilbereichen und Branchen eine freiwillige Nutzung ermöglicht, hat der Nachfragende die Wahl zwischen einem Anbieter, der die Anforderungen nach einer Norm erfüllt und einem Anbieter, der die Anforderungen nach der gleichen Norm nicht erfüllt. Das Gesetz des Marktes ist in diesem Zusammenhang zutreffend.

Doch stellen Normen die Grundlage des Marktes oder gar gesetzliche oder behördliche Voraussetzungen dar, sind Anbieter, die nicht die Anforderungen der Norm erfüllen, für den Nachfragenden nicht auswählbar.

Praxisbeispiel Automobilbranche

Die aufgestellte Hypothese kann mit dem Beispiel der Automobilbranche gestützt werden. Automobilkonzerne erfüllen erfahrungsgemäß die Anforderungen der DIN EN ISO 9001:2008 oder DIN EN ISO 9001:2015. Die Konformität des Qualitätsmanagementsystems eines Automobilkonzerns mit den Anforderungen der internationalen Norm werden durch Zertifizierungen validiert. Und so stellen auch die Automobilkonzerne als Nachfragende die Anforderung an die Zulieferbetriebe, ein zertifiziertes Qualitätsmanagementsystem nach DIN EN ISO 9001:2008 oder DIN EN ISO 9001:2015 nachzuweisen. Die Zulieferbetriebe, die keine Zertifizierung nach der internationalen Norm besitzen, erhalten in der Regel keine Gelegenheit, an Ausschreibungen teilzunehmen oder Aufträge auszuführen. Der freie Markt, nachdem die Güte der Waren und die Preise mit den Anforderungen der Nachfragenden verglichen werden, ist in diesem Beispiel verhindert. Die Normung stelle somit eine Markteintrittsbarriere dar. Zugleich kann die Normung durch die Markteintrittsbarriere eine Marktchance für die Unternehmen darstellen, die in der Lage waren und sind, die Anforderungen der jeweiligen Norm zu erfüllen.

Normen schaffen einheitliche und anerkannte Regeln und Eigenschaften von Produkten und Dienstleistungen. Normen dienen der weltweiten Vernetzung und Verständigung und können die Grundlage neuer Innovationen darstellen. Hierdurch erleichtern sie wiederum den „freien Handel" und Waren-/Dienstleistungsaustausch zwischen Nationen. Dies schafft Vertrauen zwischen Nationen, die ohne Normung unter Umständen ein anderes Verständnis für das Gut oder die Dienstleistung hätten.

Hierbei stellt die DIN EN ISO 216 das beste Beispiel des Erfolges und der Vorteile der Normung dar. Es handelt sich um eine Norm, die Maße von Papierblättern festlegt. Bevor die DIN EN ISO 216 bestand, existierte international die EN ISO 216 und in Deutschland die DIN 476, welche parallel die gleichen Formate für Papier mittels Formel definierten.

Vor der Erstellung dieser Normen, die heute zusammengefasst als DIN EN ISO 216 existieren, gab es unterschiedliche Papierformate, die von der Bogengröße des Herstellers abhängig waren. Erst ein deutscher Chemiker und assistierender Ingenieur, welche Platzeinsparungspotenziale einer Bibliothek untersuchten, regten die Vereinheitlichung der Papierformate an. Die Grundidee bestand hierbei in der Angleichung der Buchgrößen zur optimalen Aufbewahrung in Bücherregalen. Zusammenfassend wurden auf der Basis der Überlegungen der beiden Naturwissenschaftler die gängigen und bekannten Papierformate A4, A5, etc. eingerichtet und normiert. Eine nach heutigen Maßstäben nicht mehr wegzudenkendes Ergebnis der Normungsarbeit. Die einheitlichen Papierformate und internationale Verständigung auf gleiche Referenzen (DIN EN ISO 216) ermöglichen es schließlich, dass beispielsweise ein amerikanischer Händler ein Fax an einen chinesischen Hafenbetreiber entsenden kann, der wiederum das Einscannen der Warenbegleitpapiere mit dem erfolgreichen Verschiffen in dem Hamburger Hafen sicherstellt.

Mit unterschiedlichen Papierformaten wären an dieser Stelle bereits bei einfachsten administrativen Aufgaben, logistische und technische Meisterleistungen erforderlich.

Weiterhin schafft Normung Vertrauen zwischen Anbietern und Nachfragenden und gewährt die Kompatibilität der Güter und Dienstleistung auf Basis einer einheitlichen und internationalen oder europäischen Referenz:

- Nationale Normen öffnen nationale Märkte.
- Europäische Normen öffnen Binnenmärkte.
- Internationale Normen öffnen den Weltmarkt.

4.1.2 Vorteile für Normungsarbeitende

Neben den Vorteilen für Normanwender partizipieren auch Organisationen, die die Normungsarbeit betreiben, von einigen Benefits.

Vorteile durch Normungsarbeit:

- Austausch mit Experten der Branche
- „Lobbyismus“
- Wissensvorsprung
- Einbringen eigener Ideen und Interessen

Weitere Vorteile eines Unternehmens, welches an der Normungsarbeit aktiv beteiligt ist, liegen vorwiegend in der Normungsarbeit selbst. So erhält ein Unternehmen bevorzugten Kontakt zu anderen Unternehmen und sonstigen interessierten Parteien, die an der Normungsarbeit beteiligt sind. Die vermeintliche vereinfachte und nur bedingt vergleichbare Form des Lobbyismus führt zu nicht unbeachtlichen weiteren Wettbewerbsvorteilen.

Zudem erhalten Unternehmen, die aktiv an der Normung beteiligt sind, einen enormen Wissensvorsprung gegenüber dem Wettbewerb. Ein Wissensvorsprung in einem solchen Ausmaß stellt durchaus einen Wettbewerbsvorteil oder gar einen USP dar. Weiterhin sind die Beteiligten in der Lage, eigene Ideen oder Interessen in die Normung einfließen zu lassen. Hierdurch können beispielsweise angedachte Investitionen in eine bestimmte Richtung abgesichert und das Risiko des Kapitalverlustes minimiert werden.

Darüber hinaus gilt, dass die Missachtung der Normung und Normungsarbeit signifikante Nachteile eines Unternehmens bedingen kann. So liegt ein Nachteil eines Unternehmens beispielsweise darin, dass es keine Zugänge zu einzelnen

Märkten erhalten kann und im Wettbewerb vollkommen zu vernachlässigen ist. Die Folge bestünde in dem Rückgang des Absatzes und der Verringerung der Umsätze.

Normungsarbeit ist demnach als klassische strategische Entscheidung zu betrachten und als wettbewerbsstrategisches Instrument einsetzbar.

4.2 Grundlagen der Zertifizierung

QM bedeutet Zertifizierung – immer!
Die Zertifizierung ist ein Begriff, der in den meisten Fällen mit Normen und Qualitätsmanagement in einen Gesamtzusammenhang gebracht wird. Es scheint am Markt eine unausweichliche Verbindung zwischen einem Qualitätsmanagementsystem und einer Zertifizierung zu geben. Insbesondere dann, wenn große und bekannte Zertifizierungsgesellschaften eine Qualitätsmanagementsystem zertifiziert haben, scheint es überhaupt erst eine Bedeutung zu bekommen. Alle Bestrebungen in ein Qualitätsmanagement werden in diesem Fall nur aufgenommen, um ein Zertifikat zu erhalten.

QM bedeutet Zertifizierung – das Ziel des QM ist ein Zertifikat.

Ist das wirklich der Sinn eines Qualitätsmanagements?

Selbstverständlich sind Normung, Qualitätsmanagement und Zertifizierung strikt voneinander zu trennen. Nur in den allerwenigsten Fällen ist eine Zertifizierung unausweichlich, um Interessierten eine unabhängige **Konformitätsbewertung** vorzulegen. Im Bildungsbereich beispielsweise im Zusammenhang mit der AZAV. Hierbei handelt es sich bei der Zertifizierung um eine Zulassung nach AZAV. Die AZAV wiederum ist die Akkreditierungs- und Zulassungsverordnung Arbeitsförderung und eine Ergänzung zum dritten Sozialgesetzbuch. Sie stellt vereinfacht dargestellt Anforderungen an die Erbringung von Lerndienstleistungen, die mit der Arbeitsförderung des deutschen Arbeitsmarktes zusammenhängen und zum Ziel haben, die Arbeitslosigkeit und drohende Arbeitslosigkeit abzuwenden.

Doch tatsächlich ist eine Zertifizierung durch eine Zertifizierungsgesellschaft nichts weiter als eine Konformitätsbewertung, die bestätigt, dass Anforderungen einer Norm oder eines Standards durch die Umsetzung des Qualitätsmanagementsystems erfüllt werden. Und neben der Ausnahme der AZAV ist im Bildungsbereich keine Zertifizierung nach einer Norm notwendig, wenngleich dies oftmals angenommen wird.

Dass die Normung und die Zertifizierung voneinander abzugrenzen sind, kann wie folgt bewiesen werden. DIN, CEN und ISO sowie weitere Normungsinstitute grenzen sich deutlich von der Zertifizierung ab. Normungsinstitutionen haben den gemeinnützigen Zweck, Normen, Standards und Spezifikationen sowie andere Deliverables zu erstellen und zu publizieren. Es ist nicht die Absicht von DIN, CEN oder ISO, zu zertifizieren oder Zertifikate zu erteilen. Darauf weisen die Normungsinstitutionen nicht nur selbst hin. In beinahe jedem Managementstandard gibt es einen ähnlichen Hinweis. Normen, die der High Level Structure entsprechen, weisen in der Regel im Kapitel „Anwendungsbereich" oder in Kap. 0 darauf hin, auf welche verschiedenen Weisen kommuniziert werden kann, dass ein Normanwender die Anforderungen der Norm versucht umzusetzen. Dabei existieren grundsätzlich vier Möglichkeiten:

4.2.1 Selbstbeurteilung/-bestätigung

Eine marktunübliche Form der Konformitätsbewertung und Kommunikation ist die eigene Bestätigung durch eine Selbstbeurteilung/-erklärung. Hierbei erfüllt ein Unternehmen beispielsweise die Anforderungen einer Norm, überprüft die Normkonformität durch eine Managementbewertung und ein internes Audit und erstellt eine Selbstbeurteilung/-bestätigung. In der Praxis ist dieses Vorgehen eher selten, da Kunden, Lieferanten oder Kooperationspartner in der Regel eine Bestätigung durch externe und unabhängige Personen erwarten. Oftmals werden Selbstbeurteilungen/-bestätigungen mit einem gewissen Misstrauen beachtet, da das Unternehmen sich selbst überprüft.

Normen stellen es einem Normanwender frei, auf welche Weise die Selbstbeurteilung/-bestätigung erfolgen kann. Auch juristisch betrachtet sollte dieses Vorgehen unbedenklich sein, solange die Bestätigung durch externe Personen nicht vorausgesetzt wird oder es äußerst marktunüblich sein sollte und mit der Produkthaftung im Zusammenhang steht.

Die Art und der Umfang der Umsetzung ist variabel und reicht über selbst erstellte Zertifikate und Verpflichtungserklärungen bis zu Inhalten und Reitern auf der eigenen Website sowie Corporate Design-Logos des Unternehmens.

4.2.2 Bestätigung der Selbstbeurteilung/-bestätigung

Da die erst genannte Möglichkeit von interessierten Parteien häufig mit Misstrauen begutachtet wird, stellt die Bestätigung der eigenen Selbstbeurteilung/-erklärung durch eine interessierte Partei eine attraktive Alternative dar. Ein klassisches Beispiel ist ein Lieferanten- oder Kundenaudit, durch welches sichergestellt wird, dass die Selbstbeurteilung/-erklärung in der Tat zutreffend ist. Diese Form des Audits wird nach DIN EN ISO 19011:2018 als Second Party Audit bezeichnet. Während das First Party Audit ein klassisches internes Audit ist, welches das Unternehmen selbst durchführen kann, ist das Second Party Audit ein internes Audit durch externe, interessierte Parteien und damit ein externes Audit. Wird nun dieses externe Audit zu rechtlichen, gesetzlichen oder ähnlichen Zwecken durchgeführt, kann auch ein vollkommen unabhängiger Dritter ein externes Audit erbringen. In diesem Fall ist nun die Rede von einem Third Party Audit. Fällt das Third Party Audit unter den Begriff einer Zertifizierung, so ist neben der ISO 19011 auch die ISO 17021 einzubeziehen, doch mehr dazu in Abschn. 4.2.4.

In der Praxis sieht ein Lieferanten- oder Kundenaudit in der Regel vor, extern bereitgestellte Prozesse, Produkte und Dienstleistungen des auditierenden Unternehmens zu überprüfen. Lieferanten möchten mit dem Lieferantenaudit sicherstellen, dass die nachfolgenden Prozesse und Wertschöpfung im Einklang mit dem eigenen Qualitätsmanagementsystem stehen. Das Gleiche möchten Kunden oder Abnehmer durch ein Audit sicherstellen, die Prozesse, Produkte und Dienstleistungen von dem auditierten Unternehmen beziehen. Damit entfällt in dem meisten Fällen eine Bestätigung einer Selbstbeurteilung/-erklärung, auch wenn dies möglich ist. In der Bildungsbranche kommt diese Möglichkeit der Konformitätsbewertung hin und wieder vor, ist allerdings nicht die Regel.

4.2.3 Bestätigung durch interessierte Parteien

Eine gängigere Möglichkeit im Vergleich zu den beiden bisher genannten, ist die Bestätigung der Normkonformität durch eine interessierte Partei. Hierbei fungiert eine externe, interessierte Partei als Überprüfer und Bewerter der Normkonformität und Wirksamkeit des Qualitätsmanagementsystems. In der Praxis wird hierbei häufig der Begriff Zertifizierung verwendet, auch wenn er nicht gänzlich zutreffend ist, solange der Geschäftszweck des Auditierenden nicht die Zertifizierung beinhaltet. Bestehen ebenso keine Kompetenzen im Zusammenhang mit der ISO 17021 oder der ISO 19011, sollte der Begriff *Konformitätsbewertung* besser gewählt sein.

Kooperationen zwischen Unternehmen, die sich gegenseitig auditieren und Konformitätsbestätigungen aushändigen, sind das häufigste Beispiel in der Praxis. Ursachen und Gründe dafür existieren reichlich. Außerdem entstehen beiden Parteien enorme Vorteile. Inwieweit eine Unabhängigkeit sichergestellt werden kann, bleibt allerdings Interpretationssache.

Da der Markt dieses Vorgehen regelmäßig als undurchsichtig und wenig vertrauensvoll beurteilt, herrschen unterschiedliche Meinungen zu diesem Vorgehen. Gleiches trifft auf das strittige Vorgehen zahlreicher Unternehmensberatungen zu. Hierbei herrschen bereits Uneinigkeiten, wie dieses Vorgehen einzuordnen ist:

- als Bestätigung durch eine interessierte Partei,
- oder als nicht-akkreditierte Zertifizierung?

Unternehmensberatungen, die zu der Einführung von Qualitätsmanagementsystemen beratend tätig sind, ergänzen ihr Dienstleistungsangebot zu Gunsten der Beratenen hin und wieder um die anschließende Zertifizierung. In den allermeisten Fällen sind die Kompetenzen und rechtlichen Besonderheiten erfüllt, weshalb dies kein besorgniserregendes Vorgehen ist. Strittig wird durch Kritiker allerdings gesehen, dass Unternehmensberatung und „Zertifizierungsgesellschaft", aber auch Berater und „Zertifizierer" identisch sind. Und selbst dies ist oftmals so verworren und verwogen, sodass auch hierbei Gegenargumente entstehen, die belegen, dass sowohl natürliche als juristische Personen getrennt sind. Fakt ist, dass

- einem Normanwender diese Form der Bestätigung offen steht,
- in der Regel notwendige Kompetenzen durch das Beratungsunternehmen vorhanden sind (siehe ISO 10019, ISO 20700, ISO 19011, ISO 17021),
- zwei Märkte in einen Wettbewerb geraten, die nicht konkurrieren sollten (der Beratungs- und der Zertifizierungsmarkt),
- die Glaubhaftigkeit der Unternehmensberatung gefährdet sein kann,
- der Mehrwert für den Beratenen gesteigert sein kann.

4.2.4 Zertifizierung, Zulassung oder Registrierung

Die abschließende und häufigste Konformitätsbewertung wird durch eine Zertifizierung oder Registrierung mittels externer Organisation umgesetzt, die diesen Geschäftszweck besitzen.

Normungsinstitutionen dienen der Normung. Zertifizierungsgesellschaften dienen der Zertifizierung

Während die ersten drei genannten Möglichkeiten oftmals ungeachtet bleiben oder unbekannt sind, existiert ein umfassender Markt von Zertifizierungsgesellschaften und -möglichkeiten. Diese werden inoffiziell in akkreditierte und nicht-akkreditierte Zertifizierungen entschieden, also „zertifizierte" und „nicht-zertifizierte"

Zertifizierungen. Im Zusammenhang mit der Zertifizierung von Zertifizierungsgesellschaften spricht man allerdings von einer Akkreditierung, wie aus der nachfolgenden Argumentation herausgestellt werden soll.

Im deutschen Raum erteilt beispielsweise die DAkks (die Deutsche Akkreditierungsstelle) Akkreditierungen an Zertifizierungsgesellschaften. Sie wirkt als einzige, nationale Akkreditierungsstelle der Bundesrepublik Deutschland und bezieht sich auf das Akkreditierungsstellengesetz. An der DAkks sind unter anderem die Bundesrepublik Deutschland selbst und einige Bundesländer beteiligt. Hierdurch soll sichergestellt werden, hoheitliche und nicht-gewinnorientierte Dienstleistungen ausführen zu können. Sie führt die Akkreditierungsaufgaben auf Basis des Verwaltungsrechts und entsprechenden Normen durch, zum Beispiel:

- DIN EN ISO/IEC 17011 Konformitätsbewertung – Anforderungen an Akkreditierungsstellen, die Konformitätsbewertungsstellen akkreditieren
- DIN EN ISO/IEC 17021-1 Konformitätsbewertung – Anforderungen an Stellen, die Managementsysteme auditieren und zertifizieren – Teil 1: Anforderungen
- DIN EN ISO/IEC 17021-2 Konformitätsbewertung – Anforderungen an Stellen, die Managementsysteme auditieren und zertifizieren – Teil 2: Anforderungen an die Kompetenz für die Auditierung und Zertifizierung von Umweltmanagementsystemen
- DIN EN ISO/IEC 17021-3 Konformitätsbewertung – Anforderungen an Stellen, die Managementsysteme auditieren und zertifizieren – Teil 3: Anforderungen an die Kompetenz für die Auditierung und Zertifizierung von Qualitätsmanagementsystemen
- DIN EN ISO/IEC 17024 Konformitätsbewertung – Allgemeine Anforderungen an Stellen, die Personen zertifizieren
- DIN EN ISO/IEC 17065 Konformitätsbewertung – Anforderungen an Stellen, die Produkte, Prozesse und Dienstleistungen zertifizieren

Doch welchen Zweck verfolgt die DAkks mit der Akkreditierung von Zertifizierungsgesellschaften?

Begriffe im Zusammenhang mit der Zertifizierung

► Die Akkreditierung ist im Gegensatz zu einer Zertifizierung eine Bestätigung durch eine dritte Seite, die formal darlegen kann, dass eine Konformitätsbewertungsstelle die Kompetenz besitzt, bestimmte Konformitätsbewertungsaufgaben durchzuführen, zum Beispiel eine Zertifizierungsgesellschaft [1].

- Die Konformitätsbewertung ist eine Darlegung eines Konformitätsbewerters, dass festgelegte Anforderungen erfüllt werden [1].

- Die Zertifizierung ist eine Bestätigung durch einen Dritten, dass der Gegenstand der Konformitätsbewertung die festgelegten Anforderungen erfüllt [1].

Die Anforderungen an die Güte von und Bedürfnisbefriedigung durch Waren und Dienstleistungen nehmen durch die Megatrends zu. Internationalisierung und Globalisierung der Märkte, demografischer Wandel und Digitalisierung haben einen unaufhaltbaren Einfluss auf die Leistungserstellung von Unternehmen. Insbesondere der zunehmende weltweite Wettbewerb bedingt die Entwicklung von Alleinstellungsmerkmalen und einer überdurchschnittlichen Kommunikationspolitik. In diesem Zusammenhang gewinnt die objektive Zertifizierung eine zunehmend bedeutende Rolle. Instrumente wie Selbstbeurteilung/-bestätigung oder Bestätigung durch interessierte Parteien können im Wettbewerb nicht mehr geeignet sein, um sich abzugrenzen. Selbstverständlich steht bei diesen Überlegungen überwiegend der kommunikationspolitische Vorteil eines Qualitätsmanagementsystems im Fokus. Weitere Vorteile, die sich durch ein Qualitätsmanagement ergeben, werden bei einer Zertifizierung nur mittelbar betrachtet und an interessierte Parteien kommuniziert.

Um die genannte Objektivität einer Zertifizierung, das Vertrauen in die Zertifizierung und das ausgestellte Zertifikat sicherzustellen, sollten auch Zertifizierungen auf Normanforderungen basieren. Hiermit beschäftigt sich auf ISO-Ebene das Komitee ISO/CASCO. Alle Themen, die in den Bereich der Konformitätsbewertung fallen, sind Bestandteil der Arbeit von ISO/CASCO und finden ihre Vollendung in aktuell 33 veröffentlichten Normen.

Die DAkks hat in Deutschland nun die Aufgabe, auf Basis dieser Normen Zertifizierungsgesellschaften zu akkreditieren. Dabei überprüft die DAkks unter anderem, inwieweit die notwendigen Kompetenzen der Zertifizierungsgesellschaft vorhanden sind, wie unparteilich sie arbeiten und dass sie nachhaltig und langfristig, finanziell leistungsfähig bleiben. Unparteilichkeit und Kompetenz sind somit die Schlüssel zu Transparenz, Vertrauen und Vergleichbarkeit.

Welchen Nutzen bietet die Akkreditierung einem Unternehmen der Bildungsbranche:

- akkreditierte Zertifizierungen sind im Vergleich zu nicht-akkreditierten Zertifizierungen als Wettbewerbsvorteil zu bezeichnen,
- akkreditierte Zertifizierungen basieren alle auf den gleichen Normanforderungen und ermöglichen eine eindeutige Vergleichbarkeit zu anderen akkreditierten Zertifizierungen,

- akkreditierte Zertifizierungen sind weltweit vergleichbar und können Handelshemmnisse abbauen,
- akkreditierte Zertifizierungen sind vertrauensvolle und glaubwürdige Nachweise einer Normkonformität

Ob nun eine akkreditierte Zertifizierung einer nicht-akkreditierten Zertifizierung zu bevorzugen ist, hängt vom Sachverhalt und den interessierten Parteien ab. Die Frage lässt sich nicht eindeutig beantworten, auch wenn Zertifizierungsgesellschaften und die DAkks selbst eindeutig darauf verweisen, dass eine akkreditierte Zertifizierung in jedem Fall zu präferieren ist. Dem ist unter Beachtung der genannten Vorteile zuzustimmen, allerdings bestehen auch in einer nicht-akkreditierten Zertifizierung Vorteile, denen die akkreditierte Zertifizierung nicht nachkommen kann.

Die Handlungsempfehlung ist ganz klar: es kommt darauf an!

Zu empfehlen ist einem Unternehmen der Bildungsbranche, die eigenen Erwartungen und Erwartungen der interessierten Parteien zu kennen und die richtigen Schlüsse daraus zu ziehen, zum Beispiel mithilfe folgender Fragen:

- Was erwarten wir von einer Zertifizierung?
- Welche Ressourcen können wir zur Verfügung stellen (finanziell, personell, zeitlich)?
- Welchen finanziellen Nutzen soll die Zertifizierung bieten?
- Wie soll sich eine Investition in die Zertifizierung amortisieren?
- Welche Zertifizierung haben die Wettbewerber oder könnten sie zeitnah haben?
- Was erwarten unsere Kunden von der Zertifizierung?
- Welche Kompetenzen muss die Zertifizierungsgesellschaft besitzen?
- Wie wollen wir mit den Ergebnissen der Zertifizierung umgehen?
- Wie wollen wir das Zertifikat kommunikationspolitisch nutzen?
- Existieren gesetzliche oder wettbewerbsbezogene Anforderungen an eine Zertifizierung?
- …

Literatur

1. E DIN EN ISO/IEC 17000. (2019). *Konformitätsbewertung – Begriffe und allgemeine Grundlagen (ISO/IEC DIS 17000:2019); Deutsche und Englische Fassung prEN ISO/IEC 17000:2019.* Berlin: DIN Deeutsches Institut für Normung e. V.

Teil II

Qualitätsmanagement in der Bildungsbranche

> „Es ist nicht genug zu wissen, man muss auch anwenden! Es ist nicht genug zu wollen, man muss auch tun.“ – Johann Wolfgang von Goethe

Grundlagen, Grundbegriffe, Grundkonzepte und Grundsätze sind nun bekannt. Daher ist es an der Zeit, konkreter zu werden und auf das Qualitätsmanagement in der Bildungsbranche einzugehen. Hierzu geht der zweite Teil dieses Werkes zunächst darauf ein,

- wer oder was zur Bildungsbranche zählt,
- wie die Normung sich in diesem Bereich entwickelte
- und wie die zukünftige Normen-Landschaft in der Bildung aussehen wird.

Abschließend werden die bestehenden und marktüblichsten Normen für die Bildungsbranche vorgestellt. Selbstverständlich kann das vorliegende Werk in seinem Umfang nicht auf alle bestehenden Normen und Standards eingehen. Daher wurden die drei Normen gewählt, die mutmaßlich die bedeutendsten und ersten Normen eines Unternehmens der Bildungsbranche darstellen könnten.

Zudem wurde bei dem Autor ein innerer Konflikt ausgelöst, inwieweit die Anforderungen der AZAV in dieses Werk eingearbeitet werden sollten. Denn auch wenn die AZAV nichts mit Normung und Standardisierung zu tun hat, so stellt sie doch Anforderung an ein Managementsystem und die Erbringung von Lerndienstleistungen eines Unternehmens der Bildungsbranche. Die AZAV versucht zum Beispiel in § 2 Abs. 4 AZAV Mindestanforderungen an ein Qualitätsmanagement eines Bildungsunternehmens zu definieren.

Andererseits richtet sich das vorliegende Werk an Interessierte, die Qualitätsmanagement in der Bildungsbranche etablieren wollen und dafür Normen und Standards verwenden möchten. Im Gegensatz zu der AZAV zeichnen sich die Normen und Standards des ISO/TC 232 dadurch aus, das Ergebnis internationaler Zusammenarbeit von Experten zu sein. Die AZAV baut „lediglich“ auf einer deutschen Expertise auf. Aus diesem Grund und der Tatsache, dass die AZAV in der Regel mit einer Zertifizierung (Zulassung) einhergeht, wurde sie in diesem Werk nicht detailliert einbezogen. Zudem beinhaltet die AZAV Anforderungen oder Erwartungen, mit denen der Autor in seiner tiefsten Überzeugung nicht einverstanden ist, wenn es um ein Qualitätsmanagementsystem geht, zum Beispiel:

- teilweise starre Strukturen und Vorgaben zu einzelnen Instrumenten und Möglichkeiten,
- Dokumentationszwang in schriftlicher Form,
- grundsätzliche Erwartung, ein Handbuch vorzuhalten,
- Verknüpfung der AZAV mit den Empfehlungen des Beirats nach § 182 SGB III,
- Verpflichtung, eine Zertifizierung (Zulassung) durch fachkundige Stellen durchführen zu lassen.

Die AZAV mag in ihrer Gestaltung und Notwendigkeit für einige Bildungsunternehmen unumgänglich sein. Außerdem sind zahlreiche Inhalte der AZAV nachvollziehbar und abhängig von der Umsetzung hilfreiche Anforderungen. Inwieweit dies mit der Expertise von Komitees verglichen werden kann, die ihren Zweck darauf ausgerichtet haben, Qualitätsmanagement für die Bildung zu normieren, mag allerdings diskussionswürdig sein.

Lerndienstleister und Bildungseinrichtungen

5

Zusammenfassung

Welche Organisationen existieren in der Bildungsbranche und wie können diese eingeteilt werden? Mit dieser Frage beschäftigt sich die Normung seit 2007. Dieses Kapitel des vorliegenden Werkes soll darauf eingehen, welche Ansätze die Normung bietet, um Organisationen der Bildungsbranche zu beschreiben und zu kategorisieren. Zudem werden Beispiele verschiedener Bildungseinrichtungen erläutert und warum sie in die Bildungsbranche einzuordnen sind, auch wenn sie einen anderen Geschäftszweck besitzen.

Für Organisationen in der Bildungsbranche können zahlreiche Begriffe und Definitionen verwendet werden. Nicht nur Normanwender diskutieren dabei, welcher Begriff der zutreffendste ist. Die Experten im ISO/TC 232 und in den jeweiligen nationalen Komitees stehen vor der gleichen Frage und versuchen durch einen Konsens eine optimale Bezeichnung zu finden.

In diesem Zusammenhang und aufgrund der historischen Entwicklung des ISO/TC 232 scheint es eine grundlegende Unterteilung der Organisationen in non-formale und formale Bildung zu geben. Abschn. 6.1 geht detaillierter auf die Historie des ISO/TC 232 ein und die anfängliche Bezeichnung des Komitees als Komitee für „Learning services outside formal education".

Damit waren zu Beginn alle Normen und Standards auf Organisationen ausgerichtet, die keine formale Bildung erbrachten. Um diese Unterscheidung zu

F. Mai, *Qualitätsmanagement in der Bildungsbranche*,
https://doi.org/10.1007/978-3-658-27004-9_5

verdeutlichen, wurde der Begriff Lerndienstleistungen gewählt. Organisationen und Personen, die Lerndienstleistungen erbringen, sind Lerndienstleister. Dabei spielt weder die Rechtsform, noch der Geschäftszweck oder eine Gewinnerzielungsabsicht eine Rolle.

Formale Bildung entsprach folglich Organisationen, die Bildung im primären, sekundären und tertiären Sektor anboten.

Mit den strategischen, personellen und organisatorischen Änderungen des Komitees kam Ende 2018/Anfang 2019 nun die Frage auf, wie die Bildung in die Normung einbezogen werden sollte. Damit war die formale Bildung gemeint, zu der mit der ISO 21001 erstmalig ein Managementstandard entwickelt wurde. Mehr dazu wird ebenfalls in Abschn. 6.1 erläutert. Die Norm wurde von einem Projektkomitee entwickelt, welches mit Beendigung seines Projektes aufgelöst werden musste. Damit musste die ISO 21001 einem Technischem Komitee zugeteilt werden, welches über entsprechende Kompetenzen und Experten verfügte. Dabei bot sich das ISO/TC 232 an, welches zusammen mit den Experten aus dem ISO/PC 288 die ideale Basis für die Norm darstellen könnte. Die einzige Herausforderung bestand in der Einordenbarkeit der Bildung zu den Lerndienstleistungen außerhalb formaler Bildung. So wurde zu Beginn des Jahres 2019 durch die interessierten Kreise und ISO selbst eine Änderung des Zuständigkeitsbereiches getroffen. Seither ist das ISO/TC 232 mit den Experten aus dem ISO/PC 288 und neuen „Members“ verantwortlich für „Education and learning services“.

Damit wurde die non-formale und formale Bildung unter einem Komitee vereint. Dies könnte zukünftig die Folge haben, Normen zu erstellen, die eine zunehmende Angleichung der beiden Bildungsbereiche zur Folge haben. Dies würde nicht nur der zunehmenden, weltweiten Angleichung der beiden Bildungsbereiche entsprechen, sondern auch Markttrends entgegenkommen.

Wenn non-formale und formale Bildung existiert,

- was ist dann non-formal?
- was ist formal?
- wo besteht eine Grenze zwischen beiden?
- wie ist Bildung einzuordnen, die weder formal noch non-formal ist?
- welcher Unterschied entsteht in der Normung und Standardisierung?
- was sollte non-formale Bildung erfüllen, das formale Bildung nicht erfüllen muss (und umgekehrt)?

Zudem bestehen durch die Digitalisierung bereits jetzt zahlreiche Hypothesen, dass das veraltete Weltbild von non-formal und formal längst nicht mehr zutreffend ist.

5.1 Organisationen der Bildungsbranche

5.1.1 Allgemein

Im folgenden Kapitel soll nun detaillierter auf Organisationen der Bildungsbranche und Beispiele eingegangen werden. Dabei sind Organisationen nicht nur ganze natürliche oder juristische Personen, die ihren Geschäftszweck darauf ausgerichtet haben. Die internationalen Normen und Standards in der Bildungsbranche finden auch Gültigkeit für ganze natürliche oder juristische Personen anderer Branchen, die in irgendeiner Form Lerndienstleistungen oder Bildung betreiben oder das Lernen ermöglichen.

▶ Lernen ist ein Prozess, bei dem Lernende sich neues Wissen, neue Eigenschaften, neue Einstellungen, neue Fertigkeiten, neue Präferenzen, Werte oder Ideen aneignen.

Unter dieser Definition sind nach dem Sender-Empfänger-Modell fast alle Sender als Lerndienstleister zu bezeichnen, die Informationen bereitstellen. Dies ist nicht Absicht der Norm, allerdings ermöglicht dies eine umfassende Auslegung, wer oder was als Lerndienstleister einbezogen werden kann. Ganze Organisationen, Institutionen, Gesellschaften und Unternehmen, aber auch Abteilungen, Gruppen, Teams oder einzelne Personen können Lerndienstleister sein und sich an den Anforderungen der Normen und Standards der Bildungsbranche orientieren.

▶ Die internationalen Normen und Standards unterscheiden nicht zwischen einer Akademie mit 150 Dozenten und einem Metallbauunternehmen, welches interne Weiterbildungen für die perfekte Schweißnaht durchführt.

5.1.2 Beispiele

Die nachfolgenden, praxisnahen Beispiele können zur Verdeutlichung üblicher Lerndienstleistungen herangezogen werden, die alle von den Inhalten der internationalen Normen profitieren könnten.

Erstes Beipiel

Herr Mallek ist IT-Verantwortlicher einer mittelständischen Industriewäscherei mit 250 Mitarbeitern und einem Jahresumsatz von 7 Millionen Euro. Das Unternehmen beschäftigt 3 Auszubildende zum Textilreiniger und 2 kaufmännische Auszubildende. Die Geschäftsführung hat zusammen mit der Controllerin Frau

Schauter beschlossen, dass alle Auszubildenden einmal im Jahr eine interne EDV-Schulung besuchen sollten. Die Schulung beinhaltet einen zweistündigen Vortrag mit praktischen Übungen an einem Mittwoch alle 14 Tage. Der Gesamtumfang sollte 20 Stunden aus Kostengründen nicht übersteigen. Es existiert zur Kontrolle eine simple Anwesenheitsliste. Die Schulungsinhalte sollen nach Anforderungen der Geschäftsführung und des Controllings folgende Inhalte besitzen:

- Grundlagen Textprogramme
  (Formatieren, Schreiben, Speichern, Exportieren)
- Grundlagen Tabellenkalkulationsprogramme
  (Formatieren, Formeln, Speichern, Importieren, Exportieren)
- Grundlagen CRM-System
  (Aufbau, Abrufen, Speichern)
- Grundlagen Warenwirtschaftssystem
  (Aufbau, Abrufen, Speichern)
- Grundlagen Umgang mit Kundendaten
- Grundlagen Internet Security

Es handelt sich um eine Lerndienstleistung der Aus- und Weiterbildung. Der Lerndienstleister ist in diesem Fall die natürliche Person Herr Mallek. Er bietet eine interne Schulung an, die es den Lernenden ermöglicht, Wissen im Gebiet EDV zu erweitern oder aufzubauen. Die Schulung dient der beruflichen Weiterentwicklung der Auszubildenden und unterstützt dabei den Prozess, die Kundenanforderungen an die Wäscherei-Dienstleistung besser zu erfüllen.

Zweites Beispiel

Die deutsche Tochtergesellschaft eines amerikanischen Energiekonzerns bemerkt seit einigen Jahren eine sinkende Moral der Mitarbeiter in der Verwaltung und dem Kundenservice. Der Vorstand und dessen Stabsstellen sind der Auffassung, die sinkende Moral ist auf die mangelhaften Fähigkeiten der Führungskräfte zurückzuführen. Die zunehmend jungen Führungskräfte, die direkt nach dem abgeschlossenen Studium in diverse Positionen gesetzt wurden, sind zu unerfahren im Umgang mit Kollegen und zugewiesenen Mitarbeitern. Der Vorstand beauftragt schließlich Frau Scholl, die Assistenz des Vorstands, mit der Aufgabe, einen geeigneten Mentor zu finden, der in der Lage ist, ein 10-tägiges Intensiv-Seminar zu gestalten. Frau Scholl wird durch zahlreiche Internetrecherchen auf Dr. Silvia Berst aufmerksam. Die promovierte Kommunikationswissenschaftlerin bietet Intensiv-Kurse für junge Führungskräfte an, die suggerieren, dass auch ein 25-jähriger Jung-Absolvent in 10 Tagen ein „motivierender Chef" werden kann.

Es handelt sich prinzipiell schon um eine Lerndienstleistung, die den Definitionen der internationalen Normen entspricht, allerdings ist die deutsche Tochtergesellschaft (oder eine Abteilung davon, die sich mit den Führungskräften beschäftigt) kein Lerndienstleister. Die einmalige Durchführung einer Schulung innerhalb eines 10-tägigen Intensiv-Programmes in der Tochtergesellschaft ist nicht als „organisiert" zu bezeichnen. Die Lerndienstleistung wird durch Dr. Silvia Berst erbracht. Sie und ihr Unternehmen sind Lerndienstleister.

Drittes Beispiel

Janett Klein ist Personal-Trainerin und bietet nebenbei abendliche Zumba-Kurse in Berlin an. Das Angebot auf dem Markt des Personal-Trainings ist immens, da es kein geschütztes Berufsbild gibt. Zudem gibt es zum Personal-Training zahlreiche Substitute, wie Training im Fitness-Center, Home Training oder sportliche Outdoor-Aktivitäten. Um eine Abgrenzung von ihren Wettbewerbern zu schaffen, tritt Janett Klein einem Club für Personal-Trainer bei. Die Unbekanntheit des Clubs für die Endkunden bringt allerdings nicht den gewünschten Erfolg. Sie denkt über eine Zertifizierung ihres Fitness-Programms nach und stößt durch ihren alten Schulfreund, der bei einem Zertifizierungsunternehmen als Auditor tätig ist, auf die DIN ISO 29990:2010.

Die internationalen Normen sind branchenunabhängig. Der Charakter einer Lerndienstleistung wird auch bei Sportkursen und Trainings erfüllt. Lernende (Sportler) eignen sich durch das Personal-Training und den Zumba-Kurs Wissen und Fertigkeiten im Fachbereich Sport, Gesundheit und Anatomie an. Da man davon ausgehen muss, dass die Personal-Trainerin bei einer hauptberuflichen Tätigkeit einem geregelten Ablauf folgt, liegt auch eine organisierte Aktivität vor.

Entstehung internationaler Normen für die Bildungsbranche

6

„Wer die Vergangenheit nicht kennt, kann die Gegenwart nicht verstehen und die Zukunft nicht gestalten.“

– Helmut Kohl

Zusammenfassung

Die Normung und Standardisierung der Bildungsbranche blickt auf eine vergleichsweise kurze Historie zurück. Im Gegensatz zu der ISO 9001, die ihren Beginn bereits in den 50er-Jahren besitzt, ist die Normungsarbeit der Bildungsbranche erst ab 2007 aufgenommen wurden. Zuvor beriefen sich Bildungseinrichtungen auf die ISO 9001, die AZAV oder andere branchenspezifische Ansätze beziehungsweise Spezifikationen. Ziel dieses Kapitels ist es, die historische Entwicklung der Normungskomitees zu beschreiben, die einzelnen Zusammenhänge zwischen Normen zu erläutern und aktuelle Gegebenheiten der bestehenden Normen zu erklären. Mit der Zurückziehung der ISO 29990 kam zunehmende Verwirrung am Markt der Bildungseinrichtungen auf, die mithilfe dieses Kapitels genommen werden kann.

Getreu dem Zitat von Helmut Kohl, sollten Interessenten des Qualitätsmanagements in der Bildungsbranche auch die Historie und die Weiterentwicklungen der

F. Mai, *Qualitätsmanagement in der Bildungsbranche*,
https://doi.org/10.1007/978-3-658-27004-9_6

Normen und Standards kennen. Aus diesem Grund soll in dem folgenden Abschnitt ein kurzer Exkurs in die Geschichte der Bildungsnormen unternommen werden und verdeutlichen, warum diverse gegenwärtige Änderungen notwendig sind, um auf sich ändernde Umwelteinflüsse zu reagieren.

6.1 Historie internationaler Normen für die Bildungsbranche

6.1.1 Historie der DIN EN ISO 9001 in den letzten beiden Versionen

Die Entstehung internationaler Normen für die Aus- und Weiterbildung steht unmittelbar in Verbindung mit der historischen Entwicklung gängiger Qualitätsmanagementsystem-Normen. Dazu zählen die Normen und Standards der ISO 9000 ff.-Reihe und insbesondere die DIN EN ISO 9001 in den letzten beiden Revisionen 2008 und 2015.

Der zweifelsohne bekannteste Managementstandard in der Fassung von 2008 setzt allerdings hinsichtlich der Eignung für die Bildungsbranche eine vergleichsweise abstrakte Betrachtungsweise voraus. Die Herausforderung eines Lerndienstleisters besteht nun in der Interpretation der Anforderungen der ISO 9001:2008 bezogen auf die Bildungsbranche. Gelingt dies nicht oder wird nicht möglich, können Anforderungen begründet abgelehnt werden. Dies kann jedoch auch zur Folge haben, dass die gesamte Wirksamkeit und Leistungsfähigkeit des Qualitätsmanagementsystems vermindert wird.

Neben der Herausforderung der Lerndienstleister, die Anforderungen auf die eigene Branche zu übertragen, bestand zudem ein hoher Dokumentationsaufwand aufgrund der ISO 9001:2008. So kannte die Norm beispielsweise den Begriff des Qualitätsmanagement-Handbuchs und stellte entsprechende Anforderungen.

Dies und der damalig geringe Wettbewerbsdruck hatten zur Folge, dass formale Bildungsanbieter nur in den wenigsten Fällen einen Fokus auf ein Qualitätsmanagementsystem nach der ISO 9001 legten. Auch im non-formalen Bildungsbereich waren verschiedene Auslegungen oder Alternativen getestet worden. Üblich war zudem, themenspezifische Dachverbände oder Vereine zu gründen und Qualitätsanforderungen zu erarbeiten. Mitglieder hatten nun die Möglichkeit, sich diese Standards anzueignen oder waren sogar gezwungen, um Mitglied werden zu können. In beiden Märkten, dem formalen und non-formalen Bildungsbereich, herrschten zahlreiche Standards, Festlegungen, Interpretationen und „Wildwuchs“.

Auch die nationale Normung und Standardisierung unternahm vereinzelte Versuche, bestimmte Lerndienstleistungen zu vereinheitlichen. Ein bekanntes Beispiel ist die PAS 1064 – Qualitätsmanagement in der Lehrerfortbildung – Musterqualitätshandbuch. Diese öffentlich zugängliche Spezifikation (PAS: publicly available specification) war bereits 2006 ein Unterfangen, ein Qualitätsmanagement in der Fort- und Weiterbildung von Lehrern zu definieren, welches neben der ISO 9001:2000 speziell auf die Erbringung einer Lerndienstleistung eingehen sollte.

Erst die Revision der ISO 9001:2008 in der Fassung von 2015 (DIN EN ISO 9001:2015) bot diesbezüglich eine einfachere Interpretation für eine mögliche Anwendung in der Bildungsbranche. Mit zunehmender Vereinfachung der Umsetzung der ISO 9001:2015 und sich ändernden Gegebenheiten durch die Megatrends implementierten unzählige Unternehmen der Bildungsbranche erfolgreich ein Qualitätsmanagementsystem nach ISO 9001:2015. Nicht nur zur Effizienzsteigerung und zu einem kompetenten Umgang mit der Digitalisierung und Entwicklungen in der Bildungsbranche gewann Qualitätsmanagement an Bedeutung. Auch die Fähigkeit sich im Markt gegen Wettbewerber durchzusetzen und eine Konformitätsbewertung kommunikationspolitisch zu nutzen, waren ein Anreiz sich mit der ISO 9001:2015 zu beschäftigen.

Bis heute zählt die ISO 9001 zu den bekanntesten Normen der Welt und ist das meist verkaufte Produkt von DIN und ISO. Der Markt ist mit der ISO 9001 nicht unbedingt vertraut, aber die allermeisten haben bereits von Qualitätsmanagement gehört und bringen es mit der ISO 9001 in Verbindung. Auch in der Bildungsbranche ist die ISO 9001 eine gängige Grundlage für ein Qualitätsmanagementsystem, ist sie doch überall bekannt. Kaum eine interessierte Partei wird an dem Qualitätsmanagementsystem zweifeln, wenn die ISO 9001 als Grundlage herangezogen wurde. Und als Universal-Norm, die für jede Organisation, jeder Branche und Größe international anwendbar ist, ist sie automatisch auch für die Bildungsbranche geeignet. Dieser vermeintliche Vorteil ist jedoch Segen und Fluch zugleich. Denn eine Universal-Norm kann niemals auf die spezifischen Bedürfnisse bestimmter Branchen eingehen und branchenübliche Sachverhalte berücksichtigen. Dies war der Grund engagierter Personen, die Normung für die Bildungsbranche aufzunehmen.

6.1.2 Historie der DIN ISO 29990:2010

Alles begann mit der ISO 29990 – der Mutter aller Bildungsnormen

Die maßgebliche und mutmaßlich revolutionäre Entwicklung von Qualitätsmanagementsystemen in der Bildungsbranche ist durch die ISO 29990 gegeben. Die internationale Norm, die durch das ISO/TC 232 betreut wurde, gilt als Fundament der Normung und Standardisierung in der Bildungsbranche. Und hierfür musste zunächst ein eigenes Komitee geschaffen werden – das ISO/TC 232 selbst.

Der Beginn von allem kann mit der Einreichung eines Antrages zur Normung in der Bildung durch DIN bei ISO in 2006 angesehen werden. Aufgrund dessen wurde in 2007 das ISO/TC 232 gegründet, mit dem sinngemäßen Ziel, die nonformale Bildung zu standardisieren. Das Komitee hatte fortan die Aufgabe, Normung und Standards im Bereich „learning services outside formal education" zu betreiben. So wurde bereits in 2009 der Entwurf der ISO 29990 publiziert und einstimmig im August 2010 angenommen. Damit ist die ISO 29990 nicht nur die „Mutter" aller darauffolgender Normen und Standards. Sie ist das fundamentale Ergebnis engagierter Personen, die Bildung auf ein einheitliches Level und Verständnis von Qualität zu bringen.

Die DIN ISO 29990:2010, die unmittelbar nach der internationalen Veröffentlichung auch durch das Deutsche Institut für Normung als gültige Norm übernommen wurde, begann bereits frühzeitig eine hohe Akzeptanz in der Branche aufzubauen – in Deutschland, aber auch international.

Das selbstauferlegte Ziel der internationalen Norm ist die Schaffung eines allgemeinen Qualitätsmodells für die berufliche Praxis und Leistungserstellung sowie einer Referenz für Lerndienstleister und ihrer Kunden. Darüber hinaus dient die internationale Norm als Basis, den Planungsprozess, die Entwicklung und Durchführung der Lerndienstleistung sowie die Weiterentwicklung zu standardisieren. Selbstverständlich steht im Fokus der DIN ISO 29990:2010, wie auch in der gesamten ISO 9000 ff.-Reihe, die Befriedigung der Erfordernisse und Erwartungen von Kunden und interessierten Parteien im Vordergrund. Die Kompetenz des Unternehmens, diese zu erfüllen, bildet den Grundsatz der Normanforderungen. So sollen Organisationen und Individuen dabei unterstützt werden, einen geeigneten Lerndienstleister auszuwählen. Für geeignet werden ad hoc folgende Lerndienstleister erachtet:

Lerndienstleister, die in der Lage sind,

- den Bedürfnissen und
- Erwartungen an die
- Entwicklung von Kompetenzen und
- Fähigkeiten

zu entsprechen.

6.2 Weiterentwicklung der Normen für die Bildungsbranche

Stagnation ist der Anfang vom Ende! – Sokrates

Stehenbleiben, Stagnieren und Aufhören, besser zu werden, ist der Tod jeden Lebens. Nichts Lebendiges hört auf zu wachsen oder sich zu verändern, außer es ist tot. So muss sich auch die ISO 29990 den sich ändernden Gegebenheiten anpassen und darauf eingehen. Eine Norm, die in 2007 geschaffen wurde und mit damaligem Wissen und auf damalige Interessen begründet wurde, kann unmöglich noch zehn Jahre später genauso bestehen. Für eine Branche, die ein sehr geringes Wachstum hat und in der Entwicklungen nur langsam vorangehen, mag eine Norm zehn Jahre überdauern. Doch die Bildungsbranche zählt mutmaßlich nicht dazu.

Da Veränderung zwingend erforderlich ist, besitzen ISO und DIN das Instrument der turnusmäßigen Überprüfung einer Norm aller fünf Jahre. Dies beinhaltete, dass die DIN ISO 29990:2010 mit der Ausgabe in 2010 im Jahr 2015 überprüft wurde. In der Folge wurde ein Jahr später, im Dezember 2016, eine Überholung der ISO 29990 durchgeführt. Doch bereits mit der Überprüfung im Juli 2015 wurde bei dem ISO/TC 232 Meeting beschlossen, eine neue Norm zu gestalten, die den Anforderungen der interessierten Kreise besser entspricht. Dies war der Beginn der Normungsarbeit an der ISO 29993 ab November 2015 und der ISO 21001 seit Februar 2014.

6.2.1 Entwicklung der DIN ISO 29993:2018

Die DIN ISO 29993:2018 ist im Gegensatz zur DIN ISO 29990:2010 ein Servicestandard. Die internationale Norm beschreibt Anforderungen an die Lerndienstleistung. Anforderungen an das Managementsystem werden außenvorgelassen. Die Ursache hierfür liegt darin, dass die ISO 29993 im Zusammenhang mit der ISO 21001 eine adäquate Nachfolge der ISO 29990 ist.

Die ISO 29990 beschreibt in Kap. 3 die Anforderungen an die Lerndienstleistung und in Kap. 4 Anforderungen an das Managementsystem. Die ISO 29993 greift den Inhalt des gesamten Kap. 3 der ISO 29990 auf und verbessert beziehungsweise ergänzt einzelne Inhalte.

Das Kap. 4 der ISO 29990 wird demnach in der ISO 21001 aufgegriffen und nach der High Level Structure aufgenommen.

Weitere detaillierte Ausführungen sind Abschn. 8.2.1 und 8.3.1 zu entnehmen.

Die Entwicklungen der Normung und Standardisierung der Bildungsbranche, gemessen an der Weiterentwicklung internationaler Normen, ist dabei aus Sicht der kontinuierlichen Verbesserung als überwiegend positiv zu bezeichnen. Negativ wirken sich die Weiterentwicklungen allerdings auf die Ängste und Wahrnehmungen der Normanwender aus. Der Markt der Qualitätsmanagementberatung und -zertifizierung musste in 2018 und 2019 einige Zweifel der ISO 29990-Anwender vermerken.

Die Behauptung ist auf folgende Hypothese zurückzuführen, die auf Basis von Kundenerhebungen der Unternehmensberatung des Autors aufbauen:

In den Jahren 2015 bis 2017 wurde nach unserer Erfahrung die DIN ISO 29990:2010 von den Marktteilnehmern überwiegend positiv aufgenommen. Die Reputation der internationalen Norm stieg ab dem Jahr 2014, gemessen an der Nachfrage von Unternehmen nach Beratungsdienstleistungen zur Einführung der Anforderungen der DIN ISO 29990:2010. Die Zertifizierung der Anforderungen der internationalen Norm befanden sich im Idealfall ab 2017 vor der zweiten Rezertifizierung.

Hierzu vereinfacht folgende Annahme:

- Veröffentlichung der DIN ISO 29990:2010 im Dezember 2010
- Zertifizierung im Januar 2011
- 1. Überwachungsaudit im Januar 2012
- 2. Überwachungsaudit im Januar 2013
- 1. Rezertifizierung im Januar 2014
- 3. Überwachungsaudit im Januar 2015
- 4. Überwachungsaudit im Januar 2016
- 2. Rezertifizierung im Januar 2017

Das bedeutet, ein Unternehmen war im besten Falle in der Lage, seit sechs Jahren eine nach DIN ISO 29990:2010 zertifizierte Lerndienstleistung anzubieten. Die kommunikationspolitische Wahrnehmung, welche spürbare wettbewerbsbezogene und umsatztechnische Schlussfolgerungen mit sich brachte, ist hingegen erst seit 2013 signifikant. Das bedeutet für Unternehmen, die den besten Fall praktizierten, dass eine Amortisation der Zertifizierung erst ab dem Jahr 2014/2015 stattfand (unter der Annahme, dass die Amortisation lediglich aus den Umsätzen des Neukundengeschäfts entsteht, also Neukunden, die das zertifizierte Unternehmen nur aufgrund der Zertifizierung auswählen. Eine weitere Form der Amortisation wäre durch die Kosteneinsparungen gegeben, die sich aufgrund der verbesserten Prozessstrukturen und des Lean Managements ergeben hätten.)

Die Einführung zweier internationaler Normen, die den aktualisierten Inhalt der DIN ISO 29990:2010 aufweisen, würde demnach zwei mögliche Handlungsalternativen bereitstellen:

- Einführen der Anforderungen der neuen internationalen Normen
  - Nutzen eines kompetitiven Vorteils,
  - Kommunikationspolitische Effekte,
  - Verbesserungspotenziale der Lerndienstleistung,
  - Optimierung der internen Strukturen auf Basis neuer Anforderungen
- Ignorieren der neuen internationalen Normen nach dem Motto „Schuster bleib bei deinen Leisten"
  - Abwarten der Entwicklungen neuer Standardisierungsansätze,
  - Abwarten, um die Reputation der neuen internationalen Normen für eine schnellere Amortisation des Investitionsbedarfs zu nutzen,
  - Konzentration der Ressourcen auf ein bestehendes Qualitätsmanagementsystem unter Berücksichtigung interner KVP

Die Entwicklungen der Normung bringen neue Chancen und Risiken mit sich. Ein gewählter und begründeter Umgang sind notwendig, um die richtige Entscheidung zu treffen, wie damit verfahren werden soll.

Die meisten greifen nun auf die Erfahrungen und Kenntnisse der Unternehmensberater und Zertifizierungsgesellschaften zurück. Doch eine Entscheidung können diese auch nicht abnehmen.

Aus Angst erstarren dann die Unternehmen und stagnieren.

Aus Ignoranz vernachlässigen sie die Entwicklungen und verpassen neue Marktchancen.

Aus Unwissenheit wechseln Unternehmen Norm, Berater oder Zertifizierer und sind mit den Änderungen überfordert.

7 Zukünftige Landschaft der Normen in der Bildung

Wie wird die zukünftige Landschaft der Normen in der Bildungsbranche aussehen, welche Chancen erhalten Normanwender dadurch und welche Strategie ist empfehlenswert?

Zusammenfassung

Aufgrund der vergleichsweisen kurzen Vergangenheit der Normung und Standardisierung in der Bildungsbranche wird es umso wichtiger, die Zukunft zu erläutern. Dieses Kapitel geht explizit auf die aktuellen Gegebenheiten der Normung und Standardisierung in der Bildung ein und zeigt auf, welche zukünftige Strategie das ISO-technische Komitee 232 umsetzen möchte. Warum hat Normung etwas mit dem Lego-Prinzip zu tun und welchen Nutzen sollen Normanwender erhalten, wenn statt einer Norm zahlreiche weitere bestehen? Auf diese Frage möchte das Kapitel eine Antwort geben und vermitteln, warum die Notwendigkeit der kontinuierlichen Verbesserung auch innerhalb der Normungsarbeit eine bedeutende Rolle spielt.

7.1 Chancen und Erfolge

Die ISO 29990 wurde 2010 veröffentlicht, um Normanwendern einen gemeinsamen Rahmen für Lerndienstleister bei der Gestaltung, Entwicklung und Durchführung von Lerndienstleistungen jenseits der formalen Bildung zur Verfügung zu stellen. Bis etwa zum Jahresende 2017 war die ISO 29990 offiziell die einzige Norm, die Anforderungen an Lerndienstleister und deren Lerndienstleistungen

F. Mai, *Qualitätsmanagement in der Bildungsbranche*,
https://doi.org/10.1007/978-3-658-27004-9_7

stellte. Und das war zugleich ihr größtes Verbesserungspotenzial. Die Norm war ein Hybrid aus einem Management- und einem Servicestandard. Sie stellte Anforderungen an den Lerndienstleister und dessen Fähigkeit, ein Managementsystem wirksam aufrechtzuerhalten und zu verbessern. Zugleich adressierte die ISO 29990 die Lerndienstleistung selbst.

Trotz des siebenjährigen Erfolges am Markt in mehr als 50 Ländern, Tausenden anwendenden Organisationen und Behörden und der einfachen Handhabbarkeit für Normanwender, war die Norm nicht konform mit der zukünftigen ISO-Politik. In Anbetracht der Komplexität und Vielfalt des globalen Marktes für Lerndienstleistungen und den Bedürfnissen von Normanwendern wurde ein Konsens basierend auf den Bedürfnissen und der Politik von ISO gelegt – die zukünftige Landschaft der Normen in der Bildung.

Die ISO 29990 galt als die erste Norm in der Branche der Lerndienstleistungen jenseits der formalen Bildung. Aufgrund der positiven Rückmeldungen der internationalen Märkte und Normanwender, blieb die Intention bestehen, Normen in dieser Branche aufrechtzuerhalten. Allerdings sollten die Inhalte der ISO 29990 getrennt und optimiert werden. Die Managementanforderungen aus dem Kap. 4 der ISO 29990 können nun seit dem Jahr 2018 in einer eigenen Norm nachvollzogen werden. Ebenso sind die Serviceanforderungen des Kap. 3 der ISO 29990 in einem eigenen Servicestandard aufgegriffen und verbessert worden.

In dem Projektkomitee ISO/PC 288 und dem ISO/TC 232 wurde die Arbeit an einer adäquaten und verbesserten Version der DIN ISO 29990 im Jahr 2014 beziehungsweise im Jahr 2015 aufgenommen. Während das ISO/PC 288 mit seiner Expertise, seinem Know-how und seinen Fachkompetenzen an der Standardisierung von Managementsystemen in der Branche der formalen Bildung arbeitete, erarbeitete das ISO/TC 232 den Servicestandard ISO 29993 mit Anforderungen an die Lerndienstleistung jenseits der formalen Bildung. Mit der Publizierung der beiden Normen im Jahr 2017 und 2018 war schließlich der Weg geebnet, zusammen die adäquate Nachfolge der ISO 29990 darzustellen. Dabei können die beiden Normen kompatibel oder jeweils einzeln umgesetzt werden. Auch Kombinationen zu anderen Normen und Standards sind möglich.

▶ Zur Wiederholung:

Es exisitieren Managementstandards, Servicestandards und Komponentenstandards.

Managementstandards stellen Anforderungen an das Managementsystem einer Organisation und müssen mittlerweile der High Level Structure entsprechen.

Servicestandards stellen Anforderungen an die Leistungserstellung einer Organisation. Das Managementsystem wird nicht einbezogen.

Komponentenstandards stellen weder Anforderungen an das Managementsystem noch an die Leistungserstellung. Es handelt sich um ergänzende Anforderungen, zum Beispiel gegenüber Kompetenzen oder Prozessen.

Die entstanden Vorteile der strikten Trennung zwischen Management- und Servicestandard in der Bildungsbranche ermöglichen den Normanwendern mehr Flexibilität im Umgang mit Normen. Es entstehen neue Kombinationsmöglichkeit zwischen unterschiedlichen Management- und Servicestandards. Zudem wird durch die ISO 21001 und die ISO 29993 ermöglicht, einfacher und unkomplizierter die High Level Structure zu verstehen, anzuwenden und umzusetzen.

▶ Die ISO 29993 und die ISO 29990 sind teilweise vergleichbar und besitzen gemeinsame Schnittstellen. Sie adressieren beide dieselbe Zielgruppe. Die Normen sind untereinander aber auf keinen Fall substituierbar. Es bestehen entscheidende Unterschiede in den Anforderungen und der zukünftigen Gültigkeit.

Grundsätzlich ist festzustellen, dass die publizierten oder zu publizierenden Normen des ISO/TC 232 die nachfolgenden Kombinationsmöglichkeiten aufweisen können.

Anwendung alleinstehend oder in Kombination:

- ISO 29993:2017, Lerndienstleistungen jenseits der formalen Bildung – Dienstleistungsanforderungen
- ISO 29991:2014, Sprachlerndienstleistungen für Aus- und Weiterbildung – Anforderungen
- ISO 29994, Lerndienstleistungen für die nicht-schulische Aus- und Weiterbildung

Die oben genannten Normen können mit den folgenden neuen Normen kombiniert werden, die sich derzeit in der Entwicklung befinden:

- ISO 29992, Bewertung der Ergebnisse von Lerndienstleistungen – Empfehlungen zur Umsetzung
- ISO 29995, Lerndienstleistungen für die nichtschulische Aus- und Weiterbildung – Terminologie

Zudem können die genannten Servicestandards mit folgenden Managementstandards kombiniert werden, die auch alleinstehen können:

- ISO 21001, Bildungsorganisationen – Managementsysteme für Bildungsorganisationen – Anforderungen mit Anleitung zur Anwendung
- ISO 9001, Qualitätsmanagementsysteme – Anforderungen

Die Abb. 7.1 verdeutlicht die zukünftige Landschaft der Normen in der Bildung grafisch.

Welche Norm sollte ein Lerndienstleister präferieren?

Von einem Vergleich zwischen den Normen und der Auswahl der Norm, die vermeintlich einfacher implementiert, umgesetzt, aufrechterhalten und kontrolliert werden kann, sollte Abstand genommen werden. Eine Norm und deren Inhalte sollten dem Normanwender einen Mehrwert generieren. Wird die Auswahl nur auf Basis der einfachsten Umsetzbarkeit ausgewählt, kann angenommen werden, dass der Auswählende Qualitätsmanagement im Allgemeinen als einen Aufwand interpretiert. In Abschn. 1.1 wurde eingehend erläutert, dass diese Denkweise fehlweisend ist und auf Dauer den Erfolg des Unternehmens gefährden wird. Stattdessen sollte der erwartete Mehrwert durch die Norm erfragt und festgelegt werden.

Wichtige Fragestellungen

- Welchen Zweck verfolgt die Einführung eines Qualitätsmanagementsystems?
- Welche Ursache haben die Bestrebungen der Einführung eines Qualitätsmanagementsystems?

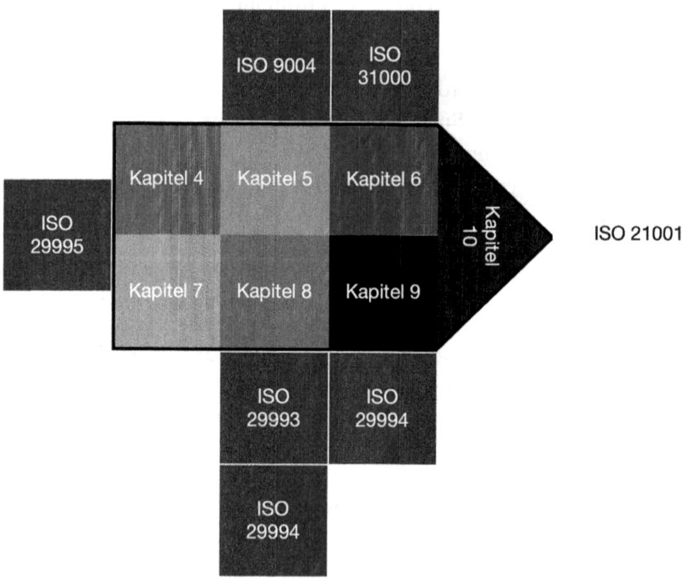

Abb. 7.1 Zukünftige Landschaft der Normen in der Bildung

- Welche Ziele werden mit dem Qualitätsmanagementsystem verfolgt?
- Welche interessierten Parteien sollen einbezogen werden?
- Welche Erfordernisse und Erwartungen stellen die interessierten Parteien an das Qualitätsmanagementsystem?
- Welche Form der Kommunikation der Einführung eines Qualitätsmanagementsystems soll gewählt werden (Zertifizierungen)?
- Welches Zertifizierungsunternehmen soll gewählt werden?
- Welche zeitlichen, personellen, räumlichen und finanziellen Ressourcen können zur Verfügung gestellt werden?
- Welche externe Unterstützung kann bestimmt werden?

Damit existiert keine Musterlösung oder Handlungsempfehlung zu einer bestimmten Norm oder Strategie der Auswahl. Unternehmen, die aktuell die Anforderungen der ISO 29990 erfüllen oder noch gar nicht mit Normen der Bildungsbranche in Kontakt gekommen sind, stehen vor einer der größten Herausforderungen überhaupt:

> „Mit welchen Kombinationsmöglichkeiten hole ich das beste aus meiner Lerndienstleistung raus, um meinen interessierten Parteien den maximalen Nutzen zu bieten?"

Und hierbei stellt das ISO/TC 232 nun umfassende Möglichkeiten zur Verfügung. Nie zu vor hatten Unternehmen der Bildungsbranche eine solche Flexibilität und Fülle an Normen, die miteinander kombiniert werden konnten. Dabei ist die High Level Structure von ISO wohl als eine der genialsten Errungenschaften des 21. Jahrhunderts im Bereich der Normung zu bezeichnen.

▶ **HLS** Die HLS wurde von dem ISO/TMB/JTCG „Joint technical Coordination Group on MSS" eingeführt, um Managementstandards eine einheitliche Struktur und gleichartige Kerninhalte vorzugeben. Dabei sind die Struktur und die Kerninhalte jedes neuen Managementstandards dem Annex SL Appendix 2 der ISO/IEC Directives Part 1 and Consolidated ISO Supplement zu entnehmen. Die Directives dienen dem offiziellen Prozess von ISO, wenn Normen und Standards erstellt werden.

Das Ziel hinter der HLS ist es, mit einer normübergreifenden Gliederung und Kerninhalten die Angleichung unterschiedlicher Normen und Standards zu verbessern. Die HLS dient zudem als Leitfaden zur Entwicklung künftiger Normen, so dass langfristig alle Managementstandards den gleichen Grundaufbau besitzen werden.

Dabei sieht die Gliederung fortan immer folgenden Aufbau vor:

- EINLEITUNG
- Kapitel 1: ANWENDUNGSBEREICH
- Kapitel 2: NORMATIVE VERWEISUNGEN
- Kapitel 3: BEGRIFFE
- Kapitel 4: KONTEXT DER ORGANISATION
- Kapitel 5: FÜHRUNG
- Kapitel 6: PLANUNG
- Kapitel 7: UNTERSTÜTZUNG
- Kapitel 8: BETRIEB
- Kapitel 9: BEWERTUNG DER LEISTUNG
- Kapitel 10: VERBESSERUNG

Die daraus resultierenden Vorteile sind:

- eine einheitliche Gliederung (Kap. 1 bis 10),
- der Gebrauch identischer Kerntexte, Begriffe und Definitionen zum normübergreifenden Verständnis und zur Vereinheitlichung,
- mehrerer Managementsysteme können parallel bestehen, jedoch einfacher und effizienter aufgebaut und umgesetzt werden,
- ein doppelter Dokumentationsaufwand entfällt,
- die Integration neuer Management- oder Servicestandards wird vereinfacht,
- interne Audits können kombiniert werden – Kombinierte Audits.

Damit entspricht die HLS in ihren Grundzügen einem bewährten Prinzip, mit dem bereits Kinder vertraut werden: dem Lego-Prinzip. Mit dem Lego-Prinzip werden unendliche Kombinationsmöglichkeiten möglich. Standardisierung und Vereinheitlichung der Grundelemente sorgen dafür, dass die einzelnen Lego-Bausteine vielfältig und beliebig kombiniert werden können. Hierdurch können große Gebilde geschaffen werden, die aus einzelnen ersetzbaren und austauschbaren Bestandteilen bestehen. Abhängig von den Bedürfnissen des „Erbauers“ können vollkommen individuelle Konstruktionen geschaffen werden. Und bei einem Änderungsbedarf oder -wunsch, ist ein Austausch oder eine Umstrukturierung „kinderleicht“. Zudem bringt das Lego-Prinzip Spaß. Es besticht durch Simplizität und Universalität. Zudem ist das Lego-Prinzip geprägt von einer hohen Effizienz. Mit einem geringen Ressourceneinsatz kann ein optimales Ergebnis erzielt werden.

Genau aus diesen Gründen wurde das Lego-Prinzip von der Spielzeugindustrie in die verschiedensten Branchen übertragen und vervielfältigt, zum Beispiel dem Automobil-, Boots- und Hausbau. Nun findet sich dieses Prinzip auch in den Normen und Standards des ISO/TC 232 wieder und gestattet Lerndienstleistern eine vollkommene Anwendungsfreiheit der verschiedenen Normen und Standards.

Dabei können nicht nur Managementstandards miteinander kombiniert werden, wie zum Beispiel die

- ISO 21001
- mit der ISO 21001
- und der ISO 14001
- und der ISO 50001.

Auch die Managementstandards und deren einzelnen Inhalte können perfekt mit Servicestandards ersetzt oder ergänzt werden. So könnte zum Beispiel die ISO 29993 in das Kap. 7, 8 und 9 der ISO 21001 oder ISO 9001 einbezogen werden. Außerdem könnte die ISO 29992 ideal als Ergänzung des Kap. 9 der ISO 21001 oder der ISO 9001 herangezogen werden. Ebenso können branchenfremde Normen und Standards in das eigene Qualitätsmanagementsystem eingefügt werden, um den maximalen Grad an Vielfalt und Kombination sowie Bedürfnisbefriedigung zu erzielen. Starre und feste Strukturen sind nun aufgelöst und ermöglichen jedem Normanwender, ein vollkommen individuelles Qualitätsmanagementsystem gemäß eigenen Anforderungen aufzubauen.

8 Anforderungen an Lerndienstleister und Lerndienstleistungen

Qualitätsmanagement in der Bildungsbranche – von der Norm bis zur Handlungsempfehlung

„Lernen, ohne zu denken, ist eitel; denken, ohne zu lernen, ist gefährlich!"

– Konfuzius

Zusammenfassung

Die DIN ISO 29990:2010 war die erste Norm im Bereich der Lerndienstleistungen und Bildung. Im Gegensatz zu der bis dahin gültigen AZAV, die annähernd versuchte, ein Qualitätsmanagementsystem für die Bildungsbranche vorzugeben, war nur die ISO 9001 anwendbar. Doch mit der Bildung eines Komitees auf nationaler und internationaler Ebene und der Erstellung der ISO 29990 änderten sich die bis dahin bestehenden Umstände. Die ISO 29990 kann als „Mutter" aller neuen Normen und Entwicklungen im Bereich der Bildung interpretiert werden und ist ein fundamentales Instrument, Lerndienstleistungen zu planen, entwickeln, zu erbringen und zu evaluieren, sowie ein entsprechendes, lernunterstützendes Managementsystem vorzuweisen. Das folgende Kapitel soll darüber Aufschluss geben, welche Bedeutung die Norm besaß und zukünftig besitzen wird, wer die angesprochene Zielgruppe ist und welche Anforderungen die Norm stellt. Insbesondere wird das folgende Kapitel auf die Entwicklungen und den Lebenszyklus der ISO 29990 eingehen und welche zukünftigen Strategien aus beratender Sichtweise empfehlenswert sein können.

F. Mai, *Qualitätsmanagement in der Bildungsbranche*,
https://doi.org/10.1007/978-3-658-27004-9_8

8.1 DIN ISO 29990:2010 – Lerndienstleistungen für die Aus- und Weiterbildung – Grundlegende Anforderungen an Dienstleister

Allrounder-Norm mit Service- und Managementanforderungen

8.1.1 Bedeutung der DIN ISO 29990:2010

Das Ziel der ISO 29990 war die Schaffung eines allgemeinen Qualitätsmodells für die berufliche Praxis und Leistungserstellung sowie einer gemeinsamen Referenz für Lerndienstleister und ihrer Kunden. Normanwender sollten in die Lage versetzt werden, Lerndienstleistungen zu planen, zu entwickeln und durchzuführen. Im Anschluss sollte es dem Normanwender möglich sein, die Durchführung und deren Ergebnisse zu evaluieren und Verbesserungen abzuleiten. Darüber hinaus definierte die ISO 29990 Anforderungen an ein Managementsystem eines Lerndienstleisters, der die entsprechende Leistungsfähigkeit für die genannten Prozesse im Zusammenhang mit der Lerndienstleistung sicherstellen sollte. Weiterhin stellte die ISO 29990 die Kompetenzen der Lerndienstleister in den Fokus. Hierdurch wurde beabsichtigt, Interessenten zu unterstützen, den geeigneten Lerndienstleister auszuwählen, der den Bedürfnissen und Erwartungen am ehesten gerecht wird. Im Fokus standen nun nicht mehr nur fachliche Kompetenzen, sondern auch methodisch-didaktische, Selbst- und Sozialkompetenzen.

Der Fokus der Norm lag auf dem potenziellen Anwendungsbereich, der in der Praxis häufig missinterpretiert wurde. Eine gängige Positionierung von Normanwendern (insbesondere ISO 9001:2008-Normanwendern) bestand darin, dass die ISO 29990 eine reine Bildungsnorm für Anbieter von Lerndienstleistungen war. Doch im Gegenteil, die ISO 29990 war für alle Organisationen geeignet, die Lerndienstleistungen als Geschäftszweck betrieben und/oder Organisationen anderer Branchen, die eine Abteilung der Aus- und Weiterbildung besaßen. Damit waren alle Organisationen, die Mitarbeiter beschäftigen, in den Anwendungsbereich der ISO 29990 einbezogen. Hierdurch konnte die ISO 29990 vollkommen alleinstehend als Service- und Managementstandard, aber auch als Ergänzung zu anderen Managementnormen verwendet werden.

Gängige Beispiele der Normanwender können folgende Fallbeispiele sein:

ERSTENS – Unternehmen der Bildungsbranche

Ein Unternehmen erbringt Lerndienstleistungen in Form von Seminaren, Workshops und Coachings. Das Unternehmen ist als Bildungsträger nach AZAV zugelassen und arbeitet umsatzsteuerbefreit. In Ergänzung zu den Anforderungen des SGB III und der AZAV weist das Unternehmen ein Qualitätsmanagement nach ISO 29990 nach. Es führt ein Finanz-, Risiko- und Personalmanagement durch, plant Qualitätspolitiken- und ziele, verfolgt einen Businessplan und bewertet das Managementsystem jährlich. Mithilfe der internen Audits überwacht es die Konformität der Lerndienstleistungsplanung, -entwicklung, -durchführung und -bewertung. Das Unternehmen strebt die kontinuierliche Verbesserung an.

ZWEITENS – Unternehmen der Beratungsbranche

Ein Unternehmen erbringt Beratungsdienstleistungen und weist ein Qualitätsmanagementsystem nach ISO 9001:2015 nach. Um die Anforderungen des Kap. 8 „Betrieb“ detaillierter und fokussierter auf die Beratungsdienstleistungen zu betrachten, ergänzt das Unternehmen das Qualitätsmanagementsystem um die Anforderungen der ISO 29990. Beratungsdienstleistungen werden als eine Lerndienstleistung ausgelegt, da beratene Unternehmen neues Wissen und neue Einstellungen vermittelt bekommen – ein typischer Lernprozess. Das Unternehmen vernachlässigt die Anforderungen aus Kap. 4 der ISO 29990, da diese bereits durch die ISO 9001:2015 erfüllt sind. Die Anforderungen des Kap. 3 der ISO 29990 werden in die internen Audits nach ISO 9001:2015 einbezogen.

DRITTENS – Unternehmen der Textilbranche

Ein Unternehmen produziert Textilien in Europa. Es bildet kaufmännische und technische Berufe aus. Zudem besitzt das Unternehmen die Zulassung, duale Studierende und Studierende von Hochschulen in der Erstellung von Bachelor-, Master-, und Diplomarbeiten zu betreuen. Es betreibt kein Qualitätsmanagement für die Produktion der Textilien. Dennoch ist es aus markt- und wettbewerbsbezogenen Gründen interessiert, die Aus- und Weiterbildungen optimal zu gestalten und neue Mitarbeiter bereits in der Aus- und Weiterbildung an das Unternehmen zu binden. Um die optimale Gestaltung zu ermöglichen, die hierzu notwendig ist, orientiert sich das Unternehmen an allen Anforderungen der ISO 29990.

In Kap. 7 wurde bereits darauf eingegangen, wie die zukünftige Landschaft der Normen in der Bildungsbranche aussehen wird. Dennoch soll in diesem Kapitel detaillierter auf den Sachverhalt eingegangen werden, wie mit der ISO 29990 verfahren werden könnte.

Trotz der Bedeutsamkeit, einfachen und praxisorientierten Anwendbarkeit und weltweiten Anwendung der ISO 29990, unterliegt die Norm dem kontinuierlichen Verbesserungsprozess und Entwicklungen der internationalen Normung. So standardisieren DIN und ISO nicht nur Lerndienstleistungen und stellen die Anforderung an die Verbesserung – sie verbessern Normen und Standards auch selbst.

Die ISO 29990 besteht aus Elementen, die sich sowohl auf die Lerndienstleistungen beziehen, als auch auf Elemente des Managementsystems. Daher wird sie in mehr als 50 Ländern weltweit verwendet und tausendfach von verschiedenen Organisationen implementiert. In genau diesem Zusammenhang muss aufgefallen sein, dass die zunehmende Komplexität der globalen Märkte und hierdurch bedingten globalen Trends veränderte Bedürfnisse und Erwartungen stellt. Aus diesem Grund und der durch ISO verfolgten High Level Structure, musste die ISO 29990 verbessert werden. Daher wurden parallel die Arbeiten an der ISO 29993 und der ISO 21001 aufgenommen. Der insgesamte Mehrwert:

- mehr Flexibilität,
- verbesserte Anwenderfreundlichkeit,
- konkretisierte Interessentenorientiertheit.

Damit stellt sich Normanwendern und -interessierten die Frage, wie mit den drei parallel existierenden Normen umgegangen werden kann und welche Empfehlungen sich daraus ergeben, um den maximalen Gesamtnutzen zu erzielen. Genau dies war die Intention der Verbesserungen – eine hohe Flexibilität. Die grundlegende Beantwortung der gestellten Fragestellung fällt daher denkbar einfach aus.

▶ Es ist alles möglich!

Nachfolgende Umsetzungsmöglichkeiten mit der ISO 29990 sind möglich:

ERSTENS – ISO 29990 alleinstehend

Die ISO 29990 wird eingeführt oder aufrechterhalten.

Die Norm bleibt nach wie vor bestehen, wird allerdings nicht mehr durch DIN oder ISO betreut. Dieser Zustand nennt sich *withdrawn* (engl. – zurückgezogen), sie ist sinngemäß inaktiv. Inwieweit eine akkreditierte und nicht-akkreditierte Zertifizierung möglich ist, muss mit dem jeweiligen Zertifizierungsunternehmen geklärt werden. Zudem sind die Entscheidungen der DAkks in die Entscheidungen des Normanwenders einzubeziehen. Gegenwärtig befindet sich die DAkks mit DIN in Klärung, welche Konsequenzen eine withdrawn Norm für die Zertifizierung haben könnte. Doch selbstverständlich hegt DIN kein wirkliches Interesse diese Frage zu beantworten, dient die Normung nicht der Zertifizierung. Der Umgang einer Akkreditierungs- oder Zertifizierungsgesellschaft mit einer withdrawn Norm ist nicht Diskussionsgegenstand der Normung oder Normungsinstitution. Insofern hängt diese Entscheidung in Deutschland an der DAkks selbst. Die eigentliche Fragestellung ist allerdings, ob es sinnvoll ist, eine inaktive Norm als Grundlage zu verwenden und welche Ziele damit verfolgt werden sollen. Die Möglichkeit besteht zum gegenwärtigen Zeitpunkt.

ZWEITENS – ISO 29990 in Kombination

Die ISO 29990 kann mit neueren Normen ideal kombiniert werden. So können die Anforderungen aus Kap. 3 der ISO 29990 mit den Anforderungen der ISO 29993 kombiniert werden. Weiterhin ist eine Kombination zwischen dem Kap. 4 der ISO 29990 und der ISO 21001 oder der ISO 9001 möglich. Was in welcher Form zertifiziert werden kann, ist ebenfalls mit den Zielen des Normanwenders und den Bestimmungen der Zertifizierungsgesellschaft zu vereinbaren. Durch die HLS wird es zukünftig immer einfacher, verschiedene Normen und Norminhalte zu kombinieren.

DRITTENS – ISO 29990 in Ergänzung

Die aus beratender Sichtweise empfehlenswerteste Strategie stellt die Ergänzung durch die ISO 29990 dar. Ein Unternehmen kann dabei auf VIERTENS zurückgreifen und die ISO 29990 als Ergänzung heranziehen. Das vorhandene und zusammengestellte Wissen der ISO 29990 mag auch in einigen Jahren nicht mehr das aktuellste Wissen sein, dennoch enthält die Norm praxisorientierte Inhalte, die ergänzend einen idealen Input bieten können. So sind beispielsweise die Anforderungen der ISO 29990 an die Entwicklung eines Curriculums ein hilfreicher Leitfaden für Unternehmer der Bildungsbranche. Gegenwärtig besteht in den neueren Normen keine Hilfestellungen mehr, wie ein Curriculum erstellt werden könnte, wenngleich hierzu bereits Normungsvorhaben aufgenommen wurden.

VIERTENS – neue Normen in verschiedenen Konstellationen

Die ISO 29990 kann natürlich auch vollkommen vernachlässigt oder unbeachtet bleiben. Unternehmen können ihr aktuelles Qualitätsmanagement nach ISO 29990 sehr einfach auf andere Normen umstellen. Ein Praxisbeispiel ist ein Lerndienstleister aus Baden-Württemberg, der im Rezertifizierungsaudit die Auditgrundlage von der ISO 29990 auf die ISO 29993 wechselte und nur drei Verbesserungspotenziale im Auditbericht erhielt. Dies verdeutlicht, wie verwandt die ISO 29990 beispielsweise mit der ISO 29993 ist und in welcher Geschwindigkeit derartige Änderungen realisiert werden können.

Welche Strategie die beste ist, hängt einzig und allein von den Normanwendern und deren interessierten Parteien ab. Die empfehlenswerteste Strategie ist es, folgende Fragestellungen in die Entscheidungsfindung einzubeziehen und eines der genannten Szenarien auszuwählen:

- Wer sind meine interessierten Parteien, die an der Nutzung einer Norm partizipieren?
- Was sind die Anforderungen meiner interessierten Parteien an die zu nutzende Norm und deren Effekte?
- Strebe ich eine akkreditierte oder nicht-akkreditierte Zertifizierung an?
- Welche Ziele und Strategie verfolge ich durch ein Qualitätsmanagementsystem?
- Welche Norm unterstützt mich am ehesten dabei, den Anforderungen der interessierten Parteien gerecht zu werden und meine Ziele zu erreichen?
- Welche Kompromisse muss ich berücksichtigen?
- Welche Risiken gehe ich hierdurch ein?
- Welche Chancen kann ich nutzen?

> Es wird deutlich, welche Strategie die beste zu sein vermag: die des Normanwenders!

Quintessenz

Abschließend soll festgehalten werden, dass die Empfehlungen einer Beratungs- oder Zertifizierungsgesellschaft vollkommen wertlos sind, wenn diese die genannten Fragestellungen nicht berücksichtigen und den Fokus auf eine einzige Handlungsempfehlung limitieren. Eine Distanzierung von Beratungs- und Zertifizierungsgesellschaften sollte dann in Betracht gezogen werden, wenn beispielsweise folgende Formulierungen gewählt werden:

- Die ISO 29990 ist alt und darf nicht mehr verwendet werden. Nutzen Sie die ISO 29993!
- Die ISO 29990 ist nur im Übergang, eine Zertifizierung ist problemlos möglich.
- Die ISO 21001 ist noch nicht für die Praxisanwendung geeignet und enthält zu viele Fehler.
- Die ISO 29993 bietet keine Anhaltpunkte für eine Zertifizierung.
- Sie sollten auf die ISO 9001 wechseln, da haben sie eine dauerhafte Bestandssicherheit.
- Etc.

▶ Beratungs- und Zertifizierungsgesellschaften haben die Aufgabe, Unternehmen der Bildungsbranche in der Lösungsfindung und -umsetzung zu unterstützen. Sie sollen keine fertigen Lösungen präsentieren oder verteidigen!

8.1.2 Zielgruppe der DIN ISO 29990:2010

Die Zielgruppe der ISO 29990 besteht, wie bereits in Abschn. 8.1.1 ausgeführt, aus Organisationen der Bildungsbranche und Organisationen, die eine Aus- und Weiterbildung betreiben. Der Geschäftszweck kann die Erbringung von Lerndienstleistungen aber auch jeder andere sein. Aus der beratenden Sicht sind die gängigsten Normanwender:

- Coaches
- Trainer
- Mentoren
- Lehrer
- Dozenten
- Tutoren
- Vortragende
- Seminaranbieter
- Berater
- Schulen
- Akademien
- Hochschulen
- Universitäten
- Abteilungen der Aus- und Weiterbildung

8.1.3 Gliederung der DIN ISO 29990:2010

Die DIN ISO 29990 unterscheidet in vier Kapitel, wobei nur Kap. 3 und 4 Anforderungen an den Lerndienstleister stellen. Das Kap. 3 der ISO 29990 folgt in der Gliederung dem Deming-Zyklus (PDCA-Zyklus). Das bedeutet, dass zunächst Anforderungen an die Planung und Gestaltung einer Lerndienstleistung gestellt werden (Plan). Im Anschluss werden Anforderungen an die Umsetzung und Anforderungen an die Bewertung der Lerndienstleistung beschrieben (Do und Check). Der Verbesserungsaspekt wird in Kap. 4 der DIN ISO 29990 aufgegriffen (Act).

Der Tab. 8.13 kann die Gliederung der DIN ISO 29993:2018 entnommen werden.

8.1.4 Hintergrund der DIN ISO 29990:2010

Neben der ISO 9001:2008, die den eigenen Anspruch verfolgt, universell für jede Organisation jeder Größe anwendbar zu sein, wurde durch die ISO 29990 erstmals

Tab. 8.1 Gliederung der DIN ISO 29990:2010

Bezeichnung	Inhalt
Nationales Vorwort	Erstellende Institutionen
Nationaler Anhang NA (informativ) Literaturhinweise	Literaturhinweise der erstellenden Institutionen
Einleitung	Ziel und Erklärung der Norm
1. Anwendungsbereich	Abgrenzung, Rahmen
2. Begriffe	Definition von 18 Termini
3. Lerndienstleistungen	Spezielle Anforderungen an die Leistungserstellung
4. Management des Lerndienstleisters	Spezielle Anforderungen an das Managementsystem
Anhang A (informativ) Inhalt des Geschäftsplans	Spezielle Empfehlungen
Anhang B (informativ) Informationen für die Bewertung des Managementsystems	Spezielle Empfehlungen
Anhang C (informativ) Vorbeugende Maßnahmen und Korrekturmaßnahmen	Spezielle Empfehlungen
Anhang D (informativ) Beispiele für Kernkompetenzen von Lerndienstleistern	Spezielle Empfehlungen
Anhang E (informativ) Cross-Referenz zwischen ISO 29990:2010 und ISO 9001:2008	Cross-over Tabellen zwischen der ISO 29990:2010 und der ISO 9001:2008
Literaturhinweise	4 Literaturhinweise

>Gliederung der DIN ISO 29990:2010 Lerndienstleistungen für die Aus- und Weiterbildung – Grundlegende Anforderungen an Dienstleister (ISO 29990:2010), veröffentlicht im Dezember2010 durch den DIN Deutsches Institut für Normung e. V., Berlin

eine Norm erschaffen, die einzig und allein für die Bildungsbranche anwendbar war. Daneben existierten in Deutschland nur die Anforderungen an ein Managementsystem eines Bildungsträgers durch SGB III und AZAV. Im selben Atemzug ist allerdings anzumerken, dass die Anforderungen der AZAV keinesfalls mit dem Umfang der Normen und Standards vergleichbar sind. Damit ist auszuführen, dass mit der ISO 29990 erstmals gelungen ist, ein weltweites Qualitätsniveau der Bildungsbranche festzulegen. So wurde im August 2010 die ISO 29990 international einstimmig anerkannt. Hierdurch konnte individuellen und „inoffiziellen" Standardisierungsansätzen diverser Organisationen entgegengewirkt werden und eine weltweit einheitliche, prozessorientierte Norm herausgegeben werden.

Der Beginn der Normung und Standardisierung in der Bildungsbranche kann mit der Einreichung eines Antrages zur Normung in der Bildung durch DIN in 2006 angesehen werden. Aufgrund dessen wurde in 2007 das ISO/TC 232 gegründet, mit dem sinngemäßen Ziel, die non-formale Bildung zu standardisieren. So wurde bereits in 2009 der Entwurf der ISO 29990 publiziert und einstimmig im August 2010 angenommen. Damit ist die ISO 29990 nicht nur die „Mutter" aller darauffolgender Normen und Standards. Sie ist das fundamentale Ergebnis engagierter Personen, die Bildung auf ein einheitliches Level und Verständnis von Qualität zu bringen.

Daher ist es durchaus angebracht zu formulieren, dass mit der ISO 29990 eine der bedeutsamsten Errungenschaften der Menschheit erschaffen wurde. Da das organisierte Lernen der Menschheit auf einem weltweit anwendbaren Referenzrahmen zur Verfügung gestellt wurde, wäre jede anwendende Gesellschaft in die Lage versetzt, die Bildung systematisch und erfolgreich durchzuführen. Die hieraus resultierenden, potenziellen Erfolge sind mannigfaltig und reichen von gesellschaftlicher Weiterentwicklung bis zu der Gesamterhöhung des Bruttosozialproduktes.

8.1.5 Anforderungen der DIN ISO 29990:2010

Die Zielstellung dieses Kapitels besteht darin, die Anforderungen der ISO 29990 sinngemäß wiederzugeben und Handlungsempfehlungen abzuleiten, die die Erfüllung der Anforderungen zum Ziel haben.

Im Anschluss sollen Rezipienten in die Lage versetzt werden, folgende Fragestellungen zu beantworten:

- Wovon handelt die ISO 29990?
- Welchen Zweck verfolgt die ISO 29990?
- Wie sind die Anforderungen gegliedert und wie können sie in einen Gesamtzusammenhang gebracht werden?
- Welche Maßnahmen können konkret ergriffen werden, um ein Qualitätsmanagementsystem nach ISO 29990 zu implementieren?

8.1.5.1 Curriculum

Einen Fokus legt die ISO 29990 im Gegensatz zu allen anderen Normen und Standards auf das Curriculum. Selbst die ISO 29993, die Anforderungen an die Erbringung von Lerndienstleistungen stellt, geht nur geringfügig auf das Curriculum ein. Daher ist in jedem Fall der Normanwendung auf die Inhalte der ISO 29990 zu verweisen, wenn es um einen Leitfaden zur Errichtung eines Curriculums geht. Aufgrund der Bedeutsamkeit und der zahlreichen Vorteile eines Curriculums, soll entgegen der Gliederung der ISO 29990 zunächst auf das Curriculum als Instrument eingegangen werden.

Das Kapitel stellt hierzu folgende Fragen:

- Was ist ein Curriculum?
- Welche Ziele verfolgt ein Curriculum?
- Wie ist ein Curriculum anzufertigen?
- Welche Inhalte sollte ein Curriculum aufweisen?
- Wie kann das Curriculum in die Erbringung von Lerndienstleistungen eingebunden werden?

8.1.5.1.1 Was ist ein Curriculum?

► Die ISO 29990 definiert ein Curriculum sinngemäß als eine Konzeption einer Lerndienstleistung.

Dieses Konzept beinhaltet mindestens

- die Ziele des Lernens,
- den Inhalt des Lernprozesses,
- die Didaktik und Methodik,
- die beabsichtigten Lernergebnisse,
- die Beschreibung des Bewertungsprozesses.

Damit stellt das Curriculum eine Art Anleitung zur Erbringung und Bewertung von Lerndienstleistungen dar. Es sollte so aufgebaut und umfangreich beschrieben werden, dass jede kompetente Person (fachlich, methodisch-didaktisch, sozial und selbst) in der Lage ist, die Lerndienstleistung zu erbringen. Dabei ist die Zugehörigkeit und Kenntnis zwischen Unternehmen der Bildungsbranche und Erbringer der Lerndienstleistung zu vernachlässigen.

► Es gilt, dass ein Curriculum dann tauglich ist, wenn es so konkretisiert wurde, dass die Lerndienstleistung vollkommen personenunabhängig erbracht werden kann, ohne dass die beabsichtigten Ergebnisse der Lerndienstleistung gefährdet sind. Lernende müssen jederzeit und unabhängig von der Person, die die Lerndienstleistung erbringt, die beabsichtigten Lernziele und -ergebnisse erreichen können.

8.1.5.1.2 Welche Ziele verfolgt ein Curriculum?

Wie bereits angedeutet wurde, besteht die Zielsetzung eines Curriculums in der Bereitstellung einer Anleitung zur Durchführung von Lerndienstleistungen. Die Eingrenzung der Anleitung besteht in zwei Determinanten:

- Anwender des Curriculums sind kompetent, das bedeutet sie verfügen über die festgelegten fachlichen und methodisch-didaktischen sowie Selbst- und Sozialkompetenzen, die notwendig sind, die beabsichtigten Lernergebnisse zu erzielen.
- Die vorgesehenen Ressourcen zur Durchführung der Lerndienstleistung, die ebenfalls Bestandteil des Curriculums sein sollten, sind vorhanden, z. B. zeitliche, finanzielle, materielle und räumliche Ressourcen.

Die Anleitung zur Erbringung einer Lerndienstleistung unter Beachtung der Determinanten befähigt ein Unternehmen der Bildungsbranche in Folge zu der

- standardisierten und
- personenunabhängigen Erbringung von Lerndienstleistungen sowie
- systematischen Sicherstellung der Konformität.

Die Konformität besteht auf Grundlage eines Curriculums gegenüber allen interessierten Parteien und ausgewählten Normanforderungen. Unter den interessierten Parteien primär gegenüber den Lernenden, deren Sponsoren und dem Unternehmen der Bildungsbranche selbst.

8.1.5.1.3 Wie ist ein Curriculum anzufertigen?

Die Anfertigung und deren Umfang ist selbstverständlich nur durch die Anforderungen der interessierten Parteien begrenzt. Insbesondere sind dabei die Anforderungen der Lernenden, der Sponsoren, der Erbringer der Lerndienstleistung und dem Unternehmen der Bildungsbranche einzubeziehen. Sowohl schriftliche Aufzeichnungen, als auch Bild- und Tonaufnahmen können als Curriculum geeignet sein. Auch der Umfang hängt von zahlreichen Faktoren ab. Ein zehnseitiges Handbuch kann genauso ausreichend wie eine zweistündige Videoaufzeichnung sein. Der Umsetzung und dem Umfang sind diesbezüglich keine Grenzen gesetzt. In der Praxis werden in der Regel schriftliche Aufzeichnungen verwendet und als Unterrichtsleitfaden an die Erbringenden der Lerndienstleistung ausgegeben. Gängige Beispiele sind:

- Curriculum
- Lehrmappe
- Unterrichtsleitfaden
- Drehbuch
- Leitfaden
- Lernunterlagen
- Dozenten-Handbuch
- Etc.

8.1.5.1.4 Welche Inhalte sollte ein Curriculum aufweisen?

Gemäß der Definition des Begriffes *Curriculum*, handelt es sich um eine Konzeption der Lerndienstleistung. Das bedeutet, dass folgende Inhalte in einer Konzeption beschrieben werden müssen:

- Ziele des Lernprozesses
- Inhalt des Lernprozesses
- Didaktik und Methodik
- Lernergebnisse
- Bewertungsprozess des Lernprozesses

Im Kapitel 3.2.3 „Planen des Curriculums" fordert die ISO 29990, dass der Lerndienstleister folgende Schritte durchführt:

- Entwicklung und Dokumentation
  - eines Curriculums
  - eines Instruments der Evaluation
- Auswahl von Lernmethoden
  - entsprechend der Ziele und Anforderungen des Curriculums
  - für Lernende geeignet
  - angepasst an unterschiedliche Anforderungen der Lernenden
  - Nutzen der Möglichkeiten (Ressourcen etc.) für individuelles und gemeinsames Lernen

- Festlegen von
  - Bedeutung und Verantwortlichkeiten der Interessierten Parteien bei Durchführung, Überwachung und Evaluierung der Lerndienstleistung
  - Bedeutung des Lerndienstleisters bei Durchführung, Überwachung und Evaluierung der Lerndienstleistung in angemessener Weise zu Zielen und Lernergebnissen!

Zudem müssen durch das Curriculum die Verfügbarkeit von und der Zugang zu Lernressourcen sichergestellt sein. Notwendig werden folgende Inhalte:

- Definition der vorgesehenen Ressourcen (die notwendig sind, einen Lerntransfer zu ermöglichen)
- Nutzung der Ressourcen muss allen Lernenden ermöglicht werden

Gliederung eines Curriculums

Für eine mögliche Gliederung eines Curriculums in der Praxis kann das folgendes bedeuten, sofern auch vereinzelte Managementinhalte eingebunden werden:
Incession Academy

A. Einleitung
B. Qualitätspolitik
C. Lernziel
D. Zielgruppe
E. Lerninhalt

Zeitliche Orientierung
Modulaufbau

MODUL 1: Grundlagen eines Business
MODUL 2: Finanzierung
MODUL 3: Kaufmännische Grundlagen
MODUL 4: Steuern und Versicherungen
MODUL 5: Marketing und Vertrieb
MODUL 6: Mindset und Strategie

Lernumgebung und Lernressourcen

F. Methodik und Didaktik
G. Bewertung und Evaluierung

Monitoring und Bewertung des Lernens
Evaluierung des Lernens, Der Lerndienstleistung und des Lerndienstleisters

H. Relevanz

8.1.5.2 Planung der Lerndienstleistung (PLAN)

Bezug

- Kapitel 3.1 Bestimmen des Lernbedarfs
- Kapitel 3.2 Gestalten von Lerndienstleistungen

Anforderungen
Aus den beiden Kapitel 3.1 und 3.2 der ISO 29990 ergeben sich Anforderungen an die Bestimmung und Gestaltung einer Lerndienstleistung. Die Anforderungen des Kapitels sind zwingend notwendig, um die Anforderungen der interessierten Parteien verstehen zu können und die Lerndienstleistung zu planen. Auf dieser Basis kann erst die Lerndienstleistung durchgeführt werden. Zusammenfassend werden folgende Anforderungen gestellt:

- Feststellen der Eingangskompetenzen durch eine Qualifikationsanalyse des Lernenden
- Anforderungen und Erwartungen interessierter Parteien sowie Lernziele der Lernenden und Sponsoren
- besondere Erfordernisse in Bezug auf Sprach-, Kultur-, Lese- und Schreibfähigkeit oder Behinderungen
- Erwartungen interessierter Parteien in Bezug auf die arbeitsrelevante Entwicklung von Kompetenzen und Fertigkeiten, Erfolgsindikatoren aus Sicht der Sponsoren
- Lerninhalte und Lernprozesse
- Mittel, Informationen Korrektheit und Ausrichtung zur Planung von Lerninhalt und -methoden
- Kommunikation von Zielen, Umfang, Lernergebnisse und Lernmethoden an interessierte Parteien
- Bewertung, Überwachung und Evaluierung des Lerntransfers
- Entwicklung des Curriculums, siehe Abschn. 8.1.5.1

Handlungsempfehlungen

Die Lernbedarfsanalyse stellt ein elementares Instrument des Qualitätsmanagements im Bereich der Bildungsbranche dar. Im klassischen PDCA-Zyklus (Planen-Durchführen-Prüfen-Handeln-Zyklus, auch Deming-Zyklus) ist die Lernbedarfsanalyse dem Prozess der Planung zuzuordnen und demnach unerlässlich, um die Lerndienstleistung durchführen zu können.

Ohne die Inhalte, Ziele, die Strukturierung, die Methoden des Lernens, Bewertens und der Evaluation zu kennen, die Lernende und Sponsoren voraussetzen und erwarten, kann die Lerndienstleistung nicht erfolgreich erbracht werden. Ein Misserfolg hat dabei negative Konsequenzen auf den finanziellen und wirtschaftlichen Erfolg des Lerndienstleisters, da Folgegeschäfte mutmaßlich nicht zustande kommen und die Reputation im Markt abnehmen dürfte. Zudem ist anzunehmen, dass eine starke Unzufriedenheit der Lernenden (Absolventen) durch unbefriedigte Bedürfnisse einen Einfluss auf die Zahlungsmoral der Sponsoren haben und auch im Bestandskundengeschäft betriebswirtschaftliche Nachteile bedingen kann.

Demnach liegt die Handlungsempfehlung in der Durchführung der Lernbedarfsanalyse. Diese kann dabei sowohl in eine allgemeine, systematisch und periodisch wiederkehrende Lernbedarfsanalyse oder in eine Lernbedarfsanalyse vor jeder Erbringung der Lerndienstleistung unterschieden werden. Abhängig von der Form der Lerndienstleistung, der Wirtschaftlichkeit der Durchführung einer Lernbedarfsanalyse durch den Lerndienstleister und des Marktvolumens kann die eine oder die andere Form der Lernbedarfsanalyse (oder beide) erfolgen.

ERSTENS

Die allgemeine, systematisch und periodisch wiederkehrende Lernbedarfsanalyse sollte mindestens einmal jährlich, beispielsweise im Rahmen der internen Auditierung oder der Managementbewertung, stattfinden und den gesamten Markt der Lerndienstleistung ausgiebig betrachten. Neben den Anforderungen der ISO 29990 sollten Synergien zwischen Elementen der Markt- und Wettbewerbsanalyse und der Lernbedarfsanalyse genutzt werden, um eine effiziente Ausrichtung und aussagekräftige Ergebnisse zu erhalten. Eine Dokumentation der Planung, der Rollen und Verantwortlichkeiten, des Zeitplans, der Erhebungsmethoden und der Ergebnisse ist zu empfehlen. Die Dokumentation kann in jeder Form erfolgen, die es ermöglicht Informationen auf einem Medium zu speichern und vor Verlust und Änderung zu schützen, zum Beispiel Tonaufnahmen, Videos oder schriftliche Aufzeichnungen.

ZWEITENS

Eine Lernbedarfsanalyse vor jeder Erbringung der Lerndienstleistung ist die empfohlene Form und stellt die Intention der Normanforderung der ISO 29990 dar. Es gilt, die Bedürfnisse jedes Lernenden und Sponsoren der jeweils zu planenden und zu erbringenden Lerndienstleistung zu kennen und die Lernziele, Lerninhalte, etc. gezielt auf diese Bedürfnisse ausrichten zu können. Hierdurch soll gewährleistet werden, die Bedürfnisse jeder interessierten Partei zu erfüllen. Allerdings sind die Aspekte der Form der Lerndienstleistung und der Wirtschaftlichkeit entscheidende Determinanten in einer erfolgreichen und effizienten Umsetzung der Lernbedarfsanalyse und gleichsam zu betrachten. Das Monitoring als Instrument der Sicherstellung der Erreichung der Lernziele jeder interessierten Partei ist in diesem Zusammenhang eine hilfreiche Unterstützung in der Erfüllung der Bedürfnisbefriedigung und wird explizit in Kapitel 3.4 der ISO 29990 beschrieben.

Die Handlungsempfehlung zu den Anforderungen des Kapitels 3.2 der ISO 29990 liegt primär in einer systematischen und detaillierten Entwicklung und Erstellung eines Curriculums. Die Anforderungen an die Entwicklung und Erstellung eines Curriculums können Abschn. 8.1.5.1 entnommen werden. Es wird empfohlen, das Curriculum einer Lerndienstleistung als eine vom Lerndienstleister erarbeitete Konzeption für den Lernprozess zu interpretieren. Diese sollte folgende Mindestinhalte aufweisen:

- Ziele des Lernens,
- Inhalt des Lernprozesses,
- Didaktik und Methodik (Lernform und Lernmethode),
- zu erzielende Lernergebnisse,
- Bewertungs- und Evaluationsprozess des Lernens, der Lerndienstleistung und des Lerndienstleisters

Die Entwicklung und Dokumentation sollte dabei sowohl ein Curriculum als auch das Instrument der Bewertung und Evaluation umfassen. Beide Dokumentationen sollten in einer angemessenen Weise erstellt, umgesetzt, gespeichert und vor Beschädigung oder Verlust gesichert werden. Die Auswahl von Lernformen und -methoden ist darüber hinaus so zu konzipieren, dass die entsprechenden Lernziele erreicht werden können, sie für Lernende geeignet sind und an die unterschiedlichen Anforderungen der Lernenden und Sponsoren angepasst werden können. Lernressourcen und die Lernumgebung sollten so gewählt werden, dass ein individuelles und ein gemeinsames Lernen ermöglicht wird. Die Ergebnisse der Lernbedarfsanalyse sind dabei unbedingt in die Konzeption des Curriculums einzubeziehen. Des

Weiteren besteht die Handlungsempfehlung darin, die Inhalte des Curriculums um Folgendes zu erweitern:

- Anforderungen an die Lernumgebung,
- Lernressourcen, die zum Erreichen des Lernziels Anwendung finden,
- Workload, Intensität (zeitliche Gliederung zur Orientierung der chronologischen Abfolge der Lerninhalte),
- Benennung der Zielgruppe,
- zahlenmäßiges Verhältnis zwischen Lernenden und Lernbegleitern,
- Art des Abschlusszertifikats, Zeugnisses, etc.,
- relevante Unterlagen (Interviewdokumente, Kompetenzfragebögen, Verträge, etc.)

Ein Lerndienstleister sollte das Curriculum als hilfreiche Grundlage der Lerndienstleistung betrachten und nicht als zusätzliche Belastung der Ablauforganisation. Ein systematisch aufgebautes und individuell erstelltes Curriculum dient als personenunabhängige Arbeitsgrundlage der Lerndienstleister und ist mit zahlreichen Vorteilen verbunden. Zum einen dient das Curriculum dem Lerndienstleister als dokumentierte Basis, die Lerninhalte wiederholt in gleichbleibender Qualität zu erbringen und durch Verwendung der beschriebenen Didaktik und Methodik erfolgreich an die Lernenden zu vermitteln. Hierdurch ist davon auszugehen, dass ein gewissenhaft erstelltes Curriculum direkt dazu beiträgt, die Lernziele der Lernenden und Sponsoren zu erreichen und die Bedürfnisse der interessierten Parteien zu befriedigen.

Des Weiteren liegt ein Vorteil in der Verminderung/Verhinderung des Risikos eines Ausfalls der Lerndienstleistung, sofern fachlich und didaktisch-methodisch erfahrene, qualifizierte und geschulte Vertretungen eines Lerndienstleisters zur Verfügung stehen. Die Vertretungsregelung kann durch ein bestehendes Curriculum entscheidend vereinfacht werden, da die Inhalte des Curriculums personenungebunden sind. Weiterhin stellt ein dokumentiertes Curriculum eine Grundlage dar, um Verbesserungen und neue Anforderungen sowie Anpassungen aufzunehmen, die durch Lernbedarfsanalysen festgestellt wurden. Es können Soll-Ist-Vergleiche zwischen bestehenden Lerninhalten, Lernzielen, etc. und neuen Anforderungen der interessierten Parteien durchgeführt werden, die der Verbesserung der Lerndienstleistung dienen. Der dabei auftretende Verbesserungsaspekt (Act-Prozess des PDCA-Zyklus) inkludiert Vorbeuge- und Korrekturmaßnahmen bei abweichenden Soll-Ist-Ergebnissen und reine Verbesserungsmaßnahmen, beispielsweise zur Effizienzsteigerung.

Die Konzeption der Lernmaterialien sollte im Anschluss auf Basis eines detaillierten Curriculums vergleichsweise anwenderfreundlich erstellbar sein. Entscheidend für eine effiziente Erstellung der Lernmaterialien (sofern nicht identisch mit den Lerninhalten des Curriculums) ist die Anforderung der Curriculumkonformität. Die Deckungsgleichheit der Lerninhalte des Curriculums und der Inhalte der Lernmaterialien muss gewährleistet sein, um die Lernziele erreichen zu können und die Bedürfnisse der interessierten Parteien zu befriedigen.

Weiterhin wird empfohlen, die Lernmaterialien so zu konzipieren, dass die Anwendung des Erlernten außerhalb des Kurses authentisch und aktuell ist. Dies soll den Lerntransfer der Lernenden unterstützen, das Erlernte sicher in den beabsichtigten Situationen und Gegebenheiten anzuwenden und einen tatsächlichen Kompetenzzuwachs aus dem Lernen erzielt zu haben. Dabei sind soziale und kulturelle Bedürfnisse sowie Hintergründe der Lernenden zu berücksichtigen, um sicherzustellen, dass Lernende in die Lage versetzt werden können, das Lernziel sicher zu erreichen. Dies kann beispielsweise das Alter, die Vorbildung, die Berufserfahrung, die Sprache, Lese- und Schreibfähigkeiten sowie kognitive und körperliche Fähigkeiten beinhalten, aber auch kulturelle und religiöse Hintergründe. Gesetzliche Gegebenheiten wie das Grundgesetz oder das Allgemeine Gleichbehandlungsgesetz sind eine unerlässliche Grundlage und Voraussetzung.

Die Handlungsempfehlung besteht weiterhin darin, Lerndienstleister im Umgang mit dem Curriculum, den Lernmaterialien und Mitteln der Bewertung und Evaluation zu schulen und das Verstehen sicherzustellen.

Eine Überprüfung des Curriculums, der Lernmaterialien und Mittel der Bewertung und Evaluation wurde bereits als Vorteil angesprochen. Darüber hinaus wird empfohlen, Instrumente wie die interne Auditierung und die Managementbewertung einzusetzen, um eine systematische Überprüfung sicherzustellen. In diesem Zusammenhang sollte durch die eingesetzten Maßnahmen ein Fokus auf der Aktualität, Authentizität und Korrektheit gelegt werden. Ergebnisse von Lernbedarfsanalysen und Evaluationen sollten in die Überprüfung einbezogen werden. Mögliche dokumentierte Informationen könnten sein:

- Curriculum
- Lernmaterialien
- Seminar-, Schulungs-, Trainings-, Coachingunterlagen
- Evaluationsbogen
- Fragebogen, Feedbackbogen
- Monitoringprotokolle
- Abschlusszertifikate, Zeugnisse
- Protokolle über Befragungen

- Interviewprotokolle (persönliche Gespräche, Telefonate)
- Markt- und Wettbewerbsanalysen
- Erhebungsbögen
- Persönliche Interview-Bögen (des Lerndienstleisters für Lernende und Sponsoren)
- Erstberatungen

8.1.5.3 Durchführung der Lerndienstleistung (DO)

Bezug

- Kapitel 3.3 Erbringen von Lerndienstleistungen

Anforderungen

Das Kapitel 3.3 der ISO 29990 beschäftigt sich nach dem Planen und Entwickeln der Lerndienstleistung, Lerninhalte und -materialien nun mit der Erbringung der Lerndienstleistung. Dabei wird das Kapitel in Informationen vor oder mit Erbringung der Lerndienstleistung, in die Verfügbarkeit von Lernressourcen und in die Lernumgebung unterteilt.

So müssen folgende Informationen bereitgestellt werden:

- Ziele und Angebotsform der Lerndienstleistung,
- Evaluationsinstrumente und Evaluationskriterien,
- Leistungsnachweise.

Zudem müssen dem Lernenden folgende Dinge zugänglich gemacht werden:

- Erwartungen an den Beitrag der Lernenden zum Lernerfolg
- Verpflichtungen und Verantwortlichkeiten gegenüber dem Lernenden
- Verfahren der Streitbeilegung und Umgang mit Meinungsverschiedenheiten
- Unterstützungsmöglichkeiten des Lernens (Bibliothek, Materialien, Internet-Zugänge)
- Evaluationsmethoden und -plan
- Technische oder sonstige Voraussetzungen
- Eingangskompetenzen (Qualifikationen, Fähigkeiten, Fertigkeiten und Erfahrung).

Die Verfügbarkeit der Ressourcen wird sichergestellt, indem der Lerndienstleister alle im Curriculum vorgesehenen Ressourcen zur Verfügung stellt. Zudem muss der Lerndienstleister allen Personen einen Zugang zu den Ressourcen einrichten, die mit der Lerndienstleistung in Verbindung stehen, also mindestens den Lerndienstleistern (Dozenten, Trainern, etc.) und Lernenden.

Die Lernumgebung muss in jedem Fall das Lernen unterstützen. Hat der Lerndienstleister keinen Einfluss auf die Lernumgebung, so muss er Mindestanforderungen definieren und deren Umsetzung sicherstellen.

Handlungsempfehlungen

Der Fokus der bereitzustellenden Informationen liegt wie in der internationalen Norm genannt, auf der Ermöglichung der fundierten Entscheidung, der Zugänglichkeit, der Aktualität, der Korrektheit und der Lesbarkeit. Die Mindestinformationen des Normabschnitts 3.3.1 der ISO 29990 sollten daher mit einer entsprechenden Sorgfalt innerhalb des Unternehmens gehandhabt werden.

Hierzu wird empfohlen, die Mindestinformationen als kommunikationspolitisches Instrument einzusetzen und aktiv im Marketing und Vertrieb der Lerndienstleistung zu verwenden. Die Website eines Unternehmens stellt auf den digitalisierten und internationalisierten Märkten mutmaßlich die Lösung mit der optimalsten Praxisnähe dar. Denn neben diesen Informationen können auch Name, Adresse der Hauptniederlassung und Mitglieder der Geschäftsleitung sind nach gesetzlichen Rahmenbedingungen, beispielsweise § 5 „Allgemeine Informationspflichten" Telemediengesetz, grundsätzlich bereits in dem Impressum der Website aufgelistet. Kontaktinformationen und Orte, an denen die Lerndienstleistungen erbracht werden, sowie die Beschreibung der von dem Lerndienstleister angebotenen Hauptlerndienstleistungen bilden wiederum die Grundlage der Bewerbung der Dienstleistungen des Unternehmens und sind in der Praxis häufig geteilte Informationen.

Die weiteren Mindestinformationen, wie die Lehrmethoden, die Beschreibung der Lernumgebung, die Bezahlung/Finanzierung und der Lernressourcen sowie alle angebotenen Zeugnisse, Auszeichnungen, Qualifikationen und Akkreditierungen, stellen Informationen dar, die durch Unternehmen nicht unmittelbar bereitgestellt werden.

Die Handlungsempfehlung ist in diesem Fall neben der Erfüllung der Normkonformität mit kompetitiven Vorteilen verknüpft und unterstützt die Abgrenzung des Lerndienstleisters von Mitbewerbern und Substituten. Des Weiteren liefert die Präsenz der genannten Informationen gegenüber den Interessenten und potenziellen Kunden eine attraktive Möglichkeit, die Lerndienstleistung zu beschreiben und gezielte Verkaufsargumente zu setzen. Der Grad der Detaillierung der Beschreibungen hängt primär von den Motivationen des Unternehmens ab.

Um eine fundierte Entscheidung des Interessenten und potenziellen Kunden zu ermöglichen, wird allerdings empfohlen, hinreichende Informationen zu teilen.

Hierdurch sollte der Interessent oder potenzielle Kunde zumindest in die Lage versetzt werden, das Preis-Leistungsverhältnis abzuwägen, den Mehrwert der Lerndienstleistung zu bewerten und Vergleiche zu anderen Angeboten ziehen zu können.

Im Zusammenhang mit nicht-digitalisierten Medien der Bereitstellung von Mindestinformationen stellen besonders die Aktualität und die Korrektheit der Angaben nach Änderungen eine unternehmerische Herausforderung dar. Beispiele sind die klassischen Info-Broschüren, Flyer, Roll-Ups, E-Books und weitere Printmedien. Hierbei besteht die Handlungsempfehlung in einer angemessenen Beschreibung der Mindestinformationen in einem ausreichenden Umfang, jedoch unter der Maßgabe einer geringen Änderungsanfälligkeit. Unvermeidbar sind in diesem Zusammenhang beispielsweise Termine einer Lerndienstleistung oder stetig wechselnde Orte. Ein systematisches und aktiv gesteuertes Warenwirtschaftssystem im Zusammenhang mit einer Just-in-time-Strategie stellt unter anderem einen lösungsorientierten Ansatz an die Normanforderungen der Aktualität und Korrektheit dar.

Um die Anforderungen der ISO 29990 zu erfüllen, bestehen zahlreiche Möglichkeiten und eine vollkommene Gestaltungsfreiheit der Umsetzung der Angebotsentwicklung und -erstellung. Praxisnahe Beispiele sind Informationserfassungen durch persönliche Interviews, Telefonate, E-Mails oder postalischer Austausch auf dessen Basis ein klassisches schriftliches Angebot erstellt wird. Eine weitere digitalisierte Möglichkeit sind Online-Tools auf der Website des Lerndienstleisters, mit dem eine automatische Angebotserstellung erfolgt. Eine dritte, beispielhafte und gängige Vorgehensweise in der Praxis der Lerndienstleister, ist die sofortige Anmeldung zu einer Lerndienstleistung. In diesem Fall ist das Angebot die Dienstleistungs- beziehungsweise Produktpräsentation mit der Möglichkeit des sofortigen Bezugs durch den Interessenten.

Zwecke und Ziele der Lerndienstleistung können in einer entsprechenden Beschreibung zusammen mit der Fähigkeit des Lerndienstleisters, Kundenbedürfnisse zu befriedigen, aufgegriffen werden. Die Nennung von Kundenreferenzen sowie die Profile (Vita, Personen- und Kompetenzbeschreibung) der Lerndienstleister sind Handlungsempfehlung dieses vorliegenden Werkes.

Des Weiteren wird empfohlen, die Lehr- und Bewertungsmethoden als Muss-Anforderung zu beschreiben und eine klare sowie unmissverständliche Preiskennzeichnung in die Produkt- und Dienstleistungsbeschreibung einzubinden. Bedingungen der Inanspruchnahme sind klassischerweise in den Allgemeinen Geschäftsbedingungen wiederzufinden und sollten derartig zugänglich gemacht werden. Dies stellt Anforderungen an die Zugänglichkeit und Lesbarkeit.

Der Detaillierungsgrad ist dem Lerndienstleister freigestellt, sofern die Mindestinformationen der Angebotsentwicklung und -erstellung vorhanden sind. Es wird in diesem Zusammenhang empfohlen, so viele Informationen wie möglich bereitzustellen, um eine Abgrenzung von Mitbewerbern und Substituten zu ermöglichen und den Interessenten in die Lage versetzen zu können, alle Informationen zu besitzen, die nötig sind, die Inanspruchnahme einzuschätzen.

Es wird empfohlen, die Lernbedarfsanalyse im Zusammenhang mit der Angebotsentwicklung zu fokussieren und die Anforderungen der Interessenten in die Produkt- und Dienstleistungspräsentation sowie die Angebotserstellung einfließen zu lassen.

Die Informationsvermittlung des Titels und der Zielsetzung sollte bereits durch die vorherigen Handlungsempfehlungen Anforderung im Rahmen der Beschreibung der von dem Lerndienstleister angebotenen Hauptdienstleistungen erfolgt sein. Alle sonstigen zu teilenden Informationen, sofern vorhanden und teilbar, können über die Website, Flyer, Info-Broschüren, Videos und sonstige Werbemittel kommuniziert werden. Die Form der Zugänglichmachung ist dem Lerndienstleister freigestellt, solange die interessierten Parteien die notwendigen Informationen zur fundierten Entscheidungsfindung erhalten.

Nach der Bereitstellung der Informationen, geht es um die eigentliche Erbringung der Lerndienstleistung. Es wird zunächst empfohlen, ein geeignetes Instrument der Bestellung, Zusammenstellung und Verteilung von Lernmaterialien bereitzustellen. Checklisten, Ablaufpläne oder Warenwirtschaftssysteme können geeignete Instrumente darstellen. Hierzu sind Verantwortlichkeiten und Rollen innerhalb des Lerndienstleisters zu verteilen und eine Vertretungsregelung einzuführen, die notwendig ist, um die Lernmaterialien vor oder zu Beginn der Lerndienstleistung auszugeben. Die Verknüpfung mit dem Curriculum oder einem Nutzungsleitfaden für Lernmaterialien sind empfehlenswerte Maßnahmen der Ablauforganisation der Lerndienstleistung.

Die Benennung der Mindestanforderungen an die Lernumgebung stellt sicher, dass diese das Lernen fördert. Sie können beispielsweise im Rahmen des Curriculums oder einer Checkliste der materiellen Ausstattung der Seminarräume dargestellt werden. Die Darstellung der Räumlichkeiten durch Skizzen oder Fotos ist als eine Best Practice aufzuführen und verdeutlicht beispielsweise spezifische Anforderungen der Bestuhlung oder der Ausstattung und Positionierung von Tischen, Flipcharts u.s.w. Sofern die Lernumgebung nicht in den Räumlichkeiten des Lerndienstleisters oder unter der Kontrolle des Lerndienstleisters liegt, dient die Beschreibung der Lernumgebung im Curriculum den einzurichtenden und organisierenden Personen als Leitfaden und stellt sicher, dass die Lernumgebung das Lernen wie geplant fördert. Die Überprüfung der Lernumgebung entsprechend der definierten Anforderungen vor der Erbringung der Lerndienstleistung wird empfohlen, um gegebenenfalls Änderungen vorzunehmen und die Dienstleistungsqualität sicherzustellen.

Ebenso sollten Sicherheitseinrichtungen und -ausstattungen in dem Curriculum aufgeführt werden. Die Belehrungen hinsichtlich Notfallmaßnahmen, Brandschutz und Fluchtwegen muss nicht nur gegenüber Lernbegleitern und sonstigem Personal bekannt gemacht werden. Auch die Lernenden und ggf. Sponsoren müssen vor oder mit Beginn der Lerndienstleistung belehrt werden. Das Curriculum oder vorhandene Seminarleitfäden sollten daher neben einer Begrüßung und Einleitung eine Belehrung zu Notfallmaßnahmen, Brandschutz und Fluchtwegen beinhalten. Belehrungspläne und Unterschriftenlisten stellen das Verstehen der Lernenden für die Belehrungsinhalte sicher und verifizieren die Dokumentation.

Mögliche dokumentierte Informationen könnten die folgenden sein:

- Firmenprospekte, Flyer
- Beschreibungen von Bildungsprodukten
- Info-Broschüren
- Werbematerialien, E-Books
- Angebotsmuster
- Rechnungsmuster
- E-Mail-Vorlage
- Informationsbogen
- Qualifizierungsnachweise der Lerndienstleister (Ausbildung)
- Weiterbildungsnachweise der Lerndienstleister
- Funktions-/Aufgaben-/Stellen-/Rollenbeschreibungen
- Vertretungsplan/Bereitschaftsplan
- Literaturliste/Liste der Lernmaterialien
- Nutzungsleitfaden für Lernmaterialien
- Curriculum
- Raumpläne von Seminarräumen
- Checklisten für die materielle Ausstattung von Seminarräumen
- Hinweise auf Notfallmaßnahmen, Brandschutz, Fluchtwege usw.
- Belehrungspläne und Unterschriftenliste

8.1.5.4 Bewerten der Lerndienstleistung (Check)

Bezug

- Kapitel 3.4 Monitoring von Lerndienstleistungen
- Kapitel 3.5 Evaluation durch Lerndienstleister

Anforderungen

Das Bewerten der Lerndienstleistung wird in die Bewertung durch den Lernenden (die Bewertung) und die Bewertung des Lerndienstleisters unterschieden (Monitoring und Evaluation).

Hinsichtlich des Monitorings besteht folgende Anforderung:

- regelmäßiges Feedback der Lernenden beim Erreichen der Lernziele zu
  - Methoden
  - Ressourcen
  - Effektivität

Die Evaluation und deren Umfang und Ziele müssen dem Lerndienstleister bekannt sein. Er muss sicherstellen, dass die Evaluationsmethoden und -instrumente sowie deren Planung ausreichend dokumentiert sind. Dabei dürfen ethische und rechtliche Grundsätze nicht verletzt werden. Das Ziel muss es sein, objektive Ergebnisse zu eruieren, die

zweckdienlich,
ausreichend umfangreich,
systematisch,
präzise,
valide,
zulässig,
und ausreichend aussagekräftig
sind.

Im Anschluss werden Anforderungen an die Evaluation des Lernens beschrieben. Damit ist die Bewertung des Lernenden gemeint, also beispielsweise eine Abschlussprüfung, Klausur oder ein Vortrag. Dabei dürfen die Ergebnisse dieser Bewertung nur jenen zugänglich gemacht werden, die ein berechtigtes Interesse daran haben, also zum Beispiel den Dozenten, Trainern, etc. Lernende, die Schwierigkeiten beim Lernen haben und für die das Erreichen der Lernziele mit Komplikationen verbunden sein kann, müssen an entsprechende Fachexperten verwiesen werden.

Abschließend werden Anforderungen an die Evaluation des Lerndienstleisters durch die Lernenden gestellt. Dabei müssen Lerndienstleister sicherstellen, dass

- Beteiligte und interessierte Parteien der Evaluation bekannt sind,
- Evaluatoren kompetent sind,

- Lerndienstleistung, Ziele, Erkenntnisse transparent und klar beschrieben sind,
- Einflüsse der Lernumgebung/des Kontextes einbezogen werden.

Handlungsempfehlungen
Es wird empfohlen, den Prozess der Bewertung als Bestandteil des Curriculums zu dokumentieren. Hierdurch ist sichergestellt, dass die Lerndienstleistung von der Planung, über die Umsetzung bis zur Bewertung zentralisiert gesammelt wird. Zudem erhalten Lerndienstleister und sonstige Anwender des Curriculums einen Überblick über die vorgesehene Nutzung, zu bewertende Kenntnisse, Fertigkeiten und Fähigkeiten, Bewertungsmaßstäbe und -methoden sowie die Bewertung und das Berichtswesen. Sofern interessierte Parteien in die Bewertung einzubeziehen sind, können auch diese Informationen in dem Curriculum zusammengeführt werden.

Die Bewertung der Kompetenzen der Lernenden sollte nach Tab. 8.2 erfolgen.

Tab. 8.2 Kompetenzbewertung

Zeitlicher Verlauf der Lerndienstleistung	Bewertung der Kompetenzen Lernender
Vor oder mit Beginn der Lerndienstleistung	- Eingangsbewertung der Kompetenzen der Lernenden durch Eingangsprüfungen, - persönliche Interviews, - Hintergründe der Lernenden, - vorherige Ausbildungen der Lernenden gemäß Anforderung der Lerndienstleistung
Während der Lerndienstleistung	- Bewertung der Kompetenzsteigerung der Lernenden durch Monitoring, Zwischenprüfungen, - Übungen, - Befragungen, - Feedback, - Evaluation der Lerndienstleistung/des Lerndienstleisters
Vor oder mit Ende der Lerndienstleistung	- Bewertung der Kompetenzen, mit denen die Lernenden die Lerndienstleistung abschließen, - Abschlussprüfungen, - Übungen, - Befragungen, - Feedback, - Evaluation der Lerndienstleistung/des Lerndienstleisters
Nach der Lerndienstleistung	- Bewertung des Lerntransfers durch Feedback der Lernenden und Sponsoren, - Transferprüfungen, - Befragungen

Die Bereitstellung von Abschlusszertifikaten oder Zeugnissen durch den Lerndienstleister stellt einen kompetitiven Vorteil gegenüber Mitbewerbern und Substituten dar. Die Austeilung eines Abschlusszertifikates oder Zeugnisses validiert die Kompetenzsteigerung und den Lerntransfer der Lernenden und stellt zugleich einen Mehrwert der Lerndienstleistung für die Lernenden und Sponsoren dar.

Der Verschluss der Bewertungsergebnisse gegenüber Personen, die kein berechtigtes Interesse daran haben, ist mit den Anforderungen der DSGVO und dem BDSG (neu) abzugleichen. Fairness, Transparenz und Vertraulichkeit sollten nicht nur Grundsätze, sondern darüber hinaus die Grundlage der Bewertung von Lernenden bilden.

Mögliche dokumentierte Informationen könnten sein:

- Evaluationskonzept,
- Prozessbeschreibung der Evaluation von Lerndienstleistungen,
- Eingangsprüfungen von Kompetenzen der Lernenden,
- Feedbackbögen,
- Zwischenprüfungen,
- Abschlussprüfungen,
- Verfahren zur Ausfertigung von Abschlusszeugnissen/Zertifikaten,
- Datenschutzmaßnahmen

Auch bei der Planung und Entwicklung des Monitorings und der Evaluation wird empfohlen, dokumentierte Informationen innerhalb des Curriculums festzusetzen. Die Gliederung der zu betrachtenden Inhalte des Monitorings und der Evaluation in dem Curriculum sollte wie folgt gestaltet sein:

- Anwendungsbereich des Monitorings der Evaluation
- Ziele des Monitorings und der Evaluation
- Monitoring- und Evaluationsmittel
- Beweggründe
- Kriterien
- Instrumente
- Zeitplan
- beteiligte interessierte Parteien (Lernende und Sponsoren)
- Muster des Monitorings
- Muster der Evaluation

Die Evaluation sollte in folgende drei Evaluationsteile gegliedert sein:

- Evaluation des Lernens
  - Erfüllung der Lernbedürfnisse
  - Erreichung des Lernziels
  - Anwendbarkeit des Erlernten im gewünschten Rahmen
  - ...
- Evaluation der Lerndienstleistung
  - Lehr- und Lernmethoden
  - Eignung der Lernmaterialien und Lernressourcen
  - Eignung der Lernumgebung
  - Logistik der Lerndienstleistung
  - ...
- Evaluation des Lerndienstleisters
  - Organisation der Lerndienstleistung
  - Eignung des Dozenten (fachlich und methodisch-didaktisch)
  - ...
- Beschwerdemanagement und Verbesserungshinweise

Hinsichtlich der Methoden des Monitorings und der Evaluation wird empfohlen, diese detailliert zu dokumentieren und die Evaluatoren kompetent zu halten und zu schulen. Das Monitoring sollte die regelmäßige Beobachtung des Lehr- und Lernvorganges ermöglichen. Der Fokus liegt auf der Qualitätssicherung. In Bezug auf die Definition des Begriffes *Qualität*, stellt die *Qualitätssicherung* die Erfüllung von Anforderungen der Lernenden und Sponsoren sicher. Somit wird empfohlen, das Monitoring als dauerhaftes Instrument einzusetzen, um die Lernzielerreichung und Bedürfnisbefriedigung der Lernenden und Sponsoren sicherzustellen. Regelmäßiges Feedback, ein transparenter und offener Austausch und die aktive Kommunikation zwischen Lernenden und Lernbegleitern wird nahegelegt, um das Verstehen der Lerninhalte zu gewährleisten. Es wird empfohlen, die Verbesserung der Monitoringtechniken in die Professionalisierungsmaßnahmen der Lerndienstleister einzuschließen.

Darüber hinaus muss das Verfahren der Evaluation die Prüfung der Bewertungsergebnisse umfassen. Hieraus kann abgeleitet werden, in welchem Grad die Bewertungsergebnisse mit den Zielen der Bedarfsanalyse einhergehen. Ad hoc sollten Erkenntnisse und Maßnahmen zu Lehr- und Lernmethoden sowie Lerninhalten abgeleitet werden, die eine Verbesserung des Grades anstreben.

Die Monitoring- und Evaluationsverfahren sollten weiterhin die Anmeldungen, Teilnahmen und Abgänge beinhalten, um Erkenntnisse aus diversen Kennzahlen ziehen zu können, beispielsweise Anmeldequote, Teilnahmequote, Abschlussquote u.s.w.

Es wird empfohlen, als qualifiziertes Personal des Monitorings und der Evaluation Lerndienstleister auszuwählen. Diese sollten mit den Anforderungen an Monitoring und die Evaluation vertraut sein, beispielsweise durch Schulung der Curriculum-Inhalte zu Monitoring und Evaluation, eine entsprechende Ausbildung oder Professionalisierungsmaßnahmen. Lerndienstleister als Evaluatoren einzusetzen, bedingt folgende Vorteile:

- Kenntnisse des Lerninhaltes und der Lernziele,
- Direkte Ableitung von Maßnahmen und der Verbesserung der Lerndienstleistung,
- Zeitliche und personelle Kapazitäten,
- Vertrauen zwischen Lernenden, Sponsoren und Lerndienstleister,
- Verknüpfung zwischen Ergebnissen des Monitorings und der Evaluation

Mögliche dokumentierte Informationen könnten sein:

- Evaluationskonzept,
- Prozessbeschreibung der Evaluation von Lerndienstleistungen,
- Feedbackbögen,
- Zwischenprüfungen,
- Abschlussprüfungen,
- Bewertungsergebnisse,
- Curriculum

8.1.5.5 Management und Strategie des Lerndienstleisters

Bezug
- Kapitel 4.1 Allgemeine Managementanforderungen
- Kapitel 4.2 Strategie und Unternehmensmanagement

Anforderungen
Neben den Anforderungen aus Kap. 3 der ISO 29990, die auf die Lerndienstleistung bezogen sind, stellt die ISO 29990 in Kap. 4 zusätzlich Anforderungen an das Managementsystem. Dabei muss die oberste Leitung des Qualitätsmanagementsystems zunächst nachweisen, dass sie sich der ISO 29990 verpflichtet fühlt.

Darüber hinaus muss ein angemessenes Managementsystem eingerichtet und dokumentiert werden. Zudem muss das Qualitätsmanagementsystem verstanden, umgesetzt, aufrechterhalten und verbessert werden. Eine Person muss als Verantwortliche des Qualitätsmanagementsystems benannt werden.

Die Dokumentation muss:

- die Anwendung und Einhaltung der ISO 29990 aufzeigen,
- Personen zugänglich gemacht werden, die eine Notwendigkeit besitzen,
- transparent,
- genau,
- relevant,
- und sicher

  sein.

Zudem müssen alle gesetzlichen und behördlichen Anforderungen der Aufbewahrung von Unterlagen eingehalten werden. Die gültigen Datenschutzbestimmungen sind mit einzubeziehen (DSGVO und BDSG neu).

Neben den allgemeinen Anforderungen an das Managementsystem werden ebenfalls Anforderungen an die Strategie und das Unternehmensmanagement gestellt. Hierbei muss ein Lerndienstleister

- einen Geschäftsplan besitzen,
- die Strategie und Ziele beinhalten,
- die Führungsstruktur beschreiben,
- die Schlüsselprozesse aufzeigen und
- eine Qualitätspolitik aufstellen.

Handlungsempfehlungen

Der Lerndienstleister sollte einen Businessplan besitzen und in diesen Qualitätspolitik, Leitbild, Vision und Mission sowie Qualitätsziele einbezogen haben. Der Businessplan kann durch die Empfehlungen des Anhang A der ISO 29990 aufgebaut werden. Dies beinhaltet beispielsweise folgendes:

- Managementbewertung
- Marktanalyse
- Aufbauorganisation
- Schlüsselprozesse
- Unterauftragnehmer

Außerdem sollte ein Businessplan folgende weitere Inhalte aufgreifen:

- Business Case
- Gründerperson
  - Beruflicher Hintergrund
  - Branchenkenntnisse
  - Kaufmännische Kenntnisse
  - Persönliche Stärken
  - Unternehmerische Herausforderungen
- Dienstleistung
  - Portfolio
  - Besonderheiten und USP
  - Gesetzliche Anforderungen
- Marktübersicht
  - Zielgruppe
  - Referenzen
  - Wettbewerb
  - Marktanalyse
  - Standortanalyse
- Marketing
  - Online Marketing
  - Offline Marketing
  - Vertrieb
- Organisation und Personal
  - Rechtsform
  - Organigramm
  - Organisation
  - Mitarbeiter
- Finanzen
  - Investitionsplanung
  - Kapitalbedarfsplanung
  - Liquiditätsplanung und Cash Flow für 36 Monate
  - Rentabilitätsplanung für 3 Jahre

Mithilfe dieser Strukturierung sollte der Lerndienstleister in die Lage versetzt werden können, eine kurz-, mittel- und langfristige strategische Ausrichtung zu benennen und entsprechende Maßnahmen ableiten können. Dabei ist zwingend immer der Bezug zu Politik und Zielen herzustellen.

Tab. 8.3 Zielmatrix in tabellarischer Form

Deadline	Zielebene	Ziel	Spezifisch	Messbar	Attraktiv	Ziel-erreichung
31.12.2019	finanziell	…	…	…	…	erreicht
01.01.2022	finanziell	…	…	…	…	offen

Die Ziele könnten beispielsweise in einer Zielematrix nach dem SMART-Prinzip gebündelt werden. Es wird empfohlen in einem Tabellenkalkulationsprogramm eine einfache Tabelle aufzubauen, die die einzelnen Ziele nach einer thematischen und zeitlichen Gliederung erfasst. Dabei sollte die Ziele nach Kurz-, Mittel- und Langfristigkeit unterschieden werden. Weiterhin kann das Schema aus Tab. 8.3 verwendet werden, um den weiteren tabellarischen Aufbau zu initiieren.

8.1.5.6 Managementbewertung

Bezug

- Kapitel 4.3 Managementbewertung

Anforderungen

Die Managementbewertung ist ein zwingender Bestandteil eines Managementstandards. So finden sich in Kapitel 4.3 der ISO 29990 auch Anforderungen an die Erstellung einer Managementbewertung wieder.

Dabei muss das Managementsystem in systematisch geplanten Intervallen überprüft werden. Ziel ist es, die Eignung und Wirksamkeit des Managementsystems festzustellen. Dabei sind die Politiken, Leitbilder und Ziele zu überprüfen.

Handlungsempfehlungen

Eine ausführliche Beschreibung zu der Managementbewertung findet sich unter Abschn. 8.2.5.7

8.1.5.7 Verbesserungsmanagement (ACT)

Bezug

- Kapitel 4.4 Vorbeugende Maßnahmen und Korrekturmaßnahmen

Anforderungen

Wie die Managementbewertung ist auch die kontinuierliche Verbesserung ein zwingender Bestandteil eines Managementstandards. So muss der Lerndienstleister nach dem PDCA-Zyklus Verfahren und Maßnahmen beschreiben, die ihn dazu befähigen, Verbesserung zu betreiben. Dies beinhaltet den Umgang mit Fehlern. So sind auch Maßnahmen zu eruieren, die die Ursachen von Fehlern beseitigen. Außerdem müssen Vorbeugemaßnahmen beschrieben werden, die das Auftreten potenzieller Fehler unterbinden. Korrekturen sind in einem angemessenen Umfang vorzunehmen.

Handlungsempfehlungen

Eine ausführliche Beschreibung zu der Managementbewertung findet sich unter Abschn. 8.2.5.8

8.1.5.8 Sonstiges Management

Bezug

- Kapitel 4.5 Finanzmanagement und Risikomanagement
- Kapitel 4.6 Personalmanagement
- Kapitel 4.7 Kommunikationsmanagement

Anforderungen

Im sonstigen Management werden in diesem Werk die Anforderungen an das Finanz-, Risiko-, Personal- und Kommunikationsmanagement zusammengefasst. Folgende Anforderungen stellt die ISO 29990 jeweils:

- Finanzmanagement
  - geeignetes System
  - Dokumentation
- Risikomanagement
  - Erkennen,
  - Bewerten,
  - Bewältigen von Risiken,
  - Dokumentation
- Personalmanagement
  - kompetente Personen,
  - die ihrem Anforderungsprofil entsprechen und
  - die Lerndienstleistung erbringen können,
  - Überprüfen der Erfüllung von Anforderungen/Kernkompetenzen
  - Erhalten von Feedback zu den Kompetenzen und Leistungen des Personals,
  - Feedback zur Motivation und Zufriedenheit des Personals,
  - Berufliche Weiterentwicklung,
  - Vereinbarkeit mit Gesetz, Ethik und Menschenrechten und deren Überprüfung

- Kommunikationsmanagement
  - Verfahren, um Personal über relevante Themen zu informieren,
  - Zwei-Wege-Kommunikation

Handlungsempfehlungen

Das Finanzmanagement nach ISO 29990 stellt keine expliziten Anforderungen. Damit lässt die Norm einen großen Rahmen für die Umsetzungs- und Gestaltungsfreiheit. Zu empfehlen ist mindestens, eine regelmäßige Kontrolle der Zahlungsein- und ausgänge, die Überwachung und Analyse der monatlichen Betriebswirtschaftlichen Auswertungen, Umsatzsteuervoranmeldungen und Jahresabschlüsse. Zudem sollte auf die Finanzplanung des erstellten Businessplanes zurückgegriffen werden, um die Ist-Situation kontinuierlich mit der Soll-Situation abgleichen zu können.

Selbstverständlich kann auch ein umfassenderes Finanzmanagement geführt werden, beispielsweise durch detaillierte Analysen und Reportings finanzieller KPI oder eines strategischen und operativen Controllings. Die Betriebswirtschaft wartet mit zahlreichen Instrumentarien der finanziellen Analyse und Verbesserung auf.

Das Risikomanagement ist ein umfassendes Tool, welches in seiner Umsetzung in der ISO 31000 seine Vollendung findet. Es wird empfohlen, mindestens die Risiken und Chancen zu betrachten, potenzielle Folgen zu benennen und Maßnahmen daraus abzuleiten. Die ISO 21001 geht in Kap. 6 detaillierter darauf ein, wie mit Risiken und Chancen umgegangen werden sollte. Aus diesem Grund ist zu empfehlen, auf die Inhalte aus Abschn. 8.2.5.4 dieses Werkes zurückzugreifen.

Die notwendigen Kompetenzen und Qualifikationen der Lerndienstleister und des Personals, welches an der Lerndienstleistung beteiligt ist, müssen vorhanden sein und sichergestellt werden. Dies dient der Gewährleistung, dass die Lerndienstleistung entsprechend den Erwartungen und Erfordernissen der Lernenden und Sponsoren entwickelt, durchgeführt, bewertet und evaluiert wird. So können beispielsweise auch Referenten, Hospitanten, Personen der Organisation der Lerndienstleistung oder Personen des Back Office einen Einfluss auf die Dienstleistungsqualität nehmen. Entsprechend sind Kompetenzen, Qualifikationen, Fähig- und Fertigkeiten zu definieren und weiterzuentwickeln.

Qualifizierungs- sowie Weiterbildungsnachweise sollten gewährleisten, dass die Anforderungen vorhandener Stellenbeschreibungen und Kompetenzprofile erfüllt werden können. Zudem sollten Stellenbeschreibungen und Kompetenzprofile den Lerndienstleister in die Lage versetzen, adäquate Vertretungen zu organisieren. Fachlich und methodisch-didaktisch geeignete Vertretungen gemäß den Anforderungen der Stellenbeschreibungen und Kompetenzprofile sollten mithilfe des Curriculums die Lerndienstleistung ohne Nachteile der Lernenden und Sponsoren umsetzen können.

Um den Anforderungen der Norm zu entsprechen, wird empfohlen, bestehende und eingehende Bewerbungen einschließlich der Kompetenzprofile der Lerndienstleister und Bewerber mit den Funktions-/Aufgaben-/Stellen-/Rollenbeschreibungen abzugleichen und eine Deckungsgleichheit herbeizuführen. So können Erwartungen an Lerndienstleister und Bewerber entsprechend der Beschreibungen gestellt werden, Professionalisierungsmaßnahmen wahrzunehmen. Andererseits können Beschreibungen entsprechend der Kompetenzprofile von Lernbegleitern und Bewerbern angepasst werden.

Funktions-/Aufgaben-/Stellen-/Rollenbeschreibungen sollten inhaltlich vier Kompetenzfelder beschreiben:

- Fachliche Kompetenzen
  - Expertise in dem jeweiligen Fachgebiet
- Methodisch-didaktische Kompetenzen
  - Lerntheorie
  - Lernmethoden
  - Umgang mit besonderem Lernbedarf
  - Evaluierung des Lernens
  - Bestimmung des Lehrbedarfs
  - Erstellung von Curricula
  - Lerntechnologie
  - Präsentationstechniken
- Soziale Kompetenzen
  - Aktives Zuhören und Kommunizieren
  - Motivieren
  - Umgang mit Konflikten
  - Sensibilität
  - Interkulturelle Kompetenz
  - Führungskompetenz
- Selbstkompetenzen
  - Umgang mit Kritik und Lob
  - Berufliche Weiterentwicklung
  - Einhalten eines Verhaltenskodex
  - Ethik und Moral

Einen bewährten Rahmen zur Einschätzung und Festlegung von Kompetenzen in Funktions-/Aufgaben-/Stellen-/Rollenbeschreibungen stellt das Kasseler-Kompetenz-Raster.

Der KVP-Ansatz (kontinuierlicher Verbesserungsprozess) der ISO 9000 ff.-Reihe beinhaltet neben Verbesserungsmaßnahmen auch Vorbeuge- und Korrekturmaßnahmen. Wird dieser Ansatz auf das Personalmanagement eines Lerndienstleisters übertragen, sind lückenhafte Kompetenzen von Lerndienstleistern vorzubeugen, indem Professionalisierungsmaßnahmen im Rahmen einer betrieblichen Weiterbildungsplanung sichergestellt werden. Das bedeutet, dass beispielsweise im Zusammenhang mit periodischen und systematischen Mitarbeitergesprächen die Bedarfe von Professionalisierungsmaßnahmen festgestellt und vereinbart sowie tabellarisch dokumentiert werden. Die tabellarische Gestaltung der betrieblichen Weiterbildungsplanung sollte folgende Inhalte aufweisen:

- Name des Lernbegleiters,
- Datum der Besprechung,
- Professionalisierungsmaßnahme,
- Datum der geplanten Professionalisierungsmaßnahme,
- Ziele und erwünschte Effekte (Kompetenzsteigerung),
- Ergebnisse der durchgeführten Professionalisierungsmaßnahme,
- Maßnahmenableitung der Ergebnisse der Professionalisierungsmaßnahme

Hierdurch wird entsprechend des PDCA-Zyklus sichergestellt, dass Professionalisierungsmaßnahmen kontinuierlich und systematisch geplant, durchgeführt und überprüft werden. Hieraus können Maßnahmen abgeleitet werden, die weitere betriebliche Weiterbildungsplanungen ermöglichen. Ergebnisse der Evaluation der Lerndienstleistung sind zu berücksichtigen.

8.1.5.9 Unterstützung des Managements

Bezug

- Kapitel 4.8 Ressourcenbereitstellung

Anforderungen

Schließlich muss das Managementsystem durch Ressourcen unterstützt werden. Die Anforderungen hinsichtlich der Ressourcenbereitstellung beinhalten:

- kompetentes Personal,
- notwendige Lernressourcen
- unter Berücksichtigung spezieller Bedarfe bereitstehen.

Handlungsempfehlungen

Die Sicherstellung der Ressourcenbereitschaft ist eine Grundanforderung, die vorausgesetzt wird, ehe die Lerndienstleistung überhaupt stattfinden kann. Eine sorgfältige Planung der notwendigen Ressourcen, die nachhaltige Bereitstellung zum richtigen Zeitpunkt und der Umgang mit möglichen Risiken, dass Ressourcen nicht zugänglich sind, ist zwingend notwendig. Die einfachste Umsetzung ist durch Checklisten möglich, die alle Ressourcen auflisten und durch das Personal abgeglichen werden können, die die Ressourcen zusammenstellen. Als Ressourcen ist alles anzusehen, was zu Erreichung des Lernziels benötigt wird, also:

- Lernmaterialien,
- Lernunterlagen,
- Stifte und Papier,
- Lernumgebung mit entsprechender Ausstattung,
- Präsentationsmedien,
- Curricula,
- etc.

8.1.5.10 Interne Audits

Bezug

- Kapitel 4.9 Interne Audits

Anforderungen

Eine weitere zwingende Managementanforderung neben der Managementbewertung und dem Verbesserungsmanagement, ist die interne Auditierung. Hierbei gilt, dass der Lerndienstleister:

- Verfahren zur Feststellung der Normkonformität und Wirksamkeit festlegt,
- das interne Audit plant,
- Ergebnisse vorangegangener Audits berücksichtigt,
- einen Zeitraum von mindestens 36 Monaten abdeckt.

Interne Audits sind von kompetenten, qualifizierten Personen durchzuführen, die über Audit- und Normkenntnisse verfügen. Auditoren dürfen nicht die eigene Arbeit auditieren und müssen Verantwortliche der auditierten Bereiche über die entsprechenden Ergebnisse informieren. Ziel des Audits ist es, dass Verbesserungen ersichtlich werden und empfohlene Maßnahmen innerhalb eines angemessenen, zeitlichen Rahmens beachtet werden.

Handlungsempfehlungen
Eine ausführliche Beschreibung zu der Managementbewertung findet sich unter Abschn. 8.2.5.7

8.1.5.11 Feedback interessierter Parteien

Bezug
- Kapitel 4.10 Feedback von interessierten Parteien

Anforderungen
Das letzte Kapitel der ISO 29990 stellt Anforderungen an den Erhalt von Feedback interessierter Parteien. Dabei muss der Lerndienstleister über ein Verfahren verfügen, das Feedback interessierter Parteien ermöglicht. Der Lerndienstleister muss darauf eingehen können und entsprechend reagieren. Der Lerndienstleister muss ein Beschwerdemanagement besitzen.

Handlungsempfehlungen
Das Feedback interessierter Parteien kann bereits durch die Evaluation der Lerndienstleistung erfolgt sein. Neben den Lernenden als interessierte Parteien sind aber auch beispielsweise Sponsoren, eigenes Personal oder Unterauftragnehmer einzubeziehen.

Es wird empfohlen, eine einfache Umsetzung der Anforderung zu realisieren, indem auf der Website eine entsprechende Funktion eingerichtet wird. Dies kann beispielsweise unter dem Reiter „Kontakt" mit „Anregungen und Verbesserungsvorschläge" erfolgen. Die kurze Bitte, Feedback in irgendeiner Form zu hinterlassen, stellt mit digitalen Lösungen keine Herausforderung mehr da. Auch Social Media Kanäle wie Facebook, Instagram oder XING sind dokumentierbare Möglichkeiten, Feedback durch jede interessierte Partei zu erhalten, sei es durch Likes, Kommentare oder Bewertungen auf Bewertungsplattformen.

8.2 ISO 21001:2018 – Bildungsorganisationen – Managementsysteme für Bildungsorganisationen – Anforderungen mit Anleitung zur Anwendung

Der Managementstandard für die Bildung – die neue ISO 9001 für Lerndienstleister!

Die ISO 21001 ist der erste Managementstandard der Bildungsbranche. Die internationale Norm versucht dabei großen Fußspuren zu imponieren und ein branchenspezifischer Ersatz der ISO 9001 zu sein. Inhaltlich sind die beiden Normen beinahe identisch, doch in ihrer Anwendbarkeit ist die ISO 21001 unmittelbar auf die Erfordernisse der Bildungsbranche maßgeschneidert wurden. Die ISO 21001 schlägt ein vollkommen neues Kapitel in der Normung und Standardisierung der Bildungsbranche auf und glänzt bereits kurz nach ihrer Ausgabe mit Praxistauglichkeit, einfacher Umsetzbarkeit und einem hohen Nutzversprechen. Im Gegensatz zu der ISO 9001 ist der Abstraktionsgrad der Anwendung in der Bildungsbranche bedeutend geringer geworden. Zudem stellt sie zusammen mit der ISO 29993 die adäquate Nachfolge der ISO 29990. Ein entscheidender Unterschied besteht dennoch: die ISO 21001 ist die weitaus verbesserte Form des vierten Kapitels der ISO 29990 und durch die High Level Structure in jedes bestehende Managementsystem ideal integrierbar.

8.2.1 Bedeutung der ISO 21001:2018

Die Norm besitzt eine entscheidende Relevanz in einem globalen Kontext. Schließlich besteht von Seiten der Bildungseinrichtungen die Notwendigkeit, die Bedürfnisbefriedigung der interessierten Parteien zu evaluieren. Nur durch die Messung, Bewertung und Analyse der Bedürfnisbefriedigung wird eine Bildungseinrichtung in die Lage versetzt, Abweichungen festzustellen und mangelnde Befriedigung zu korrigieren.

Diese Korrekturmaßnahmen in Kombination mit Vorbeugemaßnahmen, die auf Basis der Ergebnisse der Evaluierung ergriffen werden können, sind zwei der drei Grundsäulen der kontinuierlichen Verbesserung. Denn schließlich ist die Evaluierung auch notwendig, um die dritte Grundsäule innerhalb einer Bildungseinrichtung zu ermöglichen – die Verbesserungsmaßnahmen. Bildungseinrichtungen sind gezwungen, stetig Verbesserungen des Managements und der Leistungserstellung vorzunehmen, zum Beispiel um:

- wettbewerbsfähig zu bleiben,
- Alleinstellungsmerkmale herauszubilden,
- die Leistungserstellung an neuen Bedürfnissen auszurichten,
- mit globalen, nationalen oder regionalen Trends und Änderungen umgehen zu können.

Weitere Vorteile, die eine Bildungseinrichtung oder deren interessierte Parteien durch die Anwendung der ISO 21001 erhalten, listet die Norm auf:

- eine gezielte Ausrichtung und Handlungsfähigkeit an der Politik, Mission und Vision,
- soziale Verantwortung durch die Bereitstellung von Qualität in der Bildungsbranche,
- eine individuelle und an den Interessen des Lernenden ausgerichtete Leistungserstellung,
- Instrumente und Methoden zur Verbesserung der Effektivität und Effizienz,
- Verpflichtung zu Effektivität,
- Kontinuierliche Verbesserung als Bestandteil der Unternehmenskultur,
- Harmonisierung zwischen verschiedenen Standards, Normen, Regeln, Akkreditierungsschemata, etc. innerhalb des internationalen Rahmens der ISO 21001,
- Betrachtung und Einbindung interessierter Parteien,
- Anregung von Exzellenz (Excellence Business Model) und Innovation.

Neben den Vorteilen, die eine Bildungseinrichtung erzielen kann, existieren auch Verpflichtungen. Die ISO 21001 spricht von den Prinzipien einer Bildungseinrichtung. Wie auch die ISO 9000 ff. Grundsätze und -prinzipien festlegt, benennt die ISO 21001 Vergleichbare.

Die Tab. 8.4 zeigt die gemeinsamen Schnittstellen zwischen der ISO 21001 und der ISO 9000 ff. und verdeutlicht neue beziehungsweise individuelle Grundsätze einer Bildungseinrichtung.

Tab. 8.4 Schnittstellen zwischen den Grundsätzen und -prinzipien der ISO 21001 und ISO 9000 ff.

ISO 21001	ISO 9000 ff.
Orientierung auf die Lernenden und Profiteure	Kundenorientierung
Visionäre Führung	Führung
Einbeziehung von Personen	Einbeziehung von Personen
Prozessorientierter Ansatz	Prozessorientierter Ansatz
Verbesserung	Verbesserung
Faktengestützte Entscheidungsfindung	Faktengestützte Entscheidungsfindung
Beziehungsmanagement	Beziehungsmanagement
Soziale Verantwortung	
Zugänglichkeit und Gerechtigkeit	
Ethisches Verhalten	
Datensicherheit und -schutz	

Während die ISO 9001 lediglich die Grundsätze nennt und auf die ISO 9000 verweist, welche jeden Grundsatz detailliert erläutert, behandelt die ISO 21001 die Erläuterung im Anhang. Dabei geht sie nach dem Schema der Aussage, Begründung, Vorteile und Maßnahmen vor, ebenso die ISO 9000. Um die ISO 21001 gesamtheitlich erfassen zu können und mit bekannten aber auch neuen Grundsätzen umzugehen, sollen nachfolgend die Grundsätze aufgegriffen werden.

8.2.1.1 Orientierung auf die Lernenden und Profiteure

8.2.1.1.1 Hypothese

Das Ziel einer Bildungseinrichtung muss die Bedürfnisbefriedigung sein. Lernende und Profiteure stellen Anforderungen an die Bildungseinrichtung, die sie zu erfüllen hoffen. Dabei sollten Bildungseinrichtungen den Lernenden ermöglichen, zu lernen. Weiterhin sollten die sozialen Bedürfnisse, die Mission und Vision der Bildungseinrichtung sowie die Ziele des Lernens berücksichtigt werden. Eine Bildungseinrichtung, die die Leistungserstellung nicht daran ausrichtet, wird mutmaßlich nicht bestehen können.

8.2.1.1.2 Begründung

Volkswirtschaftlich betrachtet ist die simple Begründung der obenstehenden Behauptung das Gesetz des Marktes – Angebot und Nachfrage. Der kontinuierliche Erfolg einer Bildungseinrichtung kann nur dann gewährleistet werden, wenn die Anforderungen der Lernenden auch erfüllt werden können. Wird das KANO-Modell unterstellt, erweitert dies das langfristige und nachhaltige Erfolgsverständnis. Die Abb. 8.1 verdeutlicht das KANO-Modell am Beispiel einer Lerndienstleistung und zeigt, dass die reine Bedürfnisbefriedigung aus unterschiedlichen Komponenten besteht.

Daneben sind die weiteren interessierten Parteien einzubeziehen, um tatsächlich erfolgreich zu sein. So beispielsweise die Bedürfnisse der Mitarbeiter, Gesellschafter, Fremdkapitalgeber, Gesetzgebung, etc.

8.2.1.1.3 Vorteile

Die daraus entstehenden Vorteile sind deutlich:

- Mehrwertbildung der Bildungseinrichtung für Lernende und Profiteure,
- Nachfrageorientierung des Angebots,
- Bedürfnisbefriedigung nach dem KANO-Modell,
- Reputation und Referenz,
- Motivation der Lernenden, da die Lerndienstleistung an ihnen ausgerichtet ist,
- Erhalt neuer Kompetenzen oder Verbesserung Bestehender

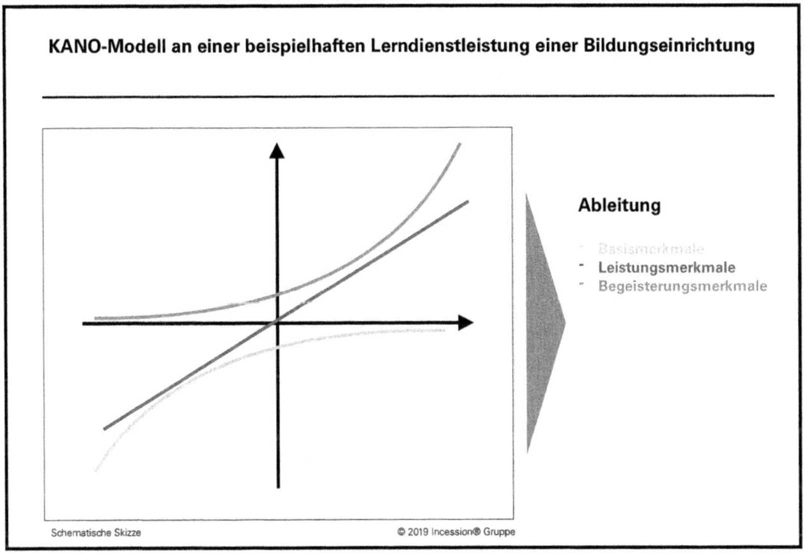

Abb. 8.1 KANO-Modell an einer beispielhaften Lerndienstleistung einer Bildungseinrichtung

8.2.1.1.4 Maßnahmen

Die beschriebenen Maßnahmen, um die Vorteile zu erreichen, sind umfassend. Die einfachste und zugleich effizienteste Maßnahmenumsetzung ist die Erfüllung der Anforderungen der ISO 29993. Die Norm beschreibt exakt, welche Maßnahmen getroffen werden können, um die Lerndienstleistung an den Bedürfnissen der Lernenden und Profiteure auszurichten. Ergänzt werden können die Maßnahmen durch die Erfüllung der Anforderungen aus Kap. 4 der ISO 21001.

8.2.1.2 Visionäre Führung

8.2.1.2.1 Hypothese

Die Führung einer Bildungseinrichtung durch verschiedene Hierarchien schafft die Übereinstimmung zwischen der Ausführung und der Ausrichtung. Damit hat die Führung die Aufgabe, die Ausführung an der Mission, Vision und den Qualitätszielen auszurichten.

8.2.1.2.2 Begründung

Um Ziele zu erreichen, muss die Ausrichtung der Bildungseinrichtung entsprechend der Strategien, Politik, Prozesse und Ressourcen erfolgen. Dabei sind alle Personen einzubeziehen, die Anforderungen an die Bildungseinrichtung stellen. Sowohl Mitarbeiter als auch Lernende sollten Bestandteil des Führungsprozesses sein. So wird sichergestellt, die Anforderungen zu kennen, zu erfüllen und Diskrepanzen zu unterbinden. Ohne Diskrepanzen und durch die Bedürfnisbefriedigung aller, können die Ziele erreicht werden. Mathematisch ausgedrückt, ist das wirtschaftliche Ziel der Bildungseinrichtung ein hoher Gewinn. Der Gewinn spiegelt alle Unternehmensziele (einer gewinnorientierten) Bildungseinrichtung wieder. Auch Ziele wie soziale Verantwortung, gesellschaftliche Anerkennung, Umweltschutz, etc. können in der Kennzahl Gewinn wiedergegeben werden.

$$(p - kv) * x - kf = G$$
$$(Preis - variable\ Kosten) * Menge - Fixkosten = Gewinn$$

Die Variable Preis gibt die Nachfrageorientierung der Bildungseinrichtung wieder und inwieweit sie in der Lage ist, Bedürfnisse zu befriedigen/zu übertreffen.

Variable Kosten drücken aus, wie hoch der Ressourceneinsatz ist. Die Differenz zwischen Preis und variablen Kosten ist der Deckungsbeitrag, der die Effizienz der Bildungseinrichtung beschreibt. Deckungsbeiträge auf Lerndienstleistungen herunterzubrechen und untereinander zu vergleichen, ermöglicht die Aussage zu den effizientesten Lerndienstleistungen und Lerndienstleistungen, die verbessert werden sollten.

Die Variable Menge ist ein Ausdruck der Bedürfnisbefriedigung, Reputation, Wettbewerbsfähigkeit und Marketingerfolgs.

Die variablen Fixkosten wiederum geben an, wie die Lernumgebung geschaffen ist und welche sonstigen Ziele in der Bildungseinrichtung gesetzt wurden (zum Beispiel soziale Verantwortung, gesellschaftliche Anerkennung und Umweltschutz).

Damit gibt der Gewinn wieder, wie die Ziele erreicht wurden und beeinflusst werden können. Die Aufgabe der Führung ist nun, die Variablen so zu beeinflussen, dass der Gewinn maximal ist (Minimal- und Maximalprinzip der Betriebswirtschaft).

Das Minimalprinzip besagt, dass ein gegebener Output mit minimalem Input erreicht werden soll. Das bedeutet, dass Ressourcen minimal eingesetzt werden sollten, um einen festgelegten Output (zum Beispiel Gewinn) zu erreichen. Damit der Ressourceneinsatz entscheidend für den Erfolg eines Prozesses und führt zu dem Grundsatz der ISO 21001 Unterstützung.

Das Maximalprinzip besagt, dass mit gegebenem Input ein maximaler Output generiert werden sollte. Das bedeutet, dass beispielsweise bei einem hohen Fixkostenblock, ein maximaler Gewinn durch einen maximalen Absatz erreicht werden sollte. Durch die Fixkostendegression werden die Stückfixkosten mit zunehmendem Absatz geringer und ermöglichen einen höheren Stückgewinn.

Die Vorteile, die aus der visionären Führung generiert werden können, sind auf die beschriebenen Zusammenhänge bezogen.

8.2.1.2.3 Vorteile

So kann eine Bildungseinrichtung beispielsweise Folgendes erreichen:

- Höhere Effektivität und Effizienz,
- Zielgerichtetes Steuern und Lenken der Prozesse,
- Verbesserte Kommunikation zwischen Hierarchieebenen,
- Synchronisation und Harmonisierung unterschiedlicher Anforderungen der interessierten Parteien,
- Entwicklung und Verbesserung der Fähigkeit konsistent Ergebnisse zu erreichen.

8.2.1.2.4 Maßnahmen

Die Umsetzung des Grundsatzes beschreibt die ISO 21001 umfangreich und kongruent zur ISO 9001 in Kap. 5.

8.2.1.3 Einbeziehen von Personen

8.2.1.3.1 Hypothese

Wie der vorangegangene Grundsatz aufzeigt, ist das Einbeziehen von Personen notwendig, Ziele zu erreichen. Die gestellte Voraussetzung besteht darin, dass die einzubeziehenden Personen kompetent und wertorientiert sind.

8.2.1.3.2 Begründung

Die Norm zielt darauf ab, dass Personen innerhalb der Bildungseinrichtung einbezogen werden müssen, um effektiv und effizient führen zu können. Selbstverständlich ist die Kompetenz der Personen aller Ebenen notwendig, um die Ziele zu erreichen. Zudem sollten die Kompetenzen fortlaufend weiterentwickelt werden.

Doch auch weitere Personen sollten einbezogen werden, beispielsweise Lernende und Profiteure. Hierauf geht der erste Grundsatz der ISO 21001 umfassend ein.

8.2.1.3.3 Vorteile

Vorteile, die das Einbeziehen der Personen mit sich bringt, sind:

- Verständnis für die Ziele,
- Motivation, Ziele zu erreichen,
- Einbeziehen der Personen in die kontinuierliche Verbesserung,
- Weiterbildung und -entwicklung,
- Mitarbeiterbindung,
- Integrität gegenüber der Bildungseinrichtung,

8.2.1.3.4 Maßnahmen

Die Umsetzung des Einbeziehens von Personen wird in Kap. 7 der ISO 21001 und ISO 9001 behandelt. Das Einbeziehen von Lernenden und Profiteuren wird in Kap. 4 der ISO 21001 erläutert.

8.2.1.4 Prozessorientierter Ansatz

8.2.1.4.1 Hypothese

Der prozessorientierte Ansatz ist nicht nur ein Grundsatz, sondern auch ein Grundprinzip des Qualitätsmanagements. Schließlich geht er auf die DEMING'sche Lehre zurück und ist essenziell für ein Qualitätsmanagementsystem.

So wird der prozessorientierte Ansatz nicht nur umfassend in der ISO 9000-ff. behandelt. Auch in der ISO 21001 wird ihm eine beachtliche Bedeutsamkeit zugesprochen.

8.2.1.4.2 Begründung

Die Behauptung der Normen ist, dass konsistente und beabsichtigte Ergebnisse nur effektiv und effizient erreicht werden können, wenn die Tätigkeiten zur Ergebniserreichung in Prozessen gedacht werden. Input, Tätigkeit und Output werden zu den Schlüsselwörtern des prozessorientierten Ansatzes. Die Abb. 1.4 verdeutlichte den prozessorientierten Ansatz.

8.2.1.4.3 Vorteile

Erreichbare Vorteile liegen in:

- Fokussierung auf Schlüsselprozesse und deren Verbesserung,
- Ergebniskonsistenz,
- Produktivität, Effektivität und Effizienz der Prozesse,

8.2.1.4.4 Maßnahmen

Die Umsetzung des prozessorientierten Ansatzes wird in Kap. 6 der ISO 21001 und ISO 9001 beschrieben, wobei die Hauptmaßnahmen Qualitätsziele, Chancen- und Risikomanagement und die Ressourcenplanung umfassen.

8.2.1.5 Verbesserung

8.2.1.5.1 Hypothese

Nachhaltig und langfristig erfolgreiche Unternehmen besitzen eine kontinuierliche Verbesserung, ist die Behauptung der ISO 21001. Begründet wird diese durch nicht beeinflussbare Determinanten, denen ein Unternehmen etwas entgegensetzen muss.

8.2.1.5.2 Begründung

Verbesserung ist ein Prozess, bei dem bestehende Prozesse optimiert werden, um effizienter zu werden. Bestehende Level der Performance einer Bildungseinrichtung können nicht aufrechterhalten werden, wenn keine Verbesserung betrieben wird. Die Ursache liegt im Kontext einer Organisation. Interne wie auch externe Themen beeinflussen jede Bildungseinrichtung. Um auf diese einzugehen, unabhängig davon, ob sie wie in Kap. 4 der ISO 21001 betrachtet wurden, bedarf es der Verbesserung bestehender Prozesse. Denn selbst wenn keine Änderungen durch interne Themen vorliegen, so beeinflussen doch externe Themen ein Unternehmen. Welche dies sein können, verdeutlicht Abschn. 8.2.5.2 umfassender.

8.2.1.5.3 Vorteile

Generierbare Vorteile aus der kontinuierlichen Verbesserung sind folglich:

- Verbesserung der Prozesse,
- Stetige Bedürfnisbefriedigung,
- Ursachenuntersuchung und -einflussnahme durch Vorbeuge- und Korrekturmaßnahmen,
- Chancen- und Risikomanagement,
- Innovationsprozess

8.2.1.5.4 Maßnahmen

Die Maßnahmen zur Umsetzung des Grundsatzes werden gesammelt in einem gesamten Kapitel behandelt, dem Kap. 10 der ISO 21001 und der ISO 9001.

8.2.1.6 Faktengestützte Entscheidungsfindung

8.2.1.6.1 Hypothese

Entscheidungen auf Basis von Bewertungen, Analysen und Evaluationen von Informationen zu treffen, ermöglicht der Bildungseinrichtung die Erreichung beabsichtigter Ergebnisse.

8.2.1.6.2 Begründung

Das Treffen von Entscheidungen ist ein Prozess. Der Input besteht aus diversen objektiven Informationen und subjektiven Ansichten. Der Output einer Entscheidung sind beabsichtigte Ergebnisse eines folgenden Prozesses. Doch sowohl die subjektiven Ansichten selbst, als auch die subjektive Interpretation des Inputs beeinflussen den tatsächlichen Erfolg einer Entscheidung. Je höher der Anteil an objektivem Input ist und umso geringer die subjektive Interpretation ermöglicht wird, desto wahrscheinlicher ist die Ergebniserzielung der Entscheidung. Daher müssen möglichst viele, objektive Informationen bereitgestellt werden, um eine objektive Entscheidung treffen zu können.

8.2.1.6.3 Vorteile

Daraus resultierende Vorteile sind:

- ein verbesserter Entscheidungsprozess,
- eine Bewertungsmöglichkeit der Performance,
- eine erhöhte Effektivität und Effizienz,
- die Bewertung vergangener Entscheidungen

8.2.1.6.4 Maßnahmen

Mögliche Maßnahmen, faktengestützt zu entscheiden, liegen primär in der Erhebung, Bewertung und Analyse von Kennzahlen oder verifizierbaren Informationen. Damit geht das Kap. 9 der ISO 21001 und ISO 9001 auf eine mögliche Umsetzung ein.

8.2.1.7 Beziehungsmanagement

8.2.1.7.1 Hypothese

Die Bildungseinrichtung sollte die Beziehung zu allen interessierten Parteien pflegen. Hierdurch wird sichergestellt, beabsichtigte Ergebnisse zu erreichen, die von den interessierten Parteien beeinflusst werden können.

8.2.1.7.2 Begründung

Zweifelsohne beeinträchtigen oder unterstützen interessierte Parteien die Performance. Daher ist es wichtig, ein geeignetes Beziehungsmanagement zu besitzen.

8.2.1.7.3 Vorteile

Die daraus resultierenden Vorteile sind:

- eine erhöhte Performance durch die Betrachtung von Chancen und Risiken in der Zusammenarbeit mit interessierten Parteien,
- Verstehen von Zielen und Wertvorstellungen interessierter Parteien,
- Mehrwertbildung durch Ressourcen- und Risikomanagement,
- Flussorientierung

8.2.1.7.4 Maßnahmen

Die Umsetzung des Beziehungsmanagements erfolgt zunächst durch die Einbindung aller interessierter Parteien der Bildungseinrichtung. Zudem sollten die Anforderungen dieser bestimmt werden, um einen geeigneten und priorisierten Umgang zu wählen. Weiterhin gilt es, zwischen kurzfristigen Gewinnen und langfristigen Ausrichtungen der Bildungseinrichtung abzuwägen. Kurzfristige Gewinne sind, wie in Abschn. 2.2 erläutert, grundsätzlich zu unterbinden, wenngleich sie besonders in Nischenmärkten mit niedrigen Eintrittsbarrieren existenzentscheidend sein können, zum Beispiel im Motivation-Coaching.

Daneben ist es notwendig, Informationen und sonstige Ressourcen auszutauschen. Kommunikation wird zu einem Schlüsselinstrument des Beziehungsmanagements. Wie dies erfolgen kann, wird umfassend in Kap. 7 der ISO 21001 und ISO 9001 beschrieben.

8.2.1.8 Soziale Verantwortung

8.2.1.8.1 Hypothese

Die soziale Verantwortung besitzt eine zunehmende Bedeutsamkeit in der Normung und Standardisierung. Dabei überschneiden sich die Anforderungen globaler Trends, des Marktes, der Gesellschaft, der Lehre und der Bildungseinrichtungen. Bereits die DEMING'sche Lehre beschreibt die rücksichtslose Fokussierung auf kurzfristige Gewinne als eine tödliche Krankheit eines Managementsystems. Somit sollte der Fokus einer Bildungseinrichtung auf Nachhaltigkeit und Langfristigkeit ausgelegt sein. Soziale Verantwortung ist ein dringender Bestandteil davon.

8.2.1.8.2 Begründung

Aufgrund der Bedeutsamkeit des Themas, wurde bereits 2002 eine Arbeitsgruppe auf ISO-Ebene eingerichtet, die den Leitfaden ISO 26000 herausgab. Dieser Leitfaden beschäftigt sich mit dem Verhalten und den Auswirkungen von Handlungen einer Organisation auf die Gesellschaft, Wirtschaft und Umwelt. Auch wenn diese Empfehlungen für ein Unternehmen selbstverständlich sein sollten, ist die ISO 26000 als Leitfaden unbedingt zu empfehlen. Zum einen können Bildungseinrichtungen neue Ideen gewinnen, zum anderen sind sie in der Lage, die eigene Umsetzung auf Normkonformität zu prüfen und Verbesserungen abzuleiten.

8.2.1.8.3 Vorteile

Aufgrund des Umfangs, der in diesem Werk nicht weiter ausgeführt werden soll, werden einige Vorteile verdeutlicht:

- Reputation und Image in der Gesellschaft,
- Beziehungsmanagement,
- Risikomanagement bezogen auf eine nachhaltige Lerndienstleistung,
- Mitarbeiterbindung und -motivation

8.2.1.8.4 Maßnahmen

Es könnte beispielsweise die Gesellschaft in die Betrachtungen der interessierten Parteien einbezogen werden. Ebenso wird empfohlen, die ISO 26000 zu beziehen und entsprechende Maßnahmen abzuleiten. Darüber hinaus sind die Grundsätze eines Ehrbaren Kaufmanns nützliche Informationen, soziale Verantwortung in eine Bildungseinrichtung einzubeziehen.

8.2.1.9 Zugänglichkeit und Gerechtigkeit

8.2.1.9.1 Hypothese

Erfolgreiche Bildungseinrichtungen sind transparent und zugänglich. Interessenten werden alle Informationen bereitgestellt, die eine fundierte Entscheidung zu der Lerndienstleistung zulassen.

8.2.1.9.2 Begründung

Hierzu müssen einem Maximum an Interessenten die notwendigen Informationen bereitgestellt werden. Die versprochenen Mehrwerte sollten im Anschluss erfüllt werden. Lernende müssen in der Lage sein, das vereinbarte Lernziel zu erreichen und einen Kompetenzzuwachs erhalten zu haben.

8.2.1.9.3 Vorteile

Die resultierenden Vorteile sind aus betriebswirtschaftlicher Sicht deutlich:

- Erreichen eines größeren Marktpotenzials,
- Steigerung des Marktvolumens,
- Herausstellung des USP,
- Optimierung um auf Lernende mit individuellem Lernbedarf einzugehen,
- Anstoß von Innovation durch die Harmonisierung verschiedener Lerninteressen

8.2.1.9.4 Maßnahmen

Die Umsetzung kann ebenfalls bestmöglich durch die Umsetzung der Anforderungen aus Kap. 4, 5, 6 und 9 der ISO 29993 umgesetzt werden. Diese Kapitel beschreiben, wie und welche Informationen vor oder während der Lerndienstleistung mitgeteilt werden sollten, um die fundierte Entscheidungsfindung zu stützen.

8.2.1.10 Ethisches Verhalten

8.2.1.10.1 Hypothese

Wie die soziale Verantwortung, gewann auch Ethisches Verhalten eine wachsende Bedeutung. Spätestens seit der Finanz- und später Weltwirtschaftskrise an 2007 ist Ethik und Moral in der Geschäftswelt wichtiger geworden. Die Industrie- und Handelskammern vergeben Auszeichnungen für Unternehmen, die sich wie Ehrbare Kaufleute verhalten. Universitäten und Hochschulen bieten Module und Studiengänge im Bereich Wirtschaftsethik an, etc. Die Bedeutung, aber auch die gesellschaftliche Anforderung an Ethisches Verhalten von Unternehmen bedingen einen Wandel. Insbesondere Bildungseinrichtungen sollten ein professionelles ethisches Grundverständnis schaffen, um allen interessierten Parteien gegenüber fair handeln zu können. Interessenkonflikte werden systematisch betrachtet und ausgewogen. Die faktengestützte Entscheidungsfindung wird zum Fokus objektiven Handelns.

8.2.1.10.2 Begründung

Notwendig ist Ethisches Verhalten, um eine Reputation und Image von Integrität aufrechtzuerhalten. Ehrlichkeit und Fairness im Umgang mit interessierten Parteien bedingen die langfristige Bindung dieser an die Bildungseinrichtung.

8.2.1.10.3 Vorteile

Ethisches Verhalten beinhaltet:

- Verringerung der Verluste durch Korruption und Betrug,
- Reputation und Image,
- Mitarbeiterbindung und -motivation,
- Beziehungsmanagement,
- Integrität in allen Prozessen

8.2.1.10.4 Maßnahmen

Eine mögliche Umsetzung besteht in der Erstellung einer Ethical Conduct Policy, die ideal mit der Qualitätspolitik und den Qualitätszielen der Bildungseinrichtung verknüpft werden kann. Als Grundlage können die Grundsätze Ehrbarer Kaufleute verwendet werden, die in Kurzfassung folgendes umfassen:

- Gewissenhaftigkeit,
- Wertorientierung,
- Beachtung der Menschenwürde,
- Respektvoller Umgang mit Menschen,
- Nachhaltige Aufrechterhaltung und Erweiterung von personellen Ressourcen,
- Wahrheitsgemäßes Handeln,
- Ablehnung von Korruption und unfairem Wettbewerb,
- Unterstützung der sozialen Marktwirtschaft,
- Öffentlichkeitsarbeit,
- Integrität,
- Handschlagqualität des Gesagten,
- Lösungsorientierung,
- Konfliktvermeidung und -lösung,
- Akzeptanz geistigen und materiellen Eigentums

Weiterhin können Ethikthemen und unethisches Verhalten in Mitarbeitermeetings und -gespräche eingearbeitet werden. Ethisches Verhalten kann zudem ein Bestandteil der Managementbewertung sein. Schließlich ist zu empfehlen, Konfliktmanagement gegenüber den Mitarbeitern zu schulen und aktiv zu betreiben. Inwieweit es zielführend sein kann, einen Konflikt-/Ethikverantwortlichen zu benennen, obliegt sicher den Ressourcen der Bildungseinrichtung.

8.2.1.11 Datensicherheit und -schutz

Durch die Änderungen des Datenschutzgesetzes und die Gültigkeit der neuen Datenschutz-Grundverordnung seit dem 27.04.2018, ist für das Thema Datensicherheit und -schutz sensibilisiert worden.

Da diese Thematik derartig umfassend ist, dass selbst die ISO 21001 nur oberflächlich einen Grundsatz formulieren konnte, der sicherlich zukünftig verbessert werden wird, wird empfohlen, auf andere Quellen zurückzugreifen. Zum einen sollten die zutreffenden gesetzlichen, behördlichen und marktüblichen Regelungen beachtet werden. Zum anderen ist empfehlenswert, die ISO/IEC 27001 als eine Grundlage auf ISO-Ebene für Datenschutz heranzuziehen.

Aufgrund der geringfügigen Fokussierung und des fehlenden Know-hows innerhalb der ISO 21001, soll in diesem Werk nicht weiterhin auf den Grundsatz eingegangen werden.

8.2.2 Zielgruppe der ISO 21001:2018

Die Zielgruppe der ISO 21001 ist jede Organisation der Bildungsbranche. Die internationale Norm bietet ein Management-Tool für Bildungsorganisationen, die den Bedürfnissen und Anforderungen der Lernenden und anderer interessierter Parteien entsprechen möchten. Die ISO 21001 konzentriert sich auf die spezifische Interaktion zwischen einer Bildungseinrichtung, Lernenden und interessierten Parteien. Durch die Anwendung der ISO 21001 wird die Bildungseinrichtung in die Lage versetzt folgendes zu beweisen:

- konsequente Bereitstellung von Produkten und Dienstleistungen,
- Entwicklung und Bereitstellung von Wissen unter Einhaltung der geltenden gesetzlichen Bestimmungen und regulatorischen Anforderungen,
- Steigerung der Zufriedenheit von Lernenden und anderer interessierter Parteien,
- Verbesserung des Qualitätsmanagementsystems

Alle Anforderungen der ISO 21001 sind allgemein und gelten für Bildungseinrichtungen, die Wissen bereitstellen, teilen und kontrollieren. Die Norm ist unabhängig von Typ, Größe, Produkt oder Dienstleistung der Bildungseinrichtung.

Von der Umsetzung der Norminhalte profitieren:

- Lernende weltweit,
- Bildungsorganisationen weltweit,
- Vorschulkinder,
- Grundschulen,
- Mittelschulen,
- Gymnasien,
- Hochschulen,
- Universitäten,
- Erwachsenenbildung,
- Sonderschulen,
- berufliche Aus- und Weiterbildung,
- Nachhilfeunterricht,
- Coaching-Zentren,
- Ausbildungsorganisationen,
- Bildungs-/Schulungsabteilungen,
- Berater,
- non-formale Bildungsdienstleister,
- alle interessierten Parteien, die weiterhin beteiligt sind (Lehrer, Eltern, Regierungen, NGOs, Gewerkschaften, etc.)

8.2.3 Gliederung der ISO 21001:2018

Die ISO 21001 entspricht im grundlegenden Aufbau dem von Managementstandards. Das bedeutet, dass die ISO 21001 der erste Managementstandard des ISO/TC 232 ist, der nach der High Level Structure aufgebaut ist. Neben dem Nationalen Vorwort, dem Nationalen Anhang, dem Vorwort und der Einleitung, werden der Anwendungsbereich, die Normativen Verweisungen und die Begriffe erläutert. Nach der Ausführung der Anforderungen schließt die internationale Norm mit dem Literaturverzeichnis ab.

Der Tab. 8.5 kann die Gliederung der ISO 21001 entnommen werden.

Tab. 8.5 Gliederung der ISO 21001:2018

Bezeichnung	Inhalt
Vorwort	Erstellungsprozess
Einleitung	Ziel und Erklärung der Norm
1. Anwendungsbereich	Abgrenzung, Rahmen
2. Normative Verweisungen	Keine
3. Begriffe	Definition von 44 Termini
4. Kontext der Organisation	Spezielle Anforderungen zur Bestimmung der Anforderungen interessierter Parteien
5. Führung	Spezielle Anforderungen zur Führung des Managementsystems
6. Planung	Spezielle Anforderungen zur Planung des Managementsystems nach dem PDCA-Zyklus
7. Unterstützung	Spezielle Anforderungen zur Durchführung des Managementsystems nach dem PDCA-Zyklus
8. Betrieb	Spezielle Anforderungen zur Durchführung des Managementsystems nach dem PDCA-Zyklus
9. Bewertung der Leistung	Spezielle Anforderungen zur Bewertung des Managementsystems nach dem PDCA-Zyklus
10. Verbesserung	Spezielle Anforderungen zur Verbesserung des Managementsystems nach dem PDCA-Zyklus
Anhang A (normativ) Zusätzliche Anforderungen an die frühkindliche Bildung	Spezielle Empfehlungen mit Anforderungscharakter
Anhang B (informativ) Prinzipien einer Bildungseinrichtung	Spezielle Empfehlungen
Anhang C (informativ) Klassifikation der interessierten Parteien einer Bildungseinrichtung	Spezielle Empfehlungen
Anhang D (informativ) Leitlinien für die Kommunikation mit interessierten Parteien	Spezielle Empfehlungen
Anhang E (informativ) Prozesse, Messungen und Instrumente von Bildungseinrichtungen	Spezielle Empfehlungen
Anhang F (informativ) Beispiel zur Darstellung regionaler Regelungen	Spezielle Empfehlungen
Anhang G (informativ) Gesundheits- und Sicherheitsmaßnahmen in Bildungseinrichtungen	Spezielle Empfehlungen
Literaturhinweise	23 Literaturhinweise

>Gliederung der ISO 21001:2018 Educational organizations – Management systems for educational organizations – Requirements with guidance for use, veröffentlichtim Mai 2018 durchISO, Genf

8.2.4 Hintergrund der ISO 21001:2018

Es ist ein kritischer und ständiger Bedarf von Bildungseinrichtungen, die Anforderungen aller interessierter Parteien zu erfüllen und den Grad der Bedürfnisbefriedigung aufrechtzuerhalten beziehungsweise zu verbessern. Die ISO 21001 konzentriert sich auf die spezifische Interaktion zwischen einer Bildungseinrichtung und allen interessierten Parteien, um diesem kritischen Bedarf gerecht zu werden.

Hierzu gibt die ISO 21001 einen Leitfaden vor, wie die Lieferung von Bildungsdienstleistungen erfolgen sollte, um den steigenden Ansprüchen der interessierten Parteien gerecht werden zu können. Dabei unterschiedet sich die Bildung von vielen anderen Branchen dahingehend, dass ein erfolgreicher Lernprozess die Erfolgschancen eines Lernenden maximiert, dies jedoch nicht garantieren kann. Der Aufwand und die Fähigkeiten, sowohl der Lernenden als auch der Bildungseinrichtungen, sind von zahlreichen Determinanten abhängig. Lernen beinhaltet die Verinnerlichung von Wissen, Methoden und Fertigkeiten. Die Bildungseinrichtung hat die Aufgabe, die Initialisierung zu stimulieren, liefert die Umgebung, das Wissen und alle sonstigen Grundlagen. Doch es obliegt letztendlich den Anstrengungen und Fähigkeiten des Lernenden, bestimmte Erfolge zu realisieren.

8.2.5 Anforderungen der ISO 21001:2018

Die nachfolgenden Abschnitte sind nach der chronologischen Einordnung strukturiert und folgen der Gliederung nach dem Erfahrungsablauf der Lernenden und Sponsoren. Zunächst werden die Anforderungen und deren Intention vor der Erbringung der Lerndienstleistung beschrieben. Anschließend geht das Kapitel auf die Anforderungen und deren Intention während der Erbringung der Lerndienstleistung ein. Zuletzt werden die Anforderungen und die Absicht nach der Erbringung der Lerndienstleistung beschrieben. Zu jedem Abschnitt werden konkrete Handlungsempfehlungen vorgestellt, die auf Best Practice basieren.

8.2.5.1 Einleitung

Wie auch der weitreichend bekannte Managementstandard ISO 9001 bildet die ISO 21001 ein ideales Instrument des Managements von Bildungseinrichtungen, um Lerndienstleistungen an den Anforderungen der interessierten Parteien auszurichten. Im Gegensatz zu den ISO 9000 ff. und im Unterschied zu den bisherigen

Normen und Standards des ISO/TC 232, wird ein wesentlicher neuer Begriff eingeführt. Während die ISO 9000 ff. von interessierten Parteien sprechen und damit eine universelle Auslegung und Interpretation ermöglichen, verwendet die ISO 29xxx ff. Lernende und Sponsoren.

Da die ISO 21001 nicht in dem ISO/TC 232 entwickelt wurde, sondern in dem ISO/PC 288, wurden andere Begriffe gewählt, um die Interessenten der Bildungseinrichtungen zu beschreiben. So verwendet die ISO 21001 Lernende und „beneficiaries". Da die deutsche Version der ISO 21001 zum Zeitpunkt der Erstellung dieses Werkes noch nicht aufgenommen wurde, muss eine eigenständige Übersetzung für dieses Werk festgelegt werden. Die wortwörtliche Übersetzung wäre „Nutznießer", doch trifft dieser Begriff nicht die Bedeutung innerhalb der ISO 21001. Die Norm definiert „beneficiaries" sinngemäß als:

▶ Natürliche Person oder Gruppe von Personen, die von der Leistungserstellung der Bildungseinrichtung profitieren und denen gegenüber die Bildungseinrichtung verpflichtet ist, die Mission zu erfüllen.

Da „Nutznießer" kein treffender Begriff ist, soll innerhalb dieses Werkes auf den Begriff „Profiteur" zurückgegriffen werden.

Weiterhin wird Normanwendern der ISO 21001 auffallen, wie stark die Parallelen zu der ISO 9001 tatsächlich sind. So werden in dem einleitenden Teil der Norm neben den Vorteilen und den Prinzipien auch die drei Grundkonzepte des Managementsystems eingebracht. Diese sind

- der prozessorientierte Ansatz,
- der PDCA-Zyklus,
- und das risikobasierte Denken

Ergänzt werden diese durch die Darstellung der Zusammenhänge von Qualitätszielen, der Qualitätspolitik, den Prinzipien, der Unternehmenskultur sowie Mission und Vision.

8.2.5.2 Kontext der Organisation

Bezug zu der ISO 21001

- Kapitel 4 Kontext der Organisation

Anforderung

Wie in allen Managementstandards nach der High Level Structure, versucht auch die ISO 21001 in Kap. 4 den Einfluss auf das Qualitätsmanagementsystem zu untersuchen. Ziel des Kapitels ist die Bestimmung und Darlegung der Determinanten und deren Bedürfnisse, Erfordernisse und Erwartungen.

Die Bildungseinrichtung hat hierzu zunächst alle relevanten internen und externen Themen zu bestimmen, die einen Einfluss auf den Geschäftszweck, die Leistungserstellung, die soziale Verantwortung und die langfristige, strategische Ausrichtung hat. Entsprechend des prozessorientierten Ansatzes sind alle relevanten internen und externen Themen jene, die den Output eines Prozesses beeinflussen. Weiterhin sind die bestimmten Themen und deren Einflussnahme zu überwachen und gegebenenfalls anzupassen.

Externe Themen können zur besseren Orientierung und Bestimmung in folgende Faktoren eingeteilt werden:

- Einflüsse
  - Technologische Themen
  - Wettbewerbliche Themen
  - Marktgegebenheiten
  - Kulturelle Themen
  - Soziale Themen
  - Politische Gegebenheiten
  - Wirtschaftliche Gegebenheiten
  - Umweltfaktoren
- Örtlich
  - International
  - National
  - Regional
  - Lokal

Während externe Themen anhand der Einteilungsmöglichkeiten vergleichsweise einfach bestimmt werden können, sind die internen Themen mit einem höheren Abstraktionsgrad festzustellen. Die internen Themen können beispielsweise in folgende Faktoren eingeteilt werden:

- Unternehmenswerte
- Corporate Culture
- Wissen des Unternehmens
- Unternehmensleistung

Daneben ist der Begriff der interessierten Parteien ein Schlüsselinhalt aus Kap. 4. Wie auch interne und externe Themen, sind die interessierten Parteien und deren Anforderungen zu bestimmen und zu analysieren. Im Gegensatz zu anderen Managementnormen, besitzt die ISO 21001 einen Anhang, der beispielhafte interessierte Parteien einer Bildungseinrichtung klassifiziert und benennt. Hiermit bildet die ISO 21001 nicht nur eine hilfreichen Anforderungskatalog, sondern zugleich einen praxisorientierten Leitfaden.

Schließlich besteht die Anforderung der ISO 21001, basierend auf den externen und internen Themen, den interessierten Parteien und deren Bedürfnisse sowie der Leistungserstellung der Bildungseinrichtung, den Geltungsbereich des Qualitätsmanagementsystems festzulegen und aufzuzeichnen. Die Festlegung des Geltungsbereichs ist notwendig, um die Einflussnahme der Bildungseinrichtung auf die Qualität (Bedürfnisbefriedigung interessierter Parteien) darzustellen. Hierbei besteht die durchaus praxisübliche Nicht-Anwendbarkeit von Normanforderungen. Grundsätzlich gilt, dass Normanforderungen dann nicht erfüllt werden müssen, wenn begründet dargelegt werden kann, dass die Normanforderung nicht relevant ist. Zudem dürfen nicht anwendbare Normanforderungen die Bedürfnisbefriedigung nicht beeinflussen. Wäre dies der Fall, ist die Nicht-Anwendbarkeit der Normanforderung nicht gegeben.

Weiterhin muss die Bildungseinrichtung das Qualitätsmanagement aufbauen, einführen, aufrechterhalten und kontinuierlich verbessern. Hierzu sind die Prozesse der Bildungseinrichtung festzulegen. Dies beinhaltet das Verstehen von Eingabequellen, Eingaben, Prozessen, Ergebnissen und Ergebnisbeziehenden. Zudem sind die Wechselwirkungen der Prozesse, Überwachungs- und Bewertungsverfahren, Verantwortlichkeiten und Rollen, Chancen und Risiken managen sowie ein Verbesserungsmanagement zu bestimmen. Es gilt, dokumentierte Informationen hierzu in einem notwendigen Rahmen anzufertigen und aufzubewahren.

Handlungsempfehlungen
Das Kap. 4 kann zur Orientierung in drei Hauptbestandteile untergliedert werden.

ERSTENS
Der erste Hauptbestandteil des vierten Kapitels stellt zunächst Anforderungen, die der Bildungseinrichtung die Möglichkeit einräumen, die Einflüsse auf Qualitätsmanagement zu verstehen. Die Leitfragen vor der Umsetzung der Anforderungen sollten die folgenden sein:

- Was wollen wir tun?
- Welche Dienstleistung wollen wir anbieten?

- Welche Nachfrage wollen wir bedienen?
- Welche Anforderungen müssen wir hierfür erfüllen?
- Wer ist an unserem Unternehmen interessiert?
- Wer ist an unserer Leistung interessiert?
- Welche Kenntnisse müssen wir besitzen, um erfolgreich zu sein?

Die Beantwortung der Kernfragen ist essenziell, um den zweiten Schritt gehen zu können – das Mapping der Einflüsse. Ideal geeignet, um die internen und externen Themen zu untersuchen, ist eine Mindmap, die eine Aufteilung in extern und intern vornimmt. Folgender Fragenkatalog kann bei der Erstellung einer solchen Mindmap hilfreich sein:

- Technologische Themen
  - Welche technischen Entwicklungen sind für uns relevant?
  - Welche Trends gibt es in der Durchführung von Lerndienstleistungen (eLearning, Digitale Präsentationsmittel, Internet of Things, etc.)?
  - Welche Innovation und Entwicklungen gibt es in der Branche, zu der wir Lerndienstleistungen anbieten wollen?
- Wettbewerbliche Themen
  - Welche Wettbewerber haben wir lokal und regional?
  - Welche Wettbewerber haben wir national und international?
  - Welche Substitute/Ersatzlösungen gibt es zu unserer Lerndienstleistung?
  - Sind unsere Lerninhalte Bestandteile anderer angebotener Lerndienstleistungen?
  - Was ist unser USP, was ist der USP der Wettbewerber?
  - Wie differenzieren wir uns von anderen Lerndienstleistern?
  - Welche Bildungseinrichtungen sind geeignete Benchmarks?
  - Wie beeinflussen uns die Wettbewerber und Substitute?
- Marktgegebenheiten
  - Was ist unser Absatzmarkt?
  - Welches Marktpotenzial und -volumen hat unser Absatzmarkt?
  - Welche Schlüsselpartner haben wir/wollen wir haben?
  - Welche Absatzhelfer haben wir/brauchen wir?
  - Welche Lieferanten haben wir/brauchen wir?
  - Wer sind unsere relevanten Eingabequellen?
  - Wer sind unsere Kunden?
  - Wie sieht unsere Zielgruppe aus?
  - Wie erreichen wir unsere Zielgruppe?
  - Welche Beziehung halten wir zu unserer Zielgruppe?

  - Was ist unser USP?
  - Wie können wir einen Mehrwert bieten/Nutzen stiften?
- Kulturelle Themen
  - Welche kulturellen Gegebenheiten herrschen in unserem Absatzmarkt? (Kultur, Werte, Religion, Kulinarik, Gestik und Mimik, Kleidung, Sprache etc.)
  - Wie können wir diese berücksichtigen?
  - Welche kulturellen Gegebenheiten herrschen in unserem Beschaffungsmarkt?
  - Wie müssen wir diese berücksichtigen?
  - Wie ist das übliche geschäftliche Vorgehen?
  - Welcher Kybernetik unterliegt die Kultur?
  - Was müssen wir bei der Beschaffung von Mitarbeitern, Freelancern, Dozenten, etc. beachten?
- Soziale Themen
  - Welche sozialen Gegebenheiten müssen wir beachten?
  - Was gilt als sozial?
  - Welche sozialen Maßnahmen müssen ergriffen werden (Spenden, Sponsoring, Betriebliches Gesundheitsmanagement, Work-Life-Balance etc.)
- Politische Gegebenheiten
  - Welche politischen Verhältnisse sind vorherrschend?
  - Was muss dabei beachtet werden?
  - Wie muss mit Politik in der Bildungseinrichtung umgegangen werden?
  - Welchen Einfluss hat Lobby-Arbeit auf unser Unternehmen?
  - Welche politischen Entwicklungen beeinflussen unsere Zukunft?
  - Ist die politische Mitwirkung zielführend?
- Wirtschaftliche Gegebenheiten
  - Welche gesetzlichen und behördlichen Grundlagen sind einzuhalten?
  - Welche Standards werden erwartet?
  - Wie kann Kapital beschafft werden?
  - Wie kann Kapital verwendet werden?
  - Wie kann Kapital investiert werden?
  - Welche Expansion können wir erzielen?
  - Was ist unser Business Model?
- Umweltfaktoren
  - Welchen Einfluss hat die Umwelt auf uns?
  - Welchen Einfluss haben wir auf die Umwelt?
  - Wie reduzieren wir unsere Umweltbelastung?
  - Wie engagieren wir uns für Umweltschutz?

- Wie schonen wir natürliche Ressourcen?
- Welche natürlichen Ressourcen sind essenziell?
- Wie schulen wir unsere Mitarbeiter, Freelancer, Dozenten etc. im Umgang mit natürlichen Ressourcen?

Neben diesen Grundfragen, die innerhalb einer Mindmap beantwortet werden können, wird weiterhin die Businessplanung empfohlen. Das Wissen um das eigene Business Model ist eine Grundvoraussetzung, das Qualitätsmanagement entwickeln, implementieren, aufrechtzuerhalten und verbessern zu können. Als ein geeignetes Instrument, welches in Verbindung mit der Mindmap erstellt werden kann, ist das Business Model Canvas. Das Business Model Canvas, bestehend aus neun Feldern, unterstützt die Bestimmung der Schlüsselfaktoren eines erfolgreichen Business Models. Zudem können die Felder, Kunden, Kundenbeziehung, Schlüsselpartner, Marketing- und Vertriebskanäle und Nutzstiftung mit der Mindmap verknüpft werden. Das Arbeiten an der Mindmap und dem Business Model Canvas sollte zu Erreichung optimaler Ergebnisse in Gruppen verschiedener Personen erfolgen. Die Einbindung von Kunden und anderen Eingabequellen stellt sicher, dass verschiede Bedürfnisse und Ideen in die Konzeptionierung einfließen.

Die Kombination zwischen der Mindmap und dem Business Model Canvas kann in einem nächsten Schritt bei Er- oder Ausarbeitung eines Businessplans verwendet werden. Dieser ist nicht nur hilfreich, um interne und externe Themen zu berücksichtigen. Der Businessplan kann bei nahezu allen Anforderungen der ISO 21001 eine wertvolle Grundlage darstellen.

ZWEITENS

Der zweite Hauptbestandteil des vierten Kapitels stellt Anforderungen an die Untersuchung interessierter Parteien. Eine mögliche Umsetzung besteht durch die Darstellung aller relevanten interessierten Parteien, Bestimmung ihrer Anforderungen und Maßnahmen/Merkmale, wie die Bildungseinrichtung auf diese Anforderungen eingehen kann. Empfehlenswert zur Darstellung ist eine einfache Tabelle. Diese kann optimal in die Businessplanung und -bewertung integriert werden. Entscheidend ist, dass die Anforderungen systematisch erhoben, analysiert und bewertet werden. Die Aktualität und Authentizität der Informationen sollte zwingend gewährleistet werden. Die Managementbewertung kann als Instrument eingesetzt werden, welches neben der Wirksamkeitsüberprüfung des Qualitätsmanagementsystems, auch die interessierten Parteien und deren Anforderungen überprüft. Die Tab. 8.6 kann als eine praxisübliche Referenz einer Bildungseinrichtung verwendet werden. Zudem werden mögliche Erweiterungen der Betrachtung aufgezeigt, die eine detaillierte Sicht auf die interessierten Parteien ermöglicht.

Tab. 8.6 Interessierte Parteien unserer Bildungseinrichtung

Interes. Partei	Bedürfnis	Maßnahme/Merkmal	Folgen der Unbefr.	Daten-basis
Lernende	Unsere Lernenden fordern eine Lerndienstleistung, die den individuellen Vorstellungen entspricht. Diese individuellen Vorstellungen variieren je nach Lernendem signifikant. Es bestehen mindestens Vorstellungen in der Umsetzung der Lerndienstleistung und des geplanten Lernerfolges, der Lernunterstützung, Bewertung, Evaluierung und Services, der Herangehensweise und zeitlichen Planung, der Rollen und Verantwortlichkeiten sowie der Geschäftsbedingungen (Preis, Verträge, AGB etc.) In der Regel sollte die Lerndienstleistung mindestens die Erreichung des Lernziels ermöglichen. Dieses Grundbedürfnis wird durch die „7R der Logistik“ komplettiert: „Die richtige Leistung in der vereinbarten Qualität und Quantität, zur richtigen Zeit am richtigen Ort, zu dem vereinbarten Preis mit den richtigen Informationen.“ Zudem sind die Anforderungen der Lernenden unterteilt in Grund-, Leistungs- und Begeisterungsmerkmale (KANO-Modell) unterteilt. Auch diese unterscheiden sich grundlegend von Lernendem zu Lernendem.	Um die Anforderungen der Lernenden zu erfüllen, ist die Lerndienstleistung an den Anforderungen der Lernenden ausgerichtet. Wir stellen sicher, dass die Inhalte unserer Lerndienstleistung auf den allgemeinen Anforderungen aller potenzieller Interessenten aufbaut. Zudem wird vor der Erbringung der Lerndienstleistung eine individuelle Lernbedarfsanalyse durchgeführt. Durch ein regelmäßiges Monitoring stellen wir sicher, dass die Lerndienstleistung mit den Ergebnissen der Lernbedarfsanalyse einhergeht und das Lernziel verfolgt.	…	…

(Fortsetzung)

Tab. 8.6 (Fortsetzung)

Interes. Partei	Bedürfnis	Maßnahme/Merkmal	Folgen der Unbefr.	Daten-basis
Kontext des Lernenden	Der Kontext unserer Lernenden besteht aus dem Arbeitgeber des Lernenden (Sponsor), der hierarchisch übergestellten Führungskraft, der Mitarbeiter des Arbeitgebers, den Kollegen des Lernenden und den Kunden des Arbeitgebers. Zusammenfassend erwartet der Arbeitgeber von uns als Bildungseinrichtung, dass die Lerndienstleistung wie vereinbart durchgeführt wird, die Lernziele verfolgt, einen praxisnahen Lerntransfer ermöglicht, … Entscheidend ist für den Arbeitgeber insbesondere, dass das Erlernte einen Mehrwert für das Unternehmen bildet, beispielsweise durch: - Höhere Effizienz - Neues Wissen - Neue Fertigkeiten - Neue Kompetenzen - Neue Fähigkeiten - …	Neben der Lernbedarfsanalysen der Interessenten und Individuen, stellen wir das Wissen um die Anforderungen des Kontexts ebenfalls durch eine Lernbedarfsanalyse sicher. Hierzu werden die Arbeitgeber (Sponsoren) in die Lernbedarfsanalyse einbezogen. Durch Monitoring und die Evaluation nach Erbringung der Lerndienstleistung leiten wir ab, wie erfolgreich wir in der Erfüllung der Anforderungen waren.	…	…

Mitarbeiter	Sie haben abhängig von ihren Aufgaben (Stellenbeschreib. und Arbeitsvertrag), hierarchischen Position und Verantwortung für Ressourcen (finanzielle, personelle, kapazitative) unterschiedliche Bedürfnisse. Einige Bedürfnisse sind deckungsgleich: - Persönliche Entfaltung (Soziale und emotionale Bindung und Verbundenheit) - Berufliche Entfaltung (Ausleben der beruflichen Stärken und Expertise, berufliche Weiterbildung, Verbesserung und Professionalisierung) - Finanzielle Entfaltung und Karriere (Steigerung des Einkommens und Übernahme von Verantwortung) - Wertschätzung - Vereinbarkeit von Beruf und Privatleben (Familie) - Identifizierung des Individuums mit dem Unternehmen	Die Anforderungen unserer Mitarbeiter betrachten wir in Form von regelmäßigen Mitarbeitergesprächen und Teambesprechungen. Zudem weiß jeder Mitarbeiter um die dauerhafte Möglichkeit, Beschwerden und Verbesserungen vorzubringen.	…	…
…	…	…	…	…

DRITTENS

Der dritte Hauptbestandteil des vierten Kapitels stellt Anforderungen an das Managementsystem einer Bildungseinrichtung und den einzelnen Kernprozessen. Die Erfüllung dieser Anforderungen in Kap. 4 bedarf keiner weiteren Handlung, da dies einen Auszug der Gesamtanforderungen der ISO 21001 darstellt. Die Norm geht in den weiteren Kapiteln detaillierter auf die Kernprozesse ein. Weiterhin wird auf die Erstellung dokumentierter Informationen und deren Umgang hingewiesen. Es gilt der Grundsatz wie in Kap. 1 beschrieben, dass ein Qualitätsmanagement-Handbuch nicht notwendig ist. Auch die Ansammlung von Dokumenten in ausgedruckter Form, ist nicht die Zielsetzung der Norm.

8.2.5.3 Führung

Bezug zu der ISO 21001

- Kapitel 5 Führung

Anforderung

Im Kap. 5 der ISO 21001 werden Anforderungen an die Führung der Bildungseinrichtung und des Qualitätsmanagements beschrieben. Das Management sollte dabei alle notwendigen Führungskompetenzen und Verantwortlichkeiten besitzen indem es im Wesentlichen:

- für die Effektivität, die Qualitätspolitik und -ziele verantwortlich ist,
- die Normanforderungen erfüllt und in die Leistungserstellung einbezieht,
- Ressourcen bereitstellt,
- die Leistungserstellung und Mehrwertgenerierung sicherstellt,
- Führungskompetenzen beweist,
- andere in ihren Rollen unterstützt,
- einen Businessplan aufstellt,
- den Lernerfolg gewährleistet,
- soziale Verantwortung beweist.

Natürlich ist der Schlüssel des Erfolges auch bei dem Management auf die Lernenden zu legen. Die ISO 9001 spricht von der Kundenorientierung. So muss auch das Management einer Bildungseinrichtung alle Maßnahmen unternehmen, um sicherzustellen, dass die Bedürfnisse der Lernenden und anderen Profiteure in einem möglichst hohen Grad befriedigt werden. Hierzu zählt das Betrachten von Chancen und Risiken, die die Bedürfnisbefriedigung beeinflussen könnten.

Weiterhin geht die ISO 21001 in den folgenden Kapiteln zunehmend auf Lernende mit einem besonderen Lernbedarf ein. Diese Lernende könnten im Gegensatz zu den „üblichen“ Lernenden nicht an der Lerndienstleistung partizipieren. Ihr Lernerfolg könnte durch die „übliche“ Form der Lerndienstleistung nicht erreicht werden. Lernende mit besonderem Lernbedarf sind dabei möglicherweise in ihrem Verhalten, der Kommunikation oder Physiologie beeinträchtigt. Ohne nun weiter auf die Besonderheiten dieser Lernenden einzugehen, muss mit ihnen genauso vorgegangen werden, wie mit allen anderen Lernenden. Unterschiede treten entsprechend der Beeinträchtigung natürlich in den Anforderungen auf. Lernende mit besonderen Lernbedarfen stellen möglicherweise (vergleichsweise) untypische Anforderungen an die Lernform, Lernumgebung, Lernmaterialien, das Monitoring, die Bewertung oder die Evaluation. Daher ist es eine Führungsaufgabe des Managements, Ressourcen bereitzustellen, diese Anforderungen erfüllen zu können.

Eine der bedeutsamsten und am häufigsten, auftretende Bezugnahme stellen die Anforderungen an die Qualitätspolitik dar. In diesem Zusammenhang muss das Management eine Qualitätspolitik erstellen, umsetzen und aufrechterhalten, die:

- mit der Mission, der Vision, dem Zweck und den Qualitätszielen einhergeht,
- Anforderungen, Entwicklungen und die soziale Verantwortung einbezieht,
- die kontinuierliche Verbesserung beinhaltet,
- und geistiges Eigentum handhabt.

Eine derartig ausgearbeitet Qualitätspolitik muss im Anschluss dokumentiert und kommuniziert und verstanden werden. Und hiermit wird das „Wie?“ zum Kernelement von Führungskompetenzen. Daher versucht die ISO 21001 die Bildungseinrichtung anzuregen, eine Möglichkeit zu finden, die Qualitätspolitik an die Mitarbeiter etc. zu kommunizieren und zu vermitteln, sodass sie in den operativen Geschäftsalltag implementiert werden kann.

Abschließend stellt die ISO 21001 die Anforderung an Bildungseinrichtungen, Rollen, Verantwortlichkeiten und Befugnisse zu managen. Selbstverständlich muss das Management sicherstellen, dass alle Mitarbeiter, Lernende, Sponsoren etc. ihre Rollen und Verantwortlichkeiten, ihre Rechte und Pflichten und natürlich auch ihre eigenen Befugnisse kennen und anwenden können. Nach dem Deming-Zyklus, der grundsätzlich die gesamte Bildungseinrichtung beschreiben kann, muss das Management zumindest sicherstellen, dass die Verantwortlichkeiten und Befugnisse für das Plan, Do, Check und Act festgelegt sind.

▶ Das bedeutet;

- Plan:
  - Verpflichtung und Konformität gegenüber der ISO 21001,
  - Umgang und Planung von Änderungen
- Do:
  - Verstehen der Qualitätspolitik,
  - Prozesse und Erreichen der geplanten Ergebnisse,
  - Erstellen dokumentierter Informationen
- Check:
  - Bewertung der Leistung
- Act:
  - Verbesserungsmanagement und Kundenorientierung

Handlungsempfehlungen

Zahlreiche Normanwender bezeichnen das Kap. 5 der ISO 21001 und der ISO 9001 als abstrakt und wünschen einen klaren Leitfaden, wie die Anforderungen umgesetzt werden können. Und genau dieser Denkansatz ist nicht im Interesse der Normung und Standardisierung. So stellt auch die ISO 21001 lediglich Anforderungen an das Ergebnis zahlreicher Umsetzungen innerhalb der Unternehmensführung. Die Art und Weise der erfolgreichen Erfüllung von Anforderungen ist kein Bestandteil. Die Ursache ist darin zu vermuten, dass weder eine bestimmte Methode oder Umsetzung universell und international einsetzbar ist, noch dass eine Bildungseinrichtung jeder Größe bestimmte Methoden umsetzen will und kann. Daher ist ein Leitfaden, insbesondere für das Kap. 5, wenig zielführend.

Stattdessen ist zu empfehlen, die einzelnen Anforderungen detailliert zu betrachten und verschiedene Möglichkeiten zu in Erwägung zu ziehen, wie eine Bildungseinrichtung die Anforderungen bisher umsetzt und wie sie umgesetzt werden können. Das kann die Aufgabe der Führung, eines Projektteams oder einer Unternehmensberatung sein. Eine weitere Empfehlung besteht darin, zunächst eine kleinere Projektgruppe zu bilden, die aus Führungskräften verschiedener Hierarchien bestehen. Im Anschluss sollte die Projektgruppe die Anforderungen betrachten und zu jedem Punkt mindestens eine aktuelle Umsetzung und mindestens drei weitere Umsetzungsmöglichkeiten beschreiben. Das Überdenken bewährter Methoden und fester Strukturen innerhalb der Bildungseinrichtung unterstützt den Verbesserungsprozess und stellt damit bereits selbst eine Erfüllung der Normanforderungen aus Kap. 10 der ISO 21001 dar.

Im nächsten Schritt sollten die Ergebnisse durch die Zuhilfenahme einer Unternehmensberatung mit der Spezialisierung auf die Bildungsbranche überprüft werden. Hierdurch können die Ergebnisse mithilfe der Unvoreingenommenheit und Unabhängigkeit der Beratungsgesellschaft überprüft werden. Zudem geben Beratungsgesellschaften Empfehlungen und Erfahrungen weiter. Diese sollten nicht nur auf die Bildungsbranche bezogen sein, um Benchmarks aus anderen Branchen in die Bildungsbranche übertragen zu können.

Eine mögliche Betrachtung kann tabellarisch oder durch einfache Mindmaps erfolgen. Die Einbindung der 6-W-Hinterfragetechnik aus dem KAIZEN stellt eine perfekte Grundlage dar, um gezielte Fragestellungen zu formulieren und fokussiert zu beantworten. Eine ideale Möglichkeit der Teambindung und Mitarbeitermotivation ist dann möglich, wenn die Geschäftsführung selbst an den Ergebnissen interessiert ist, mitarbeitet und die Ergebnisse der Projektgruppe umgesetzt werden können. Natürlich stellt die Mitarbeit in der Projektgruppe ebenfalls die Erfüllung zahlreicher Anforderungen der ISO 21001 dar, beispielsweise aus Kap. 5, 6 und 7.

Die Tab. 8.7 kann als Ansatz für die Umsetzung der Anforderungen aus Kap. 5 der ISO 21001 verwendet werden.

Im Anschluss steht die Frage im Raum, wie die Kundenorientierung umgesetzt werden kann. Wie auch aus Kap. 4 der ISO 21001 hervorging, ist die Kundenorientierung zentrales Element des Qualitätsmanagements. Qualität bedeutet schließlich nichts anderes als möglichst hohe Bedürfnisbefriedigung von Kunden. Dabei ist die Anforderung in der Regel in jedem Bildungsträger automatisch bereits damit erfüllt, dass der Ab- und Umsatz aus der Bedürfnisbefriedigung entstehen kann. Neukunden können nur akquiriert werden, wenn die angebotenen Dienstleistungen kommunikationspolitisch den Eindruck erwecken, die Nachfrage bedienen zu können. Bestandskunden wiederum werden nur Folgegeschäfte mit der Bildungseinrichtung aufrechterhalten, wenn die Dienstleistung bisher den Bedürfnissen, Erwartungen und Erfordernissen gerecht werden konnte. Insofern kann durchaus interpretiert werden, dass der Gewinn einer Bildungseinrichtung (sofern sie gewinnorientiert ist) die Konformität der Normanforderung wiedergibt. Der Gewinn stellt die Differenz zwischen Umsatz und Kosten wieder und damit die Mehrwertstiftung durch eine Dienstleistung. Besitzt die Bildungseinrichtung einen positiven Gewinn, kann nach der aufgestellten Kausalität davon ausgegangen werden, dass eine Kundenorientierung vorliegt.

Das diese Interpretation nur bei gewinnorientierten Unternehmen Anwendung findet und zugegebenermaßen vergleichsweise wenig Aussagekraft besitzt, sollten weitere Konformitätsnachweise der Kundenorientierung festgelegt werden. Die geringe Aussagekraft durch die Gewinnorientierung ist damit zu begründen, dass die Variablen der Kosten zu mannigfaltig sind, als das die reine Nutzstiftung nur durch einen Gewinn ausgedrückt werden kann. Zumal dies bedeuten würde, dass nicht-gewinnorientierte Bildungseinrichtungen keine Nutzstiftung betreiben würden.

Tab. 8.7 Projektgruppe Leadership: Wie führen wir, wie wollen wir geführt werden? (Check)

Was ist zu tun? Warum macht er es? (Plan)	Wer macht es? Wann wird es gemacht? Wie wird es gemacht? (Do)	Wie und wo soll es getan werden? (Act)
Rechenschaft für das Qualitätsmanagement, um die Wirksamkeit sicherzustellen und unsere Kunden zufriedenzustellen	Bisher übernimmt die Geschäftsführung die Rechenschaft und setzt sich mit „Problemkunden“ in Verbindung. Beschwerden und Unbehaglichkeiten der Lernenden werden direkt während des Monitorings festgestellt und mit dem Dozenten besprochen. Ist dieser nicht in der Lage, die Ursache der Beschwerde zu beheben, finden Gespräche mit der Geschäftsführung statt.	Die Geschäftsführung sollte auf unserer Website ein Statement einbinden, in der sie kommuniziert, welche Bedeutung Qualität in unserem Unternehmen hat und das sie sich dafür einsetzt. Der kompetente Umgang mit Beschwerden sollte jährlich geschult werden und Bestandteil unseres Curriculums werden. Die Ursachen von Beschwerden sollten in Form einer Fehlersammelliste notiert werden, ebenso die Behebung. Die Ursachen müssen nach der Behebung eliminiert werden.
Prozessorientierung und Risikodenken, um Ineffizienzen zu benennen, zu verbessern und unbeabsichtigte Auswirkungen auf unsere Lerndienstleistung zu eliminieren	Wir besitzen ein Flussdiagramm in dem die Hauptprozesse aufgezeichnet sind. Zu jedem Hauptprozess besteht eine Ordnerstruktur mit den zugehörigen Dokumenten … Das Risikomanagement ist Bestandteil der jährlichen Managementbewertung. Die Risiken werden in Tabellenform aufgelistet. Zudem werden in den wöchentlichen Teammeetings neue Risiken besprochen und der Tabelle hinzugefügt …	Wir könnten das Flussdiagramm digitalisieren und mit einem systematischen Prozessmanagement-Tool verknüpfen. Die Hauptprozesse sollten um Teil- und Nebenprozesse erweitert werden. Zudem sollten Eingaben und Ergebnisse verdeutlicht werden. Alle Prozessbestandteile sollten mit dem Dokumentenmanagement-system verknüpft werden. Die Risikotabelle sollte um potenzielle Folgen und Maßnahmen der Eliminierung sowie einer Risikoklassifizierung ergänzt werden. Es sollten Risikoschulungen nach ISO 31000 Risikomanagement durchgeführt werden, um sicherzustellen, dass alle Mitarbeiter kompetent mit Risiken und Chancen umgehen können.
…	…	…

Darüber hinaus ist die Kundenorientierung ein entscheidender Bestandteil der Unternehmensexistenz im Zusammenhang mit Wettbewerbern. Das Konkurrenzdenken, welches bei den meisten Unternehmern in der Veranlagung zu sein scheint, bietet die beste Möglichkeit, Kundenorientierung in einer Bildungseinrichtung nachzuweisen. Aufgrund der gesättigten Märkte des 21. Jahrhunderts und dem häufig unterstellten Käufermärkten (Angebotsüberhang), wird der Wettbewerb immer bedeutender. Um überhaupt am Markt teilnehmen zu können, müssen den potenziellen Kunden die Dienstleistungen nicht nur überdurchschnittlich gut angeboten werden. Nicht nur die reine Vertriebs- und Marktstrategie, die Marktpositionierung und die Beschreibung der 4P sind notwendig, eine Dienstleistung nachhaltig und langfristig erfolgreich anzubieten. Entscheidend wird zudem der tatsächliche Mehrwert, den eine Dienstleistung einem Kunden bieten kann.

Der USP und die Nutzstiftung im Gegensatz zu den konkurrierenden Dienstleistungen sind ausschlaggebend, langfristig erfolgreich zu sein. Besonders in der Bildungsbranche, die mit den Trends der Digitalisierung sehr gut vereinbar ist, werden USP und Nutzstiftung eine stetig wachsende Bedeutung gewinnen. Lerndienstleistungen auf diversen Plattformen und in diversen Lernformen anzubieten ist heute einfacher als jemals zuvor. Es werden keine akademischen und kaum technische Kenntnisse benötigt, um Lerndienstleistungen anzubieten. In Verbindung mit einer einfachen Online-Vertriebsstruktur und die Nutzung von Social Media Kanälen wird die Vermarktung dieser Lerndienstleistung unweit leichter.

▶ Daher wird zukünftig nicht entscheidend sein, wer die Dienstleistung am besten vermarktet, sondern wer die beste Dienstleistung am besten vermarktet!

Im Internet existieren zahlreiche Beispiele von Lerndienstleistungen, die durch Social Media beispielhaft vertrieben wurden. Sicher standen hinter dem Verkauf auch die entsprechend beachtlichen, finanziellen Kennzahlen wie Umsatz und Gewinn. Doch wenn die Lerndienstleistung keinen echten Mehrwert bietet und die Lernenden keinen wesentlichen Lernerfolg generieren konnten, ist der finanzielle Erfolg dieser Lerndienstleister von sehr kurzer Dauer. Es gilt der kaufmännische Grundsatz:

▶ Je niedriger die Marktbarrieren, umso entscheidender ist der USP.

Zugegebenermaßen besitzt die Vertriebs- und Marketingstrategie einen entscheidenden Einfluss auf den langfristigen Erfolg. Doch selbstverständlich kaufen Kunden eine Dienstleistung der Dienstleistung wegen, nicht des Kaufens zuliebe. Jeder

Verkaufstrainer (ebenfalls selbst ein Lerndienstleister) wird nun entgegnen, dass die Kunst des Verkaufens darin besteht, in dem Kunden das Bedürfnis zu wecken, die Dienstleistung zu kaufen. Dem ist vollends zuzustimmen. Doch auch dies ist nur eine kurzfristige Denkweise, die nicht auf Nachhaltigkeit ausgerichtet ist.

Wird der Kunde die Dienstleistung wiederkaufen?

Wird der Kunde eine andere Dienstleistung kaufen?

Wird der Kunde die Dienstleistung empfehlen?

Diese Fragen können nur mit „Ja." beantwortet werden, wenn die Dienstleistung den versprochenen Mehrwert auch erzielen konnte. Kein Kunde wird Wiederkäufe tätigen oder Empfehlungen aussprechen, wenn die Dienstleistung nicht überzeugen konnte. Daher ist der Fokus auf die Mehrwertbildung und Nutzstiftung zu legen.

Doch wie soll der Mehrwert, der Nutzen und der USP festgelegt werden?

Ein Mehrwert einer Lerndienstleistung ist der Zuwachs von Wissen, Einstellungen, Fähigkeiten, Werten oder Präferenzen eines Lernenden basierend auf dem vorhandenen Wissen, Einstellungen etc. Damit stehen die Lernenden und deren Wissen, Einstellungen etc. im Fokus. Die Lerndienstleistung muss an dem vorhandenen Niveau ausgerichtet sein und einen Zuwachs ermöglichen, indem den Lernenden neues Wissen, Einstellungen etc. vermittelt werden kann. Folglich liegt die Kundenorientierung vor, wenn Wissen, Einstellungen etc. vermittelt wird, welches die Zielgruppe der Lernenden nicht besitzt. Folgendes Beispiel kann als Muster verwendet werden, den Mehrwert der Lerndienstleistung zu beschreiben. Das Beispiel kann ideal mit der Betrachtung der interessierten Parteien kombiniert werden (siehe Tab. 8.8).

Welche Handlungsempfehlungen können in diesem Zusammenhang weiterhin dem Nachweis der Kundenorientierung dienen?

Hierzu sei nochmals angemerkt, dass die Kundenorientierung durch die Betrachtung der Bedürfnisse und deren Zufriedenstellung dargestellt werden kann.

Tab. 8.8 Wie liegt unsere Kundenorientierung vor?

Bestehendes Wissen unserer Zielgruppe	Unser angebotener Wissenszuwachs und konkreter Mehrwert
- Was weiß unsere Zielgruppe? - Was will die Zielgruppe wissen? - Wofür braucht die Zielgruppe das Wissen? - Was verspricht sich die Zielgruppe von dem Wissenszuwachs?	- Unsere Lernenden wissen nach unserer Lerndienstleistung, wie … - Unsere Lernenden erhalten durch unsere Lerndienstleistung … - Unsere Lernenden können ihr Wissen … anwenden.
…	…

Das bedeutet, werden Bedarfsanalysen, Lernbedarfsanalysen, Vorgespräche oder eine Lernermittlung durchgeführt, verfügt die Bildungseinrichtung bereits über die Kenntnis der Bedürfnisse von Lernenden/Kunden. Werden während oder nach Erbringung der Lerndienstleistung wiederum Monitorings, Bewertungen und Evaluationen realisiert, so liegt weiterhin die Kontrolle des Lernerfolges und damit die Beurteilung der Bedürfnisbefriedigung vor.

In beiden Fällen können in der Praxis oftmals dokumentierte Informationen nachgewiesen werden, darunter:

- Marktanalysen (BCG-Portfolio, McKinsey-Portfolio, Five Forces, Benchmarking, ...)
- SWOT-Analyse
- Lernbedarf
- Kompetenzprofil
- Wünsche/Ziele-Matrix
- Dokumentationen der Vorgespräche
- Individuelle Angebotserstellung
- Monitoringaufzeichnungen
- Fragenkatalog
- Abschlussprüfungen und Ergebnisbewertung/-auswertung
- Feedbackbögen
- Bewertungen (Social Media, Google, ...)

Ein wesentlicher Inhalt der ISO 21001 und der Kundenorientierung liegt auf der Berücksichtigung von Lernenden mit einem besonderen Lernbedarf. Die Anforderung und Bezeichnung kam in der ISO 29990 nicht so umfassend vor, da auch diese Lernenden unter den Begriff der Lernenden inkludiert wurden. Die Berücksichtigung von Anforderungen Lernender mit besonderen Anforderungen sollte üblicherweise als individueller Lernbedarf interpretiert werden und ist idealerweise Bestandteil einer gewissenhaften Kundenorientierung. Dennoch stellt die ISO 21001 diese interessierte Partei gesondert heraus, um explizit gegebenenfalls gesonderte Anforderungen an die Lernumgebung und die Gleichbehandlung sicherzustellen. Aufgrund der Erfahrungen aus der Beratung ist allerdings festzustellen, dass dies stets Bestandteil von Angeboten, Vorgesprächen oder speziellen Anfragen ist.

Darüber hinaus kann aus der ISO 21001 der Eindruck entstehen, dass eine Bildungseinrichtung zu Normkonformität urplötzlich jedem Interessenten die Lerndienstleistung ermöglichen muss. Doch genau dies ist nie die Intention einer Norm. Normen und Standards können und möchten einer Bildungseinrichtung auf keinen

Fall vorschreiben, bestimmte Zielgruppen anzusprechen und zwingend in die Lerndienstleistung einzubinden, auch wenn dies mit erheblichem Aufwand verbunden wäre. Das nachfolgende Beispiel einer Bildungseinrichtung verdeutlicht die Missinterpretationsmöglichkeiten der Normanforderung hinsichtlich Lernender mit besonderen Anforderungen:

Praxisbeispiel

Eine Bildungseinrichtung, die Learning by Doing UG (haftungsbeschränkt), bietet Nähkurse im dritten Geschoss eines Mehrfamilienhauses in Hannover an. Die Zielgruppe sind Frauen zwischen 25 und 50, die das Nähen laienhaft als Hobby betreiben und die gefertigten Produkte durch einen einfachen Online-Shop vertreiben wollen. Die Lerndienstleistung besteht hauptsächlich aus Inhalten zu effizientem Nähen und wird mit betriebswirtschaftlichen und vertrieblichen Inhalten ergänzt. Damit wird neben dem technischen auch ein kaufmännisches Know-how vermittelt.

Selbstverständlich ist diese Form des Nebenerwerbs, Nähen und Vertreiben von Produkten über das Internet, auch für Personen mit einer Gehbehinderung geeignet. Im Gegensatz zu den meisten Teilnehmern des Kurses Learning by Doing sind Personen mit einer Gehbehinderung allerdings Lernende mit besonderen Bedürfnissen.

Daher plante die Geschäftsführung der Learning by Doing auf Basis der Normanforderungen der ISO 21001, das schmale 1,5 m Treppenhaus mit einem Rollstuhllift auszustatten. Derartige Investitionsplanungen sind mit einem hohen Kapital- und sonstigen Ressourceneinsatz verbunden. Der kalkulierte Mehrwert der Zertifizierung nach ISO 21001 schien dies jedoch zu rechtfertigen.

„Außerdem fordert es die Norm!“, war die Aussage der Geschäftsführung.

Fordert die ISO 21001 tatsächlich die Nachrüstung von Rollstuhlliften aller Bildungseinrichten?

Das Beispiel verdeutlicht die Fähigkeit der Missinterpretation durch die Splittung zwischen Kundenorientierung und der Fokussierung auf Lernende mit einem besonderen Lernbedarf. Zugegeben, dieses plakative Beispiel ist hyperbolisch, aber es verdeutlicht die Effekte, die die ISO 21001 auf Normanwender haben kann.

Zur Beantwortung der aufgeworfenen Darstellung: Ist die Nachrüstung mit Rollstuhlliften notwendig?

Die Normung und Standardisierung beeinflusst niemals die strategischen oder wirtschaftlichen Entscheidungen einer Organisation. Sie stellt lediglich einen Leitfaden zur möglichen Umsetzung dar. Dabei werden insbesondere Empfehlungen zur Strategie gestellt. Doch eine Norm diktiert keine Anweisungen, die zur Investition zwingen. Das Ergebnis der Überlegungen des Normanwenders kann eine Investition sein, muss es aber nicht. Damit muss ein Normanwender keinen Personengruppen das Lernen ermöglichen, die nicht der Zielgruppe entsprechen. Eine Bildungseinrichtung muss keinen Rollstuhllift einbauen lassen, wenn Personen mit einer Gehbehinderung nicht zur Zielgruppe gehören, um im Beispiel zu bleiben. Die Begründung liegt in der Relevanz und der Definition der Zielgruppe. So stellt die ISO 21001 selbst die Anforderung, die interessierten Parteien festzulegen. Gehören Personen mit einer Gehbehinderung nicht zu interessierten Parteien und zu der Zielgruppe, sind deren Bedürfnisse auch nicht in die Absicht der Bedürfnisbefriedigung einzubeziehen.

In der Praxis herrscht oftmals Verunsicherung, ob eine Normanforderung „richtig" umgesetzt wird. Insbesondere, wenn Auditoren die Normkonformität überprüfen, fällt der Begriff „richtig" häufig. Doch entscheidend ist:

▶ Was richtig ist, bestimmt die Bildungseinrichtung. Eine Konformitätsbewertung (z. B. Auditor) bestimmt wie die Konformität besteht und optimiert werden könnte!

Der Nachweis dieser Hypothese geht aus der Grundlage der Auditierung selbst hervor. Die DIN EN ISO 19011: 2011 definiert in Kapitel 3.1, 3.2 und 3.3, dass die Auditierung das „Wie" überprüft. Im Zweifelsfall kann eine Bildungseinrichtung zu jedem Zeitpunkt darlegen, warum die Erfüllung einer Normanforderung in einem gewissen Kontext nicht relevant ist.

Im Zusammenhang mit dieser Handlungsempfehlung könnte der Eindruck eines Lesenden entstanden sein, dass Diskussionen einer Bildungseinrichtung mit Auditoren zielführend sein könnten. Keineswegs soll im Rahmen dieses Weges dazu motiviert werden, die Kompetenzen von Auditoren und dahinterstehenden Organisationen in Frage zu stellen. Das Ziel der vorangegangen Argumentation ist lediglich, ein ressourcenschonender und effizienter Umgang mit Inhalten einer internationalen Norm, um den höchsten Mehrwert daraus zu generieren. Um das Beispiel einzubeziehen, jede Überlegung im Zusammenhang mit der ISO 2001, einen Rollstuhllift einzubauen, ist Ressourcenverschwendung. Die einzige Ausnahme liegt dann vor, wenn tatsächlich mehrere Personen mit einer Gehbehinderung an der Lerndienstleistung interessiert sind und die Bildungseinrichtung an einer derartigen Investition interessiert ist. Um dies festzustellen, ohne die Gewinnorientierung einzubeziehen, ist die Überlegung anzustellen, inwieweit bestimmte Lernende mit einem besonderen Lernbedarf einzubeziehen sein sollten.

Die nächste Handlungsempfehlung nimmt Bezug auf die Qualitätspolitik. Die Erstellung, Aufrechterhaltung und Verbesserung einer solchen, kann mit einem hohen Ressourceneinsatz verbunden sein. Und weiterhin ist der Ressourceneinsatz nicht unweit geringer, die Qualitätspolitik an Mitarbeiter zu kommunizieren und das Verstehen und Einbinden in den operativen Geschäftsalltag. Die Lehre der Unternehmens- und Mitarbeiterführung stellt für diese Problematik zahlreiche Theorien, Instrumente und Modelle bereit. Schließlich ist Unternehmens- und Mitarbeiterführung nicht grundlos Bestandteil mehrere Semester eines BWL-Studiums und an ausgewählten Universitäten und Hochschulen ein eigenes Masterstudien-Programm.

Aufgrund der Komplexität und unterschiedlichen Ansätze soll in diesem Werk nur auf ein ausgewähltes Instrument eingegangen werden, welches für Bildungseinrichtungen jeder Größe geeignet ist und sich vielfach bewährt hat. Es handelt sich um

- Top-Down,
- Bottom-Up,
- Gegenstromprinzip

Bei dem Top-Down werden die Qualitätspolitik und die -ziele von der obersten Führungsebene bestimmt und an die hierarchisch untergeordneten Ebenen kommuniziert. Die Erwartungen stellt die oberste Führungsebene an alle anderen. Der Schlüssel des Erfolges von Top-Down liegt im Führungsstil und der Art der Kommunikation. So treten bei einem reinen Top-Down häufig fehlende Mitarbeitermotivation, -fluktuation und Nicht-Erreichung der Qualitätsziele auf. Mitarbeiter rangen oftmals mit den Gefühlen, die Erwartungen seien zu hoch, unrealistisch oder nicht im Interesse der Mitarbeiter. Wie hoch ist die Motivation eines Mitarbeiters, wenn er sich nicht mit der Qualitätspolitik und den -zielen identifizieren kann? Jedoch sind auch positive Effekte ersichtlich, wie beispielsweise eine hohe Motivation von Mitarbeitern, da sie sich gut und konstant geführt fühlen und die Unternehmensführung beeindrucken möchten. Entscheidend ist auch hier die Kommunikation. Wie erfolgreich kommuniziert werden kann und welche Möglichkeiten die Kommunikation in Verbindung mit anderen Unterstützungen bietet, ist Inhalt des Kap. 7 der ISO 21001.

Bei dem Bottom-Up werden die Qualitätspolitik und die -ziele gegensätzlich von den hierarchisch untergeordneten Ebenen an die oberste Führungsebene kommuniziert. Die Individualziele eines Mitarbeiters werden mit anderen zu Gruppenzielen zusammengefasst. Diese Gruppenziele wiederum können weiterhin konkludiert und zu Unternehmenszielen umgewandelt werden. Aus der Summe der

Qualitätsziele kann anschließend die oberste Führungsebene die Qualitätspolitik beschreiben und sicherstellen, dass jeder Mitarbeiter sich mit ihr identifizieren kann. Häufig vorkommende Methoden in der Praxis sind Wochenziele einer Gruppe, Meilensteinplanungen, Projektpläne mit Projektzielen und To-Do-Listen sowie Mitarbeitergespräche mit Zielvereinbarungen. Die Mitarbeitermotivation und das -engagement sind praxisüblich sehr hoch. Das Gefühl der Wertschätzung und aktiven Mitgestaltung in der Bildungseinrichtung bedingt eine hohe Mitarbeiterbindung und -zufriedenstellung. Allerdings kann häufig festgestellt werden, dass die oberste Führung die Qualitätsziele als zu gering einschätzt und die Leistungsfähigkeit der eigenen Leistung der Mitarbeiter nicht ausgeschöpft wird.

Das Gegenstromprinzip versucht die Vorteile der zuvor beschriebenen Ansätze zu kombinieren und die jeweils bestehenden Nachteile zu nivellieren. Dies schafft das Gegenstromprinzip, indem es zunächst nach dem Top-Down, anschließend nach dem Bottom-Up und zuletzt erneut nach dem Top-Down vorgeht. Die oberste Führungsebene kommuniziert die Qualitätspolitik und -ziele an die hierarchisch ungeordneten Ebenen. Diese haben nun die Aufgabe, die Erwartungen der obersten Führungsebene zu überprüfen und gegebenenfalls anzupassen. Zudem kann festgestellt werden, inwieweit die Individualziele in die Zielvorgaben eingearbeitet werden können. Die Ergebnisse dieser Anpassungen werden schließlich an die oberste Führungsebene zurückgegeben, die eine Überprüfung der Erwartungsüberschneidungen vornimmt. Im Idealzustand ist es der obersten Führungsebene möglich, die eigenen Erwartungen und die der Mitarbeiter zu harmonisieren, ohne eine der beiden Seiten zu benachteiligen oder zu bevorzugen. Selbstverständlich werden in diesem Zusammenhang Konfliktsituationen nicht vollständig zu vermeiden sein, weshalb ein Konfliktmanagement und der strategische Umgang und eine offene, objektive Kommunikation nicht auszuschließen sind. Um dies zu ermöglichen, beschreibt das Kap. 7 der ISO 21001 wertvolle Anforderungen, die eine offene, objektive Kommunikation und sonstige Unterstützung sicherstellen. Sofern die Harmonisierung vollständig gelungen ist, geht das Gegenstromprinzip abschließend nach dem Top-Down vor und setzt die Qualitätspolitik und -ziele fest. In der praktischen Umsetzung finden die bereits beschriebenen Methoden eine optimale Anwendung. Eine geeignete, praktische Umsetzung sind Strategy Days als Team-Event einer Bildungseinrichtung. Strategy Days stellen nicht nur sicher, dass die geplanten Erfolge des Gegenstromprinzips erreicht werden können, sondern motiviert, bindet und festigt die Mitarbeiter. Die Tab. 8.9 kann als beispielhaftes Muster einer Zeitplanung der Strategy Days verwendet werden.

Der beispielhafte Musterzeitplan aus Tab. 8.9 hat sich in der Praxis von Bildungseinrichtungen vielfach bewährt. Entscheidend für den Erfolg und die Seriösität des Projektes ist die Integrität und Authentizität aller beteiligten Führungskräfte.

Tab. 8.9 Beispielhafter Musterzeitplan der Strategy Days

Zeit[a]	Event	Inhalt
Tag 1	Kick-off (Top-Down)	Begrüßung und Intro, Ursachen und erhoffte Mehrwerte, Was lief bisher sehr gut und was sollte verbessert werden?, Vorstellung der Qualitätspolitik und -ziele der obersten Führungsebene, Hintergründe, Einbindung in den operativen Geschäftsalltag und gewünschte Ergebnisse
Tag 2	Review und Individualisierung (Bottom-Up)	Review der Qualitätspolitik und -ziele der obersten Führungsebene, Vorstellung der Individual- und Gruppenziele, Vereinbarkeit, Umsetzbarkeit und Anpassung der Qualitätspolitik und -ziele der obersten Führungsebene, Ausarbeitung und Harmonisierung
Tag 3	Unsere Qualitätspolitik und -ziele (Top-Down)	Harmonisierung zwischen Top-Down und Bottom-Up, Moderation und Konfliktmanagement, Festlegung und Verbindlichkeitserklärung
Tag 4	Mission und Vision	Festlegen der Mission und Vision auf Basis der Qualitätspolitik und -ziele, Ableitung von KPI, Priorisierung und Risikomanagement
Tag 5	Next steps und Meilensteine	Planung der nächsten Schritte und Aktionen, Festlegen der Teilziele (Meilensteine), Terminierung, Abschluss und Danksagung

[a]Das Event beginnt 10:00 Uhr und endet 14:00 Uhr. Mit Pausen sollte ein Event ca. 3 Stunden beanspruchen

Weiterhin ist einer Bildungseinrichtung nahezulegen, einen externen Moderator einzusetzen. Übernimmt eine Führungskraft oder ein anderer Mitarbeiter die Position des Moderators, kann der Eindruck einer Bevorteilung und Subjektivität nicht ausgeschlossen werden. Neutralität und Objektivität eines Moderators stellen zudem produktive und ausgeglichene Diskussionen und Meinungsaustausche sicher.

Handlungsempfehlungen zur Umsetzung der Anforderungen hinsichtlich der Rollen, Verantwortlichkeiten und Befugnisse ergeben sich zum Großteil aus den Handlungsempfehlungen zu einzelnen Kapiteln aus diesem Werk. Eine generelle Handlungsempfehlung besteht in der Erstellung und Kommunikation von Stellen- und Aufgaben-/Arbeitsplatzbeschreibungen. Je dokumentierter eine Stellen- und

Aufgaben-/Arbeitsplatzbeschreibung ist, desto eher ist ein effizienter Ablauf und die Ergebniserreichung der Prozesse sichergestellt. Die Methoden des KAIZEN bilden eine hilfreiche Unterstützung in der Erarbeitung, Überprüfung und Verschlankung von Stellen- und Aufgaben-/Arbeitsplatzbeschreibungen. KAIZEN (Veränderung zum Guten) stellt eine Auswahl an Techniken bereit, die die Effizienz von Prozessen steigern können (weitere Informationen in Abschn. 8.2.5.8).

Die grundlegenden sieben Techniken sind:

- Q7-Werkzeuge
  - Paretogramm
  - Histogramm
  - Fehlersammelliste
  - Qualitätsregelkarte
  - Korrelationsdiagramm
  - ISHIKAWA
  - Stratifikation
- Quality Circle
- 3 Mu
  - Mura
  - Muri
  - 7 Muda
    - Transport
    - Inventory
    - Motion
    - Waiting
    - Over-Engineering
    - Over-Production
    - Defects
- 5 S
  - Seiso
  - Seiri
  - Shitsuke
  - Seiton
  - Seiketsu
- 6W-Hinterfragetechnik
- 7 M
  - Mensch
  - Maschine
  - Milieu
  - Methode

  - Messung
  - Management
  - Material
- Just in Time

Im Zusammenhang mit den Stellen- und Aufgaben-/Arbeitsplatzbeschreibungen sind besonders die 3 Mu, die 6W-Hinterfragetechnik und die 5S geeignete Techniken.

In der Erstellung und Überprüfung von Stellen- und Aufgaben-/Arbeitsplatzbeschreibungen ist darauf zu achten, dass die Effizienz der Ausführung nicht durch Abweichungen von den beschriebenen Vorgängen/Prozessen (Mura), Überlastung/Unterlastung (Muri) und Verschwendungen (Muda) gefährdet sind. Zudem sollte die personenunabhängige Durchführung eines Prozesses sichergestellt sein. Somit ist nicht nur die problemlose Vertretung/Ersatz eines Dozenten möglich. Es ist auch sichergestellt, dass Prozesse stetig und konstant nach den Qualitätsanforderungen durchgeführt werden. Daher ist entscheidend, dass die Stellen- und Aufgaben-/Arbeitsplatzbeschreibungen detailliert genug ausgeführt sind, um alle auftretenden Fragen beantworten zu können. Die 6W-Hinterfragetechnik ist hierfür eine Technik erster Wahl, detaillierte Beschreibungen bereitzustellen. Die 5S können insbesondere bei Tätigkeiten an Arbeitsplätzen implementiert werden. Die Vereinheitlichung von Arbeitsplätzen, eine standardisierte Ausstattung und die allgemeingültige Beschreibung eines Arbeitsplatzes und der Arbeitsmittel ermöglicht ein arbeitsplatzunabhängiges Arbeiten und die Sicherstellung materieller Qualitätsanforderungen.

Das nachfolgende, zugegebenermaßen detaillierte Beispiel soll die Einbindung der genannten drei Techniken zu verdeutlichen. (s. hierzu auch Tab. 8.10)

Zu den 3 Mu

Hinsichtlich der 3 Mu kann bei Mura überprüft werden, welche Abweichungen in der Durchführung des Nebenprozesses „Feedback durch Dozenten einholen und auswerten“ auf Grundlage der detaillierten Arbeitsbeschreibung vorliegen könnten. Abweichungen könnten festgestellt werden, wenn beispielsweise Outputs der Teilprozesse nicht geliefert werden.

Muri könnten im Rahmen eines Audits oder einer Hospitation festgestellt werden. So könnte beispielsweise eine Überlastung des Dozenten bei der Auswertung der Feedbackbögen am gleichen Tag des Seminarendes vorliegen. Überlastungen führen zu Fehlern und Nachlässigkeiten. Diese können insbesondere in einer Aus-

Tab. 8.10 Detaillierte Aufgabenbeschreibung – Feedback durch **Dozenten** einholen und auswerten

Teilprozess	Beschreibung
Feedbackbögen verteilen	Input: ausgedruckte *Feedbackbögen* in der „**blauen Feedbackbogen-Mappe**“, entnehmbar aus dem Dozenten-Dokumentenfach Prozess: Die Feedbackbögen sind am Ende des letzten Seminartages im Seminarraum zu verteilen. Die Verteilung beinhaltet das persönliche Überreichen. Seminarteilnehmer sollen nicht selbstständig auf den Dozenten zugehen und einen Feedbackbogen abholen. Output: jeder Teilnehmer besitzt einen ausgedruckten Feedbackbogen
Feedbackbögen einsammeln	Input: jeder Teilnehmer besitzt einen ausgedruckten Feedbackbogen Prozess: Die ausgefüllten Feedbackbögen werden **nach 5 Minuten** eingesammelt und in der „blauen Feedback-Mappe“ abgelegt. Output: die ausgefüllten Feedbackbögen befinden sich in der „blauen Feedback-Mappe“
Feedbackbögen auswerten	Input: die ausgefüllten Feedbackbögen befinden sich in der „blauen Feedback-Mappe“ Prozess: Das Feedback wird durch den Dozenten ausgewertet und in der *Auswertungstabelle* eingearbeitet. Sind alle Feedbackbögen ausgewertet und ist die Auswertungstabelle mit der Kopie gesichert, werden die Feedbackbögen durch den **Aktenvernichter in Raum 1002** datensicher vernichtet. Output: die Feedbackbögen sind ausgewertet, die Auswertung befindet sich in der gesicherten Auswertungstabelle, die Feedbackbögen sind datensicher vernichtet worden
Ergebnisse verteilen	Input: die Feedbackbögen sind ausgewertet, die Auswertung befindet sich in der gesicherten Auswertungstabelle, die Feedbackbögen sind datensicher vernichtet worden Prozess: Die Auswertungstabelle verbleibt in dem *Ordner* auf den die Geschäftsführung, Teamassistenz und Dozenten des Seminars Zugriff haben. Die Auswertung und deren Ergebnisse sind am Tag des Seminarendes **bis 18:00 Uhr** zugänglich. Output: die gesicherte Auswertungstabelle ermöglicht der Geschäftsführung und Teamassistenz den Zugriff
Verbesserungen ableiten	Input: die gesicherte Auswertungstabelle ermöglicht der Geschäftsführung den Zugriff Prozess: Die Ergebnisse der Auswertung werden verwendet, um das Verbesserungsmanagement zu betreiben. Vorbeuge-, Korrektur- und Verbesserungsmaßnahmen werden durchgeführt, wie in der *Prozessbeschreibung „Verbesserungsmanagement“* beschrieben. Output: **mindestens zwei Maßnahmen**, um das Seminar zu verbessern

wertung fatale Auswirkungen haben. Zudem ist eine Überlastung kognitiver Fähigkeiten die Ursache von Konzentrationsschwächen. Konzentrationsschwächen wiederum sind Ineffizienzen des menschlichen Gehirns. Aufgaben wie Auswertungen innerhalb der Phase einer Konzentrationsschwäche durchzuführen benötigt in der Regel mehr Zeit als notwendig sein könnte. Daher könnte überlegt werden, die Auswertung des Feedbacks auszulagern, das Feedback am Vortag durchzuführen oder das Feedback und dessen Auswertung zu digitalisieren und zu automatisieren.

Die Feststellung der Muda sind sehr umfassend und sollen an dieser Stelle nicht weiter ausgeführt werden.

Zu der 6W-Hinterfragetechnik

Die Beantwortung der 6W ist innerhalb der Aufgabenbeschreibung problemlos und detailliert möglich. Jede Person, die mit dieser Aufgabenbeschreibung arbeitet, sollte in der Lage sein, die beabsichtigten Ergebnisse entsprechend der Qualitätsanforderungen zu liefern.

Zu den 5S

Die 5S sind besonders bei der Gestaltung von Arbeitsplätzen ein Mehrwert. Im Zusammenhang mit dem obigen Beispiel finden sie keine Anwendung.

8.2.5.4 Planung

Bezug zu der ISO 21001

- Kapitel 6 Planung

Anforderung

Die Anforderungen des sechsten Kapitels der ISO 21001 bestehen aus drei wesentlichen Komponenten:

- Anforderungen an das Chancen- und Risikomanagement
- Anforderungen an Qualitätsziele
- Planung von Änderungen

Damit sind die Anforderungen weitestgehend kongruent zu denen der ISO 9001. Aufgrund der Kernkomponenten des Kapitels, stellen die Anforderungen die mitunter bedeutsamsten der ISO 21001 dar.

So fordert die ISO 21001 neben der Betrachtung der internen und externen Themen sowie den Bedürfnissen interessierten Parteien, ein Chancen- und Risikomanagement.

> Chancen sind die positiven Abweichungen von einem gewünschten Ergebnis durch das Fehlen von Informationen und Wissen (Ungewissheit).
>
> Risiken sind die negativen Abweichungen von einem gewünschten Ergebnis durch das Fehlen von Informationen und Wissen (Ungewissheit).

Im Zusammenhang mit Chancen gilt es, sie zu nutzen, um das gewünschte Ergebnis weiterhin positiv zu beeinflussen. So sollten Chancen bestimmt werden, um neue Praktiken, Lerndienstleistungen, Absatz- und Beschaffungsmärkte, neue Lernende und Profiteure, Technologien oder Partnerschaften zu bestimmen.

Gleichzeitig sollten Risiken bekannt sein, um sie vermeiden zu können, die Risikoursache zu eliminieren oder die Folgen zu verändern. Zudem können Risiken geteilt und in Kauf genommen werden, um daraus Chancen abzuleiten oder sie kontrolliert zu überstehen.

Im Umgang mit Chancen und Risiken muss die Bildungseinrichtung sicherstellen, das Qualitätsmanagement aufrechtzuerhalten. Das bedeutet, dass trotz Chancen und Risiken die Lerndienstleistungen den Bedürfnissen der Lernenden und Profiteure gerecht werden müssen und die beabsichtigten Ergebnisse erzielt werden. Chancen sollten erwünschte Auswirkungen verstärken, wohingegen Risiken unerwünschte Auswirkungen eliminieren oder verringern sollten. Das Chancen- und Risikomanagement muss der kontinuierlichen Verbesserung dienen.

Um diese Anforderungen sicherstellen zu können, muss die Bildungseinrichtung zudem mit Chancen und Risiken nach dem Deming-Zyklus vorgehen:

- Plan: Planen der Maßnahmen und des Umgangs
- Do: Umsetzen des Geplanten
- Check: Bewertung der Wirksamkeit des Umgesetzten
- Act: Verbesserung

Im nächsten Unterkapitel der ISO 21001 werden Anforderungen an die Qualitätsziele und deren Erreichung gestellt. Wie bereits aus dem Kap. 5 der ISO 21001 der Qualitätspolitik eine entscheidende Rolle zugtragen wurde, so sind auch Qualitätsziele ein zentrales Element des Qualitätsmanagements der Bildungsbranche.

Es gilt, Qualitätsziele mit zahlreichen Anforderungen festzulegen. Dabei können die einzelnen Anforderungen an Qualitätsziele dem SMART-Prinzip eingeordnet werden. Die Tab. 8.11 verdeutlicht eine mögliche Einordung.

Darüber hinaus ist es die Aufgabe der Bildungseinrichtung, die Erreichung der aufgestellten Qualitätsziele sicherzustellen. Dabei ist stellt der prozessorientierte Ansatz eine gute Ausgangsbasis da, um die grundlegenden Fragestellungen, die

Tab. 8.11 Anforderungen an Qualitätsziele durch das SMART-Prinzip

SMART-Prinzip	Anforderungen an Qualitätsziele
Spezifisch	- Berücksichtigung von Anforderungen
Messbar	- Messbarkeit - Überwach- und Bewertbarkeit
Attraktiv	- Leistungskonformität und positiv beitragend zur Bedürfnisbefriedigung - Kommunizierbarkeit
Realistisch	- Konformität mit der Qualitätspolitik - Aktualität
Terminiert	- Überwach- und Bewertbarkeit
Dokumentierte Informationen zu den Qualitätszielen und deren Erreichungsgrad.	

zugleich Normanforderungen sind, zu beantworten. Entlang des Ablaufs eines Prozesses besteht zunächst die Frage:

Was soll getan werden, um das Qualitätsziel zu erreichen?

Welche Ressourcen sind dafür notwendig?

Im Anschluss wirft dies die Frage auf:

Wer soll den Prozess durchführen und welchen zeitlichen Rahmen hat die Person dafür?

Abschließend gilt es, den Output des Prozesses zu bewerten. Daher steht die Frage im Raum:

Wie kann der Output bewertet werden?

Entscheidend, um die genannten Fragen zu beantworten ist, inwieweit bei den Qualitätszielen dem SMART-Prinzip entsprochen werden konnte. Es gilt, je SMARTer ein Ziel, umso einfacher die Bewertung einer möglichen Zielerreichung.

Damit im Kap. 6 der ISO 21001 die letzte Anforderung in der Planung von Änderungen, die bereits in der ISO 9001 gestellt wurde. Eine Änderung an dem Qualitätsmanagement einer Bildungseinrichtung ist in der prozessorientierten Denkweise nichts anderes als ein eigener Prozess. Daher muss der Prozess der Änderung ebenso behandelt werden. Die ISO 21001 stellt an die Planung von Änderungen zunächst die Anforderung, den Zweck der Änderung und alle möglichen Konsequenzen zu betrachten. Da aus den Konsequenzen Chancen und Risiken hervorgehen können, kann die Planung von Änderungen also auch ein Bestandteil des Chancen- und Risikomanagements sein. Weiterhin darf bei geplanten Änderungen die Integrität des Qualitätsmanagementsystems nicht gefährdet sein. Das bedeutet, dass eine geplante Änderung nicht im vollkommen gegenseitigen Interesse des bestehenden Qualitätsmanagements sein sollte.

Schließlich müssen die Ressourcen und gegebenenfalls die Rollen, Verantwortlichkeiten und Befugnisse geändert werden. Eine vorherige Betrachtung dieser Folgen einer Änderung können einen weitreichenden Einfluss auf die Bildungseinrichtung nehmen, sofern sie nicht von Beginn an bekannt sind und berücksichtigt werden.

Handlungsempfehlungen

Das Kap. 6 der ISO 21001 stellt nicht nur eines der wichtigsten Kapitel der ISO 21001 dar. Es ist zudem eines der Kapitel, deren Anforderungen vergleichsweise eindeutig und simpel beschrieben wurden. Auch die Umsetzung der Anforderungen lässt keinen großen Gestaltungsspielraum, wenngleich dies die Umsetzung nicht zwingend einfacher machen muss.

Die simpelste Empfehlung der drei Grundkomponenten Risikomanagement, Qualitätsziele und Planung von Änderungen besteht in der tabellarischen Darstellung und Einbindung in die Managementbewertung (Kap. 9).

In der Praxis konnte sich die Risikomatrix in tabellarischer Form bewähren. Die Risikomatrix kann den Aufbau wie in Tab. 8.12 besitzen.

Durch die Risikomatrix, in der neben Risiken auch Chancen betrachtet werden sollten, werden alle Anforderungen der ISO 21001 in Bezug auf das Chancen- und Risikomanagement dargelegt. Die Bildungseinrichtung weiß um die bestehenden Chancen und Risiken sowie um deren mögliche Folgen. Darüber hinaus werden in der Risikomatrix Maßnahmen abgeleitet, wie mit diesen Folgen umgegangen werden kann. Werden die Chancen und Risiken:

- genutzt
  - Chancen wahrnehmen
  - Risiken umwandeln in Chancen
  - Chancen und Risiken als Wissensvorsprung nutzen
- kontrolliert überdauert
  - Begründete Ablehnung jeglicher Maßnahmen, beispielsweise aufgrund von Ressourcenmangel
  - Vorbereitung auf die Folgen einer Chance/eines Risikos
- geteilt
  - Chancen mit interessierten Parteien teilen und für den eigenen Erfolg nutzen
  - Risiken mit interessierten Parteien, um mögliche Schäden je Partei zu minimieren
  - Risiken in unterschiedliche „kleinere“ Risiken unterteilen und unterschiedlich betrachten

Tab. 8.12 Risikomatrix der XY GmbH – unsere Chancen und Risiken

Klassifizierung[a]	Risiko/Chance	Folgen	Maßnahmen	Erfolg[b]
0,72 (0,80;0,90)	Es treten weitere Mitbewerber in unseren relevanten Markt ein und bieten eine vergleichbare Dienstleistung an.	Es kommt zu einer Umverteilung der Marktanteile. Bestehende und Neukunden erhalten eine größere Auswahl vergleichbarer Lerndienstleistungen.	Wir sollten unseren USP weiter verbessern und besser kommunizieren. Unsere Nutzstiftung muss Bestandteil unseres Qualitätsverständnisses werden. Wir sollten unsere bestehenden Lerndienstleistungen verbessern und gegebenenfalls Kooperationen mit anderen Bildungseinrichtungen schließen, um gemeinsame Synergien zu erschließen. Wir sollten unseren Kunden etwas anbieten, was die Wettbewerber nicht können. Wir könnten unser Qualitätsmanagement nach außen kommunizieren und offensiver als einen Mehrwert für Lernende präsentieren.	2
0,18 (0,20;0,90)	Bestehende Mitbewerber scheitern mit ihrem Konzept und scheiden aus dem Markt aus.	Die Bestandskunden müssen neue Angebote überprüfen. Neukunden müssen Präferenzen neu ausrichten. Die Marktanteile werden umverteilt und erlauben die Möglichkeit, neue Kunden zu gewinnen.	Wir sollten das Angebot der ausscheidenden Mitbewerber detailliert untersuchen und den Bestandskunden eine ähnliche, aber bessere Lerndienstleistung anbieten. Wir könnten mit dem ausscheidenden Mitbewerber eine Vereinbarung treffen, den Bestandskundenpool zu übernehmen. Wir sollten überlegen, die Mitarbeiter des ausscheidenden Mitbewerbers zu übernehmen, um so neue Kapazitäten und Wissen zu beziehen und unsere Lerndienstleistung zu verbessern. Wir könnten zudem erörtern, inwieweit wir den ausscheidenden Mitbewerber vollends übernehmen.	k.A.
…	…	…	…	…

[a]Die Klassifizierung wird durch die Multiplikation der Wahrscheinlichkeit in % und der Bedeutsamkeit in % für die Bildungseinrichtung berechnet. Je höher die Klassifizierung, umso höher die Priorisierung

[b]Der Erfolg ist auf den Erfolg einer Maßnahme bezogen. In der Maßnahme ist beschrieben, ob eine Eliminierung, Verminderung, Erhöhung, Teilung etc. vorgesehen ist. Der Erfolg wird nach dem Schulnotensystem mindestens jährlich bewertet.k.A. = die Maßnahme wurde nicht realisiert, da das Risiko/die Chance nicht aufgetreten ist/stimuliert werden konnte

- vermieden
  - Vermeiden von Ursachen
  - Vermeiden von Quellen
  - Vermeiden von Auslösern
- eliminiert
  - Eliminieren von Ursachen
  - Eliminieren von Quellen
  - Eliminieren von Auslösern
- vermindert
  - Vermindern von möglichen Folgen
  - Vermindern der Eintrittswahrscheinlichkeit

Anschließend ermöglicht die Risikomatrix die Beurteilung des Erfolges der getroffenen Maßnahmen. In dieser Kombination erlaubt die Klassifizierung zum Spaltenbeginn der Tabelle die Einordnung einer Chance/eines Risikos. Durch die Multiplikation der Wahrscheinlichkeit des Eintretens und der Bedeutsamkeit für die Bildungseinrichtung erhalten Anwender die unmittelbare Priorisierbarkeit der Maßnahmen.

Die Erstellung einer vergleichbaren Risikomatrix ist umfangabhängig vergleichsweise kurzfristig umsetzbar. In der Praxis wir die Risikomatrix zumeist als eigenes Dokument des Qualitätsmanagementsystems verwendet. Sie kann aber auch durchaus Bestandteil der Managementbewertung sein. Durch die Einbindung der Risikomatrix in die Managementbewertung ist zumindest sichergestellt, dass die Überprüfung der Risiken und Maßnahmen kontinuierlich, systematisch und mindestens jährlich erfolgt. Das ist jedoch nicht gleichbedeutend mit der Annahme, dass die Bewertung eines eigenstehenden Dokuments nicht erfolgen würde.

Es ist empfehlenswert, die Risikomatrix in der obersten Führungsebene zu erstellen und die Ergebnisse der Risikomatrix in die Kommunikation des Qualitätsmanagements aufzunehmen. Allerdings scheiterte die Erstellung von Risikomatrizen in der Praxis an einer sehr starken Fokussierung durch die Einbindung zu vieler Mitarbeiter. Da dieses Instrument eine vorwiegend strategische Ausrichtung der Bildungseinrichtung ermöglichen sollte, ist zu hinterfragen inwieweit operative personelle Kapazitäten effizient bei der Erstellung und Überprüfung der Risikomatrix beitragen.

Hingegen kann das Ergebnis oder der Input einer Risikomatrix die SWOT-Analyse sein. Die SWOT-Analyse ist bestens für Projekte und Team-Events geeignet und stärkt neben dem Verständnis der Mitarbeiter für Qualitätsmanagement auch die Mitarbeiterbindung und -motivation. Da die SWOT-Analyse neben Chancen und Risiken auch Stärken und Schwächen beinhaltet, ist die Einbindung operativer personeller Kapazitäten obligatorisch. Aufgrund des Umfangreichtums des Instruments SWOT-Analyse, zudem es eigene Fachliteratur gibt, soll in diesem Werk lediglich der Grundgedanke in Verbindung mit einer Bildungseinrichtung geschildert und empfohlen werden.

Bei der SWOT-Analyse (Analyse von Strengths, Weaknesses, Opportunities und Threats) handelt es sich im Wesentlichen um eine Achtfeldermatrix, in der die Stärken und Schwächen sowie die Chancen und Risiken in der obersten Zeile beziehungsweise ersten Spalte beschrieben werden. Die weiteren vier freien Felder dienen der Ableitung von Strategien zwischen den jeweiligen Stärken, Chancen, Schwächen und Risiken. Damit kombiniert die an der Harvard University entwickelte Matrix eine interne Unternehmensanalyse (Stärken und Schwächen) und eine externe Umweltanalyse (Chancen und Risiken).

Um eine bessere Übersichtlichkeit der verschiedenen Ergebnisse zu erhalten, können statt einer Achtfeldermatrix auch zwei Vierfeldermatrizen verwendet werden. Nun würde ein TWOS-Diagramm erstellt werden, welches lediglich in vier Feldern die Stärken und Schwächen, Chancen und Risiken beschreibt.

Die ideale Ausgangsbasis für die Analyse der Chancen und Risiken kann die Risikomatrix sein. Doch wie bereits eingangs beschrieben, kann auch das Ergebnis des TWOS-Diagramms die Ausgangslage der Risikomatrix sein. Eine optimale Ausgangsbasis für die Analyse der Stärken und Schwächen kann das Business Modell Canvas oder der Businessplan sein. Zudem sind die Erfahrungen, Kenntnisse, das Wissen und die Einschätzungen der Mitarbeiter (operativ) wertvolle Eingabequellen zur Beschreibung und Analyse der Stärken und Schwächen. Dies ist insbesondere dann obligatorisch, wenn die oberste Führungsebene und die an der Erstellung der SWOT-Analyse beteiligten Personen überwiegend strategisch arbeiten oder für strategische Führungsaufgaben arbeiten. In der Praxis kann wiederkehrend beobachtet werden, welche abweichende Einschätzung strategische Führungsebenen von der objektiven, operativen Realität haben.

Die Grundlage einer objektiven Einschätzung von Stärken und Schwächen muss faktenbasiert sein. Zum einen, weil die faktenbasierte Entscheidungsfindung ein Grundsatz des Qualitätsmanagements ist. Zum anderen, weil subjektive Einschätzungen zu fehlerhaften Deduktionen führen und den Erfolg einer Bildungseinrichtung nachträglich negativ beeinflussen können. Da faktenbasierte Entscheidungsfindung nicht gleichzusetzen mit KPI-bezogener Entscheidungsfindung ist, sind Zahlen wie Kursgröße, Vertragsabschluss, Folgeumsatz, Umsatzsteigerung, Mitarbeiterfluktuation etc. nicht ausschließlich für die Beurteilung von Stärken und Chancen zu berücksichtigen.

Die zweite Vierfeldermatrix wäre die eigentliche SWOT-Analyse und Ableitung der passenden Strategien zu den verschiedenen Kombinationsmöglichkeiten:

- SO-Strategien (Stärken und Chancen) – Ausbauen
- ST-Strategien (Stärken und Risiken) – Absichern
- WO-Strategien (Schwächen und Chancen) – Aufholen
- WT-Strategien (Schwächen und Risiken) – Vermeiden

Das Ergebnis einer durchdachten und detaillierten SWOT-Analyse stellt einen enormen Wert für die Bildungseinrichtung dar. Sowohl wirtschaftlich, als auch bezogen auf Kundenorientierung und das Qualitätsmanagement sind die Ergebnisse einer SWOT-Analyse umfassend anwendbar. So können die Ergebnisse verwendet werden, um diese im Marketing und Vertrieb anzuwenden. Weiterhin sind die Strategien in die Erarbeitung der Qualitätspolitik, -ziele, Visionen und Missionen integrierbar.

Die zweite Kernkomponente der Anforderungen aus dem Kap. 6 der ISO 21001 ist auf die Qualitätsziele bezogen. Wie auch in Kap. 5, bei dem die Erarbeitung der Qualitätspolitik sowie Kommunikation Bestandteil der obersten Führungsebene ist, kann den Qualitätszielen eine große Bedeutung zugesprochen werden.

► Der Segler, der nicht um den Hafen weiß, den er ansteuern möchte, wird nie ankommen!

Dieses Motto sollte bekannt sein. Doch die Bedeutung und enormen Potenziale dahinter verstehen vergleichsweise Wenige. Andernfalls würden alle Bildungseinrichtungen mit einem umfassenden Zielsystem arbeiten. Doch dies ist in der Praxis nicht der Fall. Die häufigste Mentalität, die Unternehmensberater und Auditoren (intern und extern) antreffen ist:

► Erst das Geschäft, dann der Erfolg.

Zugegebenermaßen ist dies kein hinreichend bekanntes Motto, es beschreibt allerdings die exakte Handlungs- und Denkweise vieler Bildungseinrichtungen. Dabei liegt das operative Geschäft im Fokus. Wichtig ist den Bildungseinrichtungen das Abarbeiten von Prozessen, das Abarbeiten von Lerndienstleistungen. Eine praxisorientierte Hypothese ist, dass sich Bildungseinrichtungen zu Sacharbeitern entwickeln: der stetig gleiche Ablauf, Tag für Tag. Das Abarbeiten von Lerndienstleistungen und das Abfertigen von Lernenden scheint fokussiert wurden zu sein.

Diese Herangehensweise ist nicht von Erfolg gekrönt. Bildungsträger, die nach dieser „Strategie“ vorgehen, sind durchaus in der Lage wirtschaftlich und finanziell sehr erfolgreich zu sein. Doch dieser Sachverhalt verschlimmert die Problematik. Die „erfolgreichen Sacharbeiter“ gehen infolgedessen davon aus, dass ihre „Strategie" effektiv und langfristig ist. Sie vergessen dabei allerdings die Umwelteinflüsse auf den Bildungsträger. Sich ändernde externe Themen, insbesondere marktbezogene, wettbewerbsbezogene und technologische Themen, werden missachtet oder vergessen.

Die Folge sind kurzfristig erfolgreiche Bildungsträger, die eine Marktabschöpfung betrieben. Ist der Markt allerdings abgeschöpft, ohne der geringsten Verbesserung oder Weiterentwicklung nachgegangen zu sein, werden die Marktanteile des Bildungsträgers signifikant sinken. Die Ursache liegt in den Entwicklungen, die durch marktbezogene, wettbewerbsbezogene oder technische Themen angeregt wurden.

Um diesem Sachverhalt zu entgehen, müssen Bildungsträger für einen langfristigen und nachhaltigen Erfolg die Anforderungen aus Kap. 4 (interne und externe Themen) beachten und sich Ziele setzen. Sofern kein außenstehender Antrieb besteht, besser zu werden, neue Lerndienstleistungen oder deren Erbringung weiterzuentwickeln, muss ein Bildungsträger sich selbst diese Ziele setzen. Das einfachste Beispiel hat einen wirtschaftlichen Bezug.

Praxisbeispiel

Die XY GmbH erzielte in 2017 einen Jahresumsatz von 150.000 € durch die Erbringung von Coachings zu gesunder und ausgewogener Ernährung.

In 2018 wurden die Lerndienstleistungen komplett aufrechterhalten. Durch die Investition in das Marketing von 25.000 € für das zweite Halbjahr 2017 und erste Halbjahr 2018 konnte der Jahresumsatz in 2018 um 20 % gesteigert werden. Der Umsatz betrug 180.000 €.

Mit einem Marketingbudget von 1/6 konnte eine Umsatzsteigerung von 20 % erzielt werden. Dies entspricht einem Ergebnis von 30.000 € – 25.000 € = 5000 €. Die Geschäftsführung verspricht sich daher mit einem weiteren Marketingbudget von 30.000 € einen zusätzlichen Umsatz von 36.000 €.

Das Ergebnis in 2019 fällt allerdings ernüchternd aus. Der erwartete zusätzliche Umsatz bleibt aus. Stattdessen muss die XY GmbH einen Rückgang des Umsatzes auf 145.000 € verzeichnen. Ebenso ist ein Neukundenrückgang von 8 Kunden im Vergleich zum Vorjahr festzustellen. Bei einem durchschnittlichen Kundenumsatz von 4000 € ist das Marketingbudget in 2018 deutlich schlechter angelegt wurden.

Was hat die XY GmbH nicht vollends bedacht?

Wie hätte die Bildungseinrichtung stattdessen vorgehen sollen?

> Es ist nicht ausreichend, den zukünftigen Erfolg auf Basis der vergangenen Erfolge zu planen.

Es ist anzumerken, dass die Geschäftsführung aus dem Beispiel zumindest mit KPI gearbeitet hat und eine mathematisch begründbare Grundlage ihrer Planungen schaffen konnte. Zudem ist auch festzustellen, dass aufgrund der Angaben aus dem Beispiel mindestens vier Qualitätsziele für 2019 abgeleitet werden konnten:

- Wir werden in 2019 einen Jahresumsatz von 210.000 € erzielen.
- Wir werden mithilfe des Marketingbudgets aus 2018 in Höhe von 30.000 € einen zusätzlichen Umsatz von 36.000 € und einen Overhead von 6000 € erreichen.
- Mit unserer Marketingstrategie aus 2018 werden wir in 2019 mindestens 9 Neukunden akquirieren.
- Der durchschnittliche Neukundenumsatz wird in 2019 4000 € betragen.

Soweit scheint ein Qualitätsmanagement nach ISO 21001 vorzuliegen. Auch die Anforderungen aus Kap. 6 der ISO 21001 hinsichtlich der Qualitätsziele könnte man bestenfalls als erfüllt ansehen. Dennoch hat das Vorgehen der Bildungseinrichtung aus dem Beispiel nichts mit einem Qualitätsmanagement zu tun. Der Bildungsträger hat sich auf das Motto versteift, erst das Geschäft und dann den Erfolg zu bedienen. Und selbst wenn der XY GmbH unterstellt werden könnte, sie sei ein Segler und hätte den Hafen gewusst, in die sie segeln will – sie wäre da niemals angekommen.

Die Handlungsempfehlung liegt darin, um in der Metapher des Segelns zu bleiben, zu wissen wie man in welchen Hafen segeln kann.

Wo liegt der Hafen?
Wie kann ich den Hafen ansteuern?
Wie verlasse ich den aktuellen Hafen?
Wen muss ich anheuern?
Welchen Proviant muss ich einlagern?
Wie lange werden wir segeln?
Wie steht der Wind und wie wird er sich entwickeln?
Wie tauglich ist mein Schiff?
Welche Reparaturen müssen jetzt, welche können später durchgeführt werden?
...

Bei Qualitätszielen kommt es nicht nur darauf an, die Anforderungen der ISO 21001 zu erfüllen oder nach dem SMART-Prinzip vorzugehen. Dies mag ausreichen, um eine Normkonformität zu erreichen, aber nicht, um den Hintergrund, die Intention und den möglichen Erfolg zu verstehen.

Aus diesem Grund müssen die Qualitätsziele eine Antwort bieten, auf die metaphorisch aufgegriffenen und weitere Fragen. Dabei kann es hilfreich sein, vergangene Erfolge und deren Maßnahmen als zukünftige Maßnahmen heranzuziehen. Doch auch externe Determinanten gilt es heranzuziehen.

► Der wesentliche Unterschied zwischen kurz- und langfristig erfolgreichen Bildungseinrichtungen ist, dass langfristig erfolgreiche Bildungseinrichtungen ihren Erfolg geplant haben. Weder Zufall noch Unsicherheiten (Risiken) hätten den zukünftigen Erfolg zunichtemachen können, denn die Bildungseinrichtung wusste darum und leitete Maßnahmen im Falle des Eintretens ein.

Die Bedeutung der Qualitätsziele wird dann deutlich, wenn sie eine Bildungseinrichtung erst dazu befähigen, den Erfolg derartig zu planen, dass er langfristig aufrechterhalten werden kann. Die Handlungsempfehlung besteht daher ganz klar darin, nicht nur das „Was“ sondern auch das „Wie“ zu beantworten, interne und externe Themen einzubeziehen und systematisch mit Chancen und Risiken umzugehen.

Abschließend beinhaltet die dritte Kernkomponente des sechsten Kapitels der ISO 21001 die Planung von Änderungen. Im Gegensatz zu den vorigen Anforderungen, sind die Handlungsempfehlungen zu den Anforderungen vergleichsweise gering. Eine Umsetzung der Anforderungen sollte innerhalb eines funktionierenden Qualitätsmanagementsystems bereits automatisch erfüllt sein. Da Änderungen innerhalb des Qualitätsmanagements in der Regel mit Änderungen von Prozessen zusammenhängen und Prozesse nach dem Deming-Zyklus aufgebaut sind, ist die Planung integraler Bestandteil des Prozesses.

Tritt eine Änderung innerhalb eines Prozesses auf, so ist zu empfehlen, mit klassischen Methoden des Projektmanagements zu arbeiten. Die Änderung als solche sollte als eigener Nebenprozess interpretiert werden. Der Änderungsprozess wird zu einem Projekt. Dieses Projekt sollte im Anschluss mit der Zuteilung von Verantwortlichkeiten, Rollen und Befugnissen beginnen. Im Anschluss empfiehlt sich die Planung des Projektes durch die Ressourcenzuteilung, Budgetierung und das Setzen von Projektzielen. Anschließend folgt die Durchführung des Geplanten, also die Änderung des Prozesses, der geändert werden soll. Der Erfolg der Änderung sollte nach der Umsetzung durch die Projektziele eruiert werden. Inwieweit die Integrität des geänderten Prozesses im Zusammenhang mit dem gesamten Qualitätsmanagementsystem aufrechterhalten werden konnte, ist zu überprüfen.

Diese umfassende, aber zielgerichtete Form der Planung von Änderungen, ist eine geeignete Methode größerer Änderungen und abhängig von den verfügbaren Ressourcen der Bildungseinrichtung.

8.2.5.5 Unterstützung

Bezug zu der ISO 21001
- Kapitel 7 Unterstützung

Anforderung
Das Kapitel der ISO 21001 sollte zur Verdeutlichung der einzelnen Anforderungen in die wesentlichen Unterkapitel zerlegt werden. Diese sind:

- Ressourcen
- Kompetenzen
- Bewusstsein
- Kommunikation
- Dokumentierte Informationen

Die Inhalte der fünf Unterkapitel können als Hilfestellung interpretiert werden, die Bildungseinrichtung dabei zu unterstützen, das Verständnis für Qualität und deren Umsetzung und Verbesserung zu erzeugen. Hierdurch soll nicht nur die Führung (Führungskräfte jeder Hierarchieebene), sondern auch jeder weitere Mitarbeiter und Subunternehmer in die Erreichung der Qualitätsziele eingebunden werden.

Die Ressourcen einer Bildungseinrichtung werden wiederum in sechs verschiedene Ressourcen untergliedert:

- Human Resources
- Umgebungen
- Lernumgebung
- Ressourcen der Überwachung und Messung
- Wissen der Bildungseinrichtung

Ressourcen sind durch die Bildungseinrichtung nicht nur zu bestimmen und bereitzustellen, um die Implementierung, Aufrechterhaltung und Verbesserung sicherzustellen. Die Ressourcen müssen die Motivation des Lernenden und dessen Bedürfnisbefriedigung unterstützen. Im Fokus steht dabei die Erreichung der beabsichtigten Lernergebnisse und Lernziele. Gleiches trifft auf die Mitarbeiter der Bildungseinrichtung zu. Nur zufriedene und engagierte Mitarbeiter sind motiviert genug, bestehende Kompetenzen zu verbessern und sich neue Kompetenzen anzueignen. Dies stellt wiederum sicher, dass das Lernen verbessert wird und die Lernenden die beabsichtigten Lernergebnisse erzielen. Weiterhin sind neben den Lernenden und Mitarbeitern die sonstigen Profiteure zufrieden zu stellen, die einen Einfluss auf die sozialen Aspekte des Lernens haben, wie beispielsweise Sponsoren oder Subunternehmer einer Bildungseinrichtung.

Die Human Resources umfassen hierzu neben den Mitarbeitern auch Freiwillige und Praktikanten, die mit dem Bildungsträger in Verbindung stehen sowie Subunternehmer oder externe Produzenten und Dienstleister. Um sicherzustellen, dass die genannten Human Resources die beabsichtigten Lernergebnisse unterstützen, müssen sie nach detaillierten Kriterien ausgewählt werden. Diese müssen interessierten Parteien zur Verfügung stehen, zum Beispiel durch die Beschreibung der Mitarbeiterprofile oder Stellenausschreibungen. Um zu gewährleisten, dass die Kriterien und die Kompetenzen der Human Resources übereinstimmen, müssen dokumentierte Informationen zu dem Prozess der Einstellung/Kooperationsübereinkunft existieren.

Die bestimmten und bereitgestellten Ressourcen sind nach dem DEMING-Zyklus im folgenden zu bewerten. Dies gilt nicht nur für die Bildungseinrichtung selbst, sondern auch für Subunternehmer oder andere Organisationen, die einen Einfluss auf den Erfolg des Lernens haben.

Darüber hinaus kann die Bildungseinrichtung das Qualitätsmanagement durch Kompetenzen unterstützen. Diese beinhalten allgemeine Anforderungen an Kompetenzen und Anforderungen an Kompetenzen für die Lerndienstleistung bei Lernenden mit besonderem Lernbedarf.

Als ein weiteres Instrument der Unterstützung kann das Bewusstsein aufgegriffen werden.

Zudem stellt die Unterstützung des Qualitätsmanagements durch Kommunikation ein Schlüsselinstrument dar.

Die gesamte Unterstützung des Qualitätsmanagementsystems wird durch die Nutzung dokumentierter Informationen verbessert. Dabei können dokumentierte Informationen jede Form besitzen. Sie können schriftlich digital, auf Papier, als Ton- oder Bildaufnahme existieren. Es existiert kein Erfordernis an ein Handbuch oder ähnliches.

Handlungsempfehlungen

Es besteht keine konkrete Handlungsempfehlung zu diesem Kapitel, da es ganz allgemeine Unterstützungsmöglichkeiten eines Qualitätsmanagementsystems darstellt. Die Umsetzung ist derartig individuell, dass keine allgemeine Empfehlung gegeben werden kann. Die Anforderungen und deren Umsetzung sollten schlichtweg implementiert und aufrechterhalten werden.

Im Rahmen der weiteren Normung und Standardisierung wird es sicherlich notwendig werden, konkretere Komponenten- oder Servicestandards zu erstellen, die auf die Unterstützung einer Bildungseinrichtung eingehen. So ist beispielsweise geplant, einen Komponentenstandard zu erstellen, der konkret auf die Fort- und Weiterbildung von Lerndienstleistern eingeht. Darin eingeschlossen sind Ausbildungs- und Professionalisierungsmaßnahmen, deren Planung, Umsetzung und Bewertung sowie Verbesserung. Dieser Standard könnte damit eine sinnvolle Ergänzung zur ISO 29990 Kapitel 4.6, der ISO 29993 Kapitel 10.1 und Kap. 11 oder der ISO 21001 Kap. 7 sein. Aktuell ist eine geeignete Grundlage die PAS 1064 Grundlage, um die Fortbildung zu planen, umzusetzen und zu bewerten. Diese ist eine öffentlich zugängliche Spezifikation, die sich inhaltlich auf die formale Bildung und das Lehrpersonal formaler Bildungseinrichtungen spezialisiert hat. Aus diesem Grund wird dem Leser der PAS 1064 empfohlen, die Inhalte auf den eigenen Anspruch anzupassen. Zukünftige Normen und Standards werden mit Gewissheit unter dem Anspruch der internationalen und universellen Anwendbarkeit erstellt werden und sich nicht auf bestimmte Gruppen beziehen.

8.2.5.6 Betrieb

Bezug zu der ISO 21001

- Kapitel 8 Betrieb

Anforderung

Das Kap. 8, welches sich mit dem Betrieb der Bildungseinrichtung beschäftigt, ist ein eher umfassendes Kapitel mit zahlreichen Anforderungen. Daher werden nachfolgend die Anforderungen in prägnanter Form zusammengefasst.

Das achte Kapitel der ISO 21001 ist in sieben Unterkapitel untergliedert.

ERSTENS

Zunächst werden in Unterkapitel 1 Anforderungen an die **betriebliche Planung und Kontrolle** gestellt. Hierbei hat die Bildungseinrichtung die Prozesse zu planen, einzuführen und zu überprüfen, die notwendig sind, die Lerndienstleistung zu erbringen und die Qualitätsziele zu erreichen. Das bedeutet, dass das Unternehmen bestimmen muss, welche Anforderungen an die Lerndienstleistung gestellt werden, welche Kriterien für Prozesse gelten und welche Ressourcen notwendig sind. Darüber hinaus müssen Kontrollmaßnahmen eingeführt werden, die sicherstellen, dass die Kriterien eingehalten werden. Die Anfertigung von dokumentierten Informationen zu diesem Thema ist zwingend notwendig. Dies dient dem Nachweis, dass die Prozesse wie geplant durchgeführt wurden und konform zu den Anforderungen der interessierten Parteien sind.

Hierbei gilt der Grundsatz, dass der Umfang der betrieblichen Planung hinsichtlich der Größe der Bildungseinrichtung angemessen ist. Ebenso müssen geplante Änderungen der Bildungseinrichtung und Auswirkungen ungeplanter Änderungen betrachtet werden, um gegebenenfalls Maßnahmen in einem angemessenen Umfang zu ergreifen. Dies beinhaltet ebenfalls Prozesse, die durch Subunternehmer durchgeführt werden.

Neben diesen allgemeinen Anforderungen an die betriebliche Planung und Kontrolle gelten spezifische Anforderungen an die betriebliche Planung und Kontrolle von Lerndienstleistungen. Dies beinhaltet die Planung des Designs, der Entwicklung und Ergebnisse der Lerndienstleistungen in Form von Lernergebnissen, Didaktik und Methodik, Monitoring und Bewertung, Verbesserungsmethoden sowie die Unterstützung.

Des Weiteren gelten Anforderungen an die Erbringung von Lerndienstleistungen für Lernende mit einem besonderen Lernbedarf. So muss die Bildungseinrichtung gewährleisten, auf die Besonderheiten des Lernenden einzugehen und diesen optimal unterstützen, um die gleichen beabsichtigten Lernergebnisse zu erzielen, wie Lernende ohne besonderen Lernbedarf. Dies beinhaltet die Fähigkeit der Bildungseinrichtung, flexibel auf den Lernenden mit besonderem Lernbedarf einzugehen, beispielsweise durch eine geeignete Einleitung, erweiterte Lerninhalte, die Erlaubnis, an zwei unterschiedlichen Lerndienstleistungen teilzunehmen, individuelles Monitoring und die Anpassung des Curriculums an die Kompetenzen und Fähigkeiten des Lernenden.

Darüber hinaus muss die Bildungseinrichtung entsprechende Mitarbeiter vorweise, die in der Lage sind, die individuellen Anpassungen an Lernende mit besonderem Lernbedarf vornehmen zu können. Schließlich muss, sofern angemessen, eine gesunde und nährende Pausenversorgung gesichert sein.

ZWEITENS

Im zweiten Unterkapitel des achten Kapitels der ISO 21001 werden konkrete Anforderungen an die Lerndienstleistungen gestellt. Hierbei ist es für die Bildungseinrichtung notwendig, die Anforderungen an die Lerndienstleistungen detailliert zu beschreiben. Dies beinhaltet alle notwendigen Anforderungen die in Bezug auf die Qualitätspolitik, -ziele und Strategie durch die Bildungseinrichtung relevant scheinen. Zudem müssen die Ergebnisse der Lernbedarfsanalysen/Bedarfsanalysen einbezogen werden. Hierdurch wird ermöglicht, die Anforderungen der Lernenden und

Profiteure einzubinden. Darüber hinaus sind allgemeine Marktentwicklungen/-gegebenheiten, Marktforschungsergebnisse und Sicherheitsanforderungen in die Beschreibung der Anforderungen an Lerndienstleistungen einzubeziehen.

Da die Beschreibung der Anforderungen selbst noch nicht ausreichend ist, müssen die Erkenntnisse weiterhin kommuniziert werden. Die Kommunikation muss dabei mindestens gegenüber den Lernenden sichergestellt werden und wenn notwendig auch gegenüber weiteren interessierten Parteien. Dabei sind die Erkenntnisse idealerweise derartig darzulegen, dass alle interessierten Parteien in der Lage sind, die kommunizierten Erkenntnisse zu verstehen. Mindestens sind folgende Erkenntnisse (Informationen für interessierte Parteien) zu kommunizieren:

- Zweck, Lernform und Lerninhalte,
- Bewertungs- und Evaluationsmethoden,
- Pflichten, Verantwortlichkeiten und Erwartungen an Lernende und Profiteure,
- Dokumentation der Lernerfolge,
- Beschwerde- und Konfliktmanagement,
- Lerndienstleister und sonstige an der Erbringung der Lerndienstleistung beteiligte Mitarbeiter,
- Kosten und weitere Konditionen,
- Eingangskompetenzen/-voraussetzungen

Änderungen, die diese Anforderungen an Lerndienstleistungen betreffen sind nach dem PDCA-Zyklus zu kontrollieren und gegebenenfalls anzupassen. Interessierte Parteien sollten über Änderungen informiert werden, sofern sie mit veralteten Informationen arbeiten.

DRITTENS

Im dritten Unterkapitel werden schließlich Anforderungen an das Design und die Entwicklung von Lerndienstleistungen gestellt. Dabei gilt, dass die Bildungseinrichtung einen Entwicklungsprozess einführen und aufrechterhalten muss, der die konsequente Bereitstellung aktueller und authentischer Lerndienstleistungen sicherstellt. Um dies zu gewährleisten, muss die Bildungseinrichtung schlichtweg folgendes planen:

- die gestellten Anforderungen an Lerndienstleistungen,
- die Dauer und Komplexität von Entwicklungsprozessen,
- die einzelnen Nebenprozesse, wie die Bewertung vergangener Entwicklungen,
- Bewertungsmethoden des Entwicklungsprozesses,

- Rollen und Verantwortlichkeiten,
- Ressourcenmanagement,
- Schnittstellenmanagement,
- die Einbindung der Lernenden und Profiteure,
- das Bewertungslevel der Entwicklungen durch interessierte Parteien,
- Dokumentierte Informationen,
- Faktenbasierte Entscheidungsfindung,
- Anforderungen an das individuelle Lernen

Die Planung stellt die Ausgangsbasis dar, um das Design und die Entwicklung der Lerndienstleistung vorzunehmen. Daher geht die weitere Gliederung nun nach dem prozessorientierten Ansatz vor. Das bedeutet, dass Anforderungen an den Input des Entwicklungsprozesses, die Bewertung des Entwicklungsprozesses und den Output des Entwicklungsprozesses gestellt werden.

Der Input kann hierfür aus folgenden Inputquellen stammen:

- Funktions- und Performanceanforderungen,
- Erkenntnisse vergangener Entwicklungen,
- Normen, Standards und sonstige Grundlagen,
- Konsequenzen des Scheiterns

Zu den Inputs sind dokumentierte Informationen anzufertigen.

Nachdem die Inputs bekannt sind und einbezogen werden, muss der Entwicklungsprozess überwacht und bewertet werden. Dies gewährleistet, dass die Erwartungen an den Entwicklungsprozess und die Konformität gegenüber den gestellten Anforderungen nachvollziehbar sind. Zudem können Maßnahmen für Probleme abgeleitet werden, die während der Bewertung auftreten können. Zu den Ergebnissen der Bewertung und allen neuen Anforderungen an Lerndienstleistungen sind dokumentierte Informationen anzufertigen.

Die Bewertung des Entwicklungsprozesses selbst muss sicherstellen, dass:

- der Zweck und Anwendungsbereich der Lerndienstleistung definiert ist,
- die mögliche berufliche Notwendigkeit der Lernenden berücksichtigt,
- Eingangskompetenzen/-voraussetzungen festgelegt sind,
- die Zielgruppe der Lernenden bekannt ist

Die Bewertung der Entwicklung des Curriculums muss wiederum sicherstellen, dass:

- Lernergebnisse dem Anwendungsbereich gerecht werden,
- die Kompetenzentwicklung der Lernenden durch die Lerndienstleistung berücksichtigt und SMART ist,
- das Lernen angemessen zur Erreichung der Lernergebnisse und SMART ist,
- die Lernressourcen definiert sind
- Möglichkeiten für Lernende bestehen, am Entwicklungsprozess zu partizipieren und Feedback zu geben

Im Zusammenhang mit der Summativen Evaluation ist folgendes zu beachten. Die Überprüfung des Designs und der Entwicklung des Evaluationsprozesses sollte gewährleisten, dass ein eindeutiger Zusammenhang zwischen der beabsichtigten Bewertung und den zu erzielenden Lernergebnissen sowie Lernaktivitäten nachgewiesen werden kann. Das bedeutet, dass die Evaluation den Erfolg der Lerndienstleistungen eindeutig überprüfen muss. Darüber hinaus müssen die gewählten Maßnahmen transparent, zugänglich, datensicher und fair sein.

Die Anforderungen an das Design und die Entwicklung an die Outputs sind dabei folgende:

- Erfüllung der Anforderungen an den Input,
- adäquate Bereitstellung der Lerndienstleistung,
- Beachtung von Monitoring- und Bewertungsmethoden,
- Beachtung der Charakteristika der Lerndienstleistung

Hierüber sind dokumentierte Informationen anzufertigen. Ebenso sind Änderungen des Designs und der Entwicklung zu identifizieren, planen und zu bewerten, die während oder nach dem Design und der Entwicklung auftreten.

VIERTENS

Das vierte Unterkapitel aus dem Kap. 8 „Betrieb" befasst sich mit der Kontrolle extern bereitgestellter Prozesse, Produkte und Dienstleistungen und ist vergleichbar mit den Inhalten der ISO 9001:2015. So muss die Bildungseinrichtung sicherstellen, dass die extern bereitgestellten Prozesse, Produkte und Dienstleistungen konform mit den eigenen Anforderungen sind. Dieses Kapitel ist unmittelbar dafür verantwortlich, dass zertifizierte Einrichtungen oftmals nur mit ebenfalls zertifizierten

Einrichtungen zusammenarbeiten, um eine Konformität in Bezug auf das Qualitätsmanagement sicherzustellen. Doch eigentlich fordert die ISO 21001 lediglich, dass eine Kontrolle extern bereitgestellter Prozesse, Produkte und Dienstleistungen erfolgt, wenn folgendes in Kraft tritt:

- Produkte und Dienstleistungen externer Partner sollen in die eigenen eingebunden werden,
- Produkte und Dienstleistungen externer Partner sollen direkt an die Lernenden und Profiteure geknüpft sein (beispielsweise externe Dozenten, Lehrer, Trainer etc.),
- Prozesse oder Teile davon werden durch externe Partner erbracht (beispielsweise Buchführung und Fakturierung)

Um sicherzustellen, dass die Anforderungen der Bildungseinrichtung durch die extern bereitgestellten Prozesse, Produkte und Dienstleistungen erfüllt werden können, müssen Kriterien und Überwachungsmethoden eingeführt und aufrechterhalten werden. Hierzu sind dokumentierte Informationen anzufertigen, die einen Schluss zulassen, inwieweit die Anforderungen erfüllt sind und in welcher Weise Vorbeuge-, Korrektur- und ggf. Verbesserungsmaßnahmen ergriffen wurden.

Die Art und der Umfang derartiger Kontrollen muss dabei nicht ausarten und lediglich sicherstellen, dass die eigene Fähigkeit der Bildungseinrichtung, Anforderungen der interessierten Parteien zu erfüllen, aufrechterhalten wird. Daher müssen die Kontrollen der extern bereitgestellten Prozesse, Produkte und Dienstleistungen im Zuständigkeitsbereich der Bildungseinrichtung durchgeführt werden. Hierzu sind die Kontrollen auf die externen Partner selbst und die erwarteten Ergebnisse anzuwenden. Die Bildungseinrichtung sollte bei ihren Überlegungen die potenziellen Auswirkungen auf die Lernenden und Profiteure und deren Anforderungen sowie auf die Effektivität der Kontrollmaßnahmen richten.

Entscheidend ist in diesem Zusammenhang die Kommunikation zwischen der Bildungseinrichtung und den externen Partner. Daher muss die Bildungseinrichtung gegenüber den externen Partnern mindestens kommunizieren, welche Prozesse, Produkte und Dienstleistungen bereitgestellt werden sollen. Weiterhin muss bekannt und kommuniziert sein, welche Kompetenzen vorausgesetzt und welche Interaktionen zwischen beiden Parteien stattfinden sollen. Die Leistungsfähigkeit der externen Partner muss bewertet und überwacht werden.

FÜNFTENS

Schließlich wird in Unterkapitel 5 des achten Kapitels die Lerndienstleistung erbracht. Hierbei muss die Bildungseinrichtung die Lerndienstleistungen unter beherrschten Bedingungen durchführen. Diese müssen durch dokumentierte Informationen definieren, welche Merkmale und welche Ergebnisse in Bezug auf die Lerndienstleistung beabsichtigt sind. Weiterhin beinhalten beherrschte Bedingungen, dass

- Überwachungs- und Messmittel verfügbar sind,
- Monitoring durchgeführt wird, unter der Prämisse Beschwerden und Feedback zu erhalten,
- eine geeignete Infrastruktur verwendet wird,
- kompetente Personen die Tätigkeiten durchführen,
- die Fähigkeiten validiert werden, beständig geplante Ergebnisse zu erbringen (wenn keine Verifizierung durchgeführt werden kann),
- menschliches Versagen durch geeignete Maßnahmen verhindert wird und
- Freigabe-, Liefer- und Nachlieferungsaktivitäten durchgeführt werden.

Ist sichergestellt, dass die Lerndienstleistung unter beherrschten Bedingungen durchgeführt werden kann, geht es darum, Interessenten mit notwendigen Informationen zu versorgen. Hierdurch soll sichergestellt werden, dass die Interessenten eine fundierte Entscheidung treffen können, inwieweit die angebotene Lerndienstleistung ihren Erwartungen entspricht. Daher muss die Bildungseinrichtung folgende Informationen vor Erbringung der Lerndienstleistung bereitstellen:

- organisatorische Anforderungen,
- berufliche Anforderungen,
- Engagement hinsichtlich der sozialen Verantwortung,
- beabsichtigte Lernergebnisse,
- Berufsperspektiven,
- Rollen und Verantwortlichkeiten jeder Partei,
- Zulassungsvoraussetzungen,
- alle Kosten und Konditionen

Sofern die gegebenen Informationen dem Interessenten entgegenkommen und dieser sich für die Lerndienstleistung entscheidet, muss nun die Bildungseinrichtung einschätzen, inwieweit der Lernende für die Lerndienstleistung geeignet ist. Daher muss die Bildungseinrichtung einen Prozess der Zulassung einführen, der Zulassungsbedingungen festlegt. Dabei müssen mindestens Zulassungskriterien festgelegt werden, die folgende Hintergründe des Lernenden beachten:

- organisatorische Anforderungen,
- Anforderungen aus dem beruflichen Bereich,
- Anforderungen aufgrund des pädagogischen Ansatzes;

Die Zulassungskriterien sind zu dokumentieren und für jeden Lernenden anzuwenden. Zudem müssen die Zulassungsentscheide nachvollziehbar und dokumentiert vorliegen.

Nachdem die Lernenden die Lerndienstleistung ausgewählt haben und die Bildungseinrichtung die Zulassungsbedingungen überprüft hat, wird die eigentliche Lerndienstleistung erbracht und freigegeben. Diese untergliedert sich in die Lehre, Methoden der Erleichterung des Lernens und die administrative Unterstützung des Lernens.

Abschließend muss die Lerndienstleistung bewertet werden. Die Bewertung einer Lerndienstleistung muss sicherstellen, dass Betrugsversuche erkennbar sind, zum Beispiel Plagiate und Täuschungsversuche. Zudem muss die Bewertung der Lerndienstleistung nachvollziehbar sein, zum Beispiel bei der Punktevergabe und Benotung von Bewertungen. Schließlich müssen die Bewertungen dokumentiert und aufbewahrt werden. Die Lernenden müssen über die Plagiatsüberprüfungsmethoden und Aufbewahrungsfristen aufgeklärt werden.

Mit Beendigung der Bewertung müssen die Lernende über ihre eigenen Ergebnisse informiert werden. Lernende sollten nun die Möglichkeit besitzen, die Ergebnisse zu überprüfen und nach Bedarf Berichtigungen zu erhalten. Zu der Bewertungsmethode sollten Lernende Feedback geben dürfen. Zudem muss der Lernende einen Nachweis über sein Bewertungsergebnis erhalten.

Im Zusammenhang mit Lernenden mit besonderem Lernbedarf gilt darüber hinaus, dass die Bildungseinrichtung Schritte zur Verbesserung der Zugänglichkeit von Bildungsdienstleistungen identifizieren sollte. Weiterhin sollten differenzierte Unterrichtsstrategien und -ansätze angewendet werden, um die Entwicklung von Selbstbewusstsein und -regulierung zu fördern. Unter Umständen sind Mentorenschaften und Anpassungen des Curriculums beziehungsweise der zu treffenden Maßnahmen notwendig. Hinsichtlich der Bewertung des Lernens sind die oben genannten Anforderungen der ISO 21001 zu erfüllen und auf Lernende mit besonderem Lernbedarf zu übertragen. Dies kann beinhalten, dass vielseitige und zusätzliche Bewertungsmöglichkeiten geboten werden sollten, die den Lernenden mit besonderem Lernbedarf ermöglichen, den Lernerfolg zu demonstrieren. bieten, ihre Beherrschung der Themen zu demonstrieren.

Für den Umgang mit Eigentum interessierter Parteien ist in üblicherweise zu verfahren. Es ist Vorsicht im Umgang geboten. Zudem ist das Eigentum zu kennzeichnen und vor Verlust und Beschädigung zu schützen. Bei der Verwendung innerhalb der Lerndienstleistung ist die Zustimmung des Eigentümers einzuholen. Ist das Eigentum beschädigt oder abhandengekommen, müssen entsprechende Maßnahmen eingeleitet werden. Es wird nicht festgelegt, welche dies sein müssen. Allerdings sind die Maßnahmen zu dokumentieren.

In Bezug auf Daten wird ein besonderer Fokus gesetzt. Diese sind selbstverständlich vor Missbrauch zu schützen. Über dokumentierte Informationen muss sichergestellt werden,

- welche Daten erhoben werden,
- wie und wo sie verarbeitet werden,
- wie und wie lange die Speicherung erfolgt,
- wer Zugriff auf die Daten hat,
- mit welchen Bedingungen die Daten an Dritte weitergegeben werden

Darüber hinaus gelten die bekannten Maßnahmen und Anforderungen hinsichtlich Datenschutz, die in Deutschland durch das neue Bundesdatenschutzgesetz und die Datenschutz-Grundverordnung publiziert wurden.

Hinsichtlich der Änderung von Lerndienstleistungen, gelten ebenfalls ähnliche Anforderungen wie durch die ISO 9001:2015. Das bedeutet, dass die Bildungseinrichtung Änderungen von Lerndienstleistungen systematisch überprüfen und kontrollieren muss. Der Fokus liegt hierbei auf der Konformitätssicherstellung. Hierzu sind dokumentierte Informationen anzufertigen, die mindestens darüber aufklären:

- Ergebnisse der Überprüfung von Änderungen,
- Personen, die die Änderung genehmigen,
- Maßnahmen, die sich aus der Überprüfung ergeben

SECHSTENS

Unabhängig davon, ob die Lerndienstleistung Änderungen unterliegt oder kontinuierlich erbracht werden kann, muss sie freigegeben sein. Dabei gilt, dass eine Freigabe nur dann erfolgen darf, wenn die geplanten Ergebnisse einer Änderung oder der Entwicklung einer Lerndienstleistung zufriedenstellend sind. Eine Ausnahme ist dann möglich, wenn Lernende, Profiteure oder andere Institutionen eine Freigabe erteilen, auch wenn die geplanten Ergebnisse nicht erreicht wurden. Auch dies ist zu dokumentieren. Folgende Informationen müssen mindestens Bestandteil der Dokumentation sein:

- Nachweis der Konformität mit den Freigabekriterien,
- Rückverfolgbarkeit zu den Freigebenden

SIEBTENS

Damit bleibt die Frage, wie mit nicht freigegebenen Lerndienstleistungen verfahren werden muss. Daher stellt die ISO 21001 die Anforderung an die Kontrolle von nichtkonformen Ergebnissen, solche zu erkennen und zu kontrollieren. Der Fokus liegt darauf zu verhindern, dass nichtkonforme Ergebnisse unbeabsichtigt genutzt oder geliefert werden können. Im Folgenden sind Maßnahmen zu ergreifen, die angemessen sind. Diese können wie folgt aussehen:

- Korrektur und anschließende Sicherstellung der Konformität,
- Trennung, Eindämmung, Rückgabe oder Aussetzung,
- in Kenntnissetzen der Lernenden und Profiteure,
- Einholen einer Freigabegenehmigung

Dokumentierte Informationen sind zur Maßnahmenbeschreibung, den nichtkonformen Ergebnissen, den Freigaben und den Entscheidungsträgern anzufertigen

Handlungsempfehlungen
Auch zu dem achten Kapitel der ISO 21001 können keine allgemeinen Handlungsempfehlungen gegeben werden. Das Kap. 8 ist derartig individuell umsetzbar, dass jede Empfehlung in diese Richtung die gesamte Kreativität der normanwendenden Bildungseinrichtung beschneiden würde. Da es das Ziel dieses Werkes ist, das Verständnis für Qualitätsmanagement in der Bildungsbranche zu verbessern, wird empfohlen, die Normanforderungen eins zu eins umzusetzen und die individuelle Anwendbarkeit der Normanforderungen zu überprüfen.

8.2.5.7 Bewertung der Leistung

Bezug zu der ISO 21001
- Kapitel 9 Bewertung der Leistung

Anforderung
Das Kapitel der Bewertung der Leistung der ISO 21001 ist in drei Unterkapitel untergliedert. Das erste Unterkapitel beschreibt Anforderungen an die Überwachung, Messung, Analyse und Auswertung. Das zweite Unterkapitel definiert detailliert den Prozess der internen Auditierung. Abschließend geht das dritte Unterkapitel auf die Managementbewertung einer Bildungseinrichtung ein.

ERSTENS
Zunächst ist es die Aufgabe der Bildungseinrichtung festzulegen, was überwacht und gemessen werden soll. Hierzu sind auch die Methoden zu bestimmen, die messbare Ergebnisse sicherstellen. Zudem müssen die Kriterien bestimmt werden, die die Einschätzung der Ergebnisse ermöglichen. Zuletzt müssen die Zeitpunkte oder Intervalle festgelegt werden, zu denen die Überwachung und Messung bezie-

hungsweise die Auswertung und Analyse der Ergebnisse stattfinden soll. Das Ziel ist die Bewertung der Leistungsfähigkeit der Bildungseinrichtung und dessen Managementsystem. Personen sollten ihre eigene Arbeit reflektieren können und Verbesserungen ableiten.

Mindestens zu analysieren ist die Zufriedenheit der Lernenden, Profiteure und an der Lerndienstleistung Beteiligten. Die Bildungseinrichtung hat zu eruieren, wie zufrieden die genannten interessierten Parteien sind und inwieweit ihre Bedürfnisse und Erwartungen befriedigt werden konnten. Dabei muss die Bildungseinrichtung Methoden für die Informationsbeschaffung, Überwachung und Überprüfung festlegen. Entscheidend ist es, in diesem Zusammenhang negatives wie auch positives Feedback zu erhalten. Beschwerden aber auch Verbesserungs- und Änderungsvorschläge sollten wohlwollend aufgenommen werden. Daher ist im Weiteren innerhalb der Bildungseinrichtung festzulegen, wie mit Beschwerden umgegangen werden soll. Der Umgang ist zu dokumentieren und zu kommunizieren.

Der Umgang muss detailliert auf folgende Punkte eingehen:

- Kommunikation des Umgangs,
- Entgegennahme von Beschwerden,
- Verfolgung von Beschwerden,
- Anerkennung von Beschwerden,
- Bewerten von Beschwerden,
- Untersuchung der Beschwerden,
- Beantwortung der Beschwerden,
- Mitteilung der Entscheidung,
- Abschließen von Beschwerden

Eingehende Beschwerden, der Umgang mit diesen und die Lösung hierzu sind als dokumentierte Information aufzubewahren.

Feedback wiederum ist von allen relevanten interessierten Parteien einzuholen und muss mindestens folgende Kriterien umfassen:

- Feedback zu den Lerndienstleistungen,
- Feedback über die Wirksamkeit zur Erreichung der vereinbarten Lernziele,
- Feedback über den Einfluss der Bildungseinrichtung auf die Gesellschaft

Sollte nicht genügend Feedback generiert werden, müssen entsprechende Maßnahmen ergriffen werden, um mehr Rückmeldungen zu erhalten.

Weiterhin gilt es, Methoden der Informationsbeschaffung, -überwachung und -überprüfung hinsichtlich der Leistung der Bildungseinrichtung zu bestimmen. Entscheidend ist in diesem Zusammenhang die Festlegung der Ziele, an denen die Leistung gemessen werden soll.

Damit die Bewertung der Leistung organisiert und systematisch ablaufen kann, muss sich die Bildungseinrichtung folgender Aspekte bewusst sein:

- betroffenen interessierten Parteien
- Personen, die die Bewertung durchführen (Kompetenz und Objektivität),
- Transparenz der Berichte
- Beschreibung der Ziele, Ergebnisse, Perspektiven und Methoden der Bewertung
- Einflüsse auf die Lerndienstleistungen

Im Ergebnis müssen die Daten analysiert und bewertet werden. Sie sollten eine Aussage zu der Konformität, Bedürfnisbefriedigung interessierter Parteien, Leistung des Managementsystems und externen Anbieter, Maßnahmeneffektivität und dem Risikomanagement sowie dem kontinuierlichen Verbesserungsprozess zulassen.

ZWEITENS

Im zweiten Unterkapitel werden Anforderungen an das interne Audit gestellt. Dieses ist in geplanten Abständen durchzuführen und verfolgt das Ziel, Aussagen zu dem Management zu formulieren:

- Wie entspricht das Managementsystem den Anforderungen interessierter Parteien und eigener Maßgaben?
- Ist das Managementsystem normkonform?
- Wird es effektiv umgesetzt und aufrechterhalten?

Das interne Audit ist folglich ein Instrument der Konformitätsbewertung und muss geplant, festgelegt, durchgeführt und aufrechterhalten werden. Zudem sind Häufigkeit, Methoden, Verantwortlichkeiten und Berichterstattung zu definieren. Die Ziele der Bildungseinrichtung, das Feedback interessierter Parteien und Ergebnisse vergangener Audits sind hierin einzubeziehen (externer und interner Audits). Weiterhin sind die Auditkriterien und der Umfang eines jeden Audits festzulegen sowie objektive und unparteiliche Auditoren auszuwählen. Im Ergebnis des internen Audits ist sicherzustellen, dass Verbesserungspotenziale bestehen und gegebenenfalls Korrekturmaßnahmen zu ergreifen sind. Zum internen Audit sind dokumentierte Informationen anzufertigen. Die oberste Leitung der Bildungseinrichtung ist über die Ergebnisse in Kenntnis zu setzen.

DRITTENS
Abschließend geht das neunte Kapitel der ISO 21001 im dritten Unterkapitel auf die Managementbewertung ein. Die Managementbewertung ist dabei jährlich durch die oberste Leitung durchzuführen und dient der Überprüfung der Strategie der Bildungseinrichtung.

Dabei umfasst sie die Prüfung des Status vorheriger Managementbewertungen, Änderungen des Kontexts und neue Informationen zur Leistungsfähigkeit. Weiterhin ist die Angemessenheit der eingesetzten Ressourcen und die Wirksamkeit des Risikomanagements zu bewerten sowie Möglichkeiten zur Verbesserung abzuleiten. Input zu der Managementbewertung sind:

- die Ergebnisse aus dem Feedback,
- die Zielerreichung,
- die Prozessleistung und Konformität,
- Nichtkonformitäten und Korrekturmaßnahmen,
- Überwachungs- und Messergebnisse,
- Auditergebnisse,
- die Leistung externer Anbieter,
- und Bewertungsergebnisse

Im Ergebnis der Managementbewertung müssen Entscheidungen in Bezug auf den kontinuierlichen Verbesserungsprozess, die Notwendigkeit von Änderungen des Managementsystems und des Ressourcenbedarfs sein. Hierüber sind dokumentierte Informationen anzufertigen.

Handlungsempfehlungen
ERSTENS
Wie aus den Anforderungen der ISO 21001 hervorgeht, muss die Bildungseinrichtung selbst festlegen, was sie bewerten, messen, überwachen und analysieren möchte. Mindestens ist jedoch die Zufriedenheit der interessierten Parteien durch geeignete Maßnahmen zu bewerten. Außerdem muss ein geeigneter Umgang mit Beschwerden und Kritik sichergestellt werden.

Empfehlenswert ist es, die Informationen der interessierten Parteien aus der tabellarischen Form wie in Abschn. 8.2.5.2 empfohlen, als Grundlage der Bewertung zu verwenden. Ebenso kann die Zielmatrix mit den definierten Soll-Werten als Grundlage der Bewertung dienen. Insgesamt ist ein geeignetes, konkretes

Instrument der Bewertung der kybernetische Controlling-Kreislauf. Der kybernetische Controlling-Kreislauf beschreibt eine systematische Abfolge einzelner Schritte und Analysen, um daraus Maßnahmen abzuleiten.

Der erste Schritt besteht in der Ist-Analyse der Prozesse und Ergebnisse. Dabei sollte ein geeignetes Zahlenwerk verwendet werden, um die Messbarkeit sicherzustellen. Übliche und geeignete Kennzahlen (KPI) können die folgenden sein:

- Umsatz,
- Gewinn,
- Deckungsbeitrag/Stückdeckungsbeitrag,
- Kassenbestand (Cash)
- Eigenkapitalrendite,
- Teilnehmereinschreibung,
- Teilnehmeranzahl,
- Teilnehmerabschluss,
- Teilnehmerrückkehr (Folgeumsatz),
- Reklamationsquote,
- Feedback-Bewertungsergebnisse (Noten)
- Etc.

Die Betriebswirtschaft, speziell das operative Controlling, stellen eine große Auswahl an Kennzahlen und Berechnungen bereit, die über die wirtschaftliche Leistungsfähigkeit Aufschluss geben. Eine entsprechende Fachliteratur kann zu Rate gezogen werden.

Im zweiten Schritt ist eine Abweichungsanalyse durchzuführen. In diesem Fall werden die ermittelten Ist-Ergebnisse mit den geplanten Ergebnissen verglichen und Abweichungen festgestellt. Dabei können gegebenenfalls Abweichungen festgestellt werden, die negativ oder positiv sind. Negative Abweichungen ließen die These zu, dass die geplanten Ergebnisse zu hoch oder die Leistung zur Zielerreichung zu gering waren. Im Falle einer positiven Abweichung könnte eine These sein, dass die geplanten Ergebnisse zu niedrig waren.

In beiden Fällen, positiven oder negativen Abweichungen, ist die mögliche Konsequenz eine Ursachenanalyse. Durch die Ursachenanalyse sollte festgestellt werden, welche Ursachen dafür verantwortlich sind, dass Abweichungen entstanden sind. Eine geeignete Methode kann das Ursache-Wirkungs-Diagramm (ISHIKAWA-Diagramm) sein. Mithilfe dieses Diagramms können Fehler sowie deren Ursachen und mögliche Folgen benannt und analysiert werden. Zudem kann diese Methode aus dem KAIZEN mit den 7M verbunden werden. Die 7M sind sieben mögliche, allgemeine Ursachen von Fehlern und Ineffizienzen. Diese sieben Ursachen sind:

- Mensch,
- Maschine,
- Methode,
- Messung,
- Material,
- Milieu,
- Management

Vertiefend wird auf KAIZEN in Abschn. 8.2.5.8 eingegangen.

Im vierten Schritt des kybernetischen Controlling-Kreislaufs sind schließlich aus der Ursachenanalyse Maßnahmen abzuleiten. Diese können Korrektur- oder Vorbeugemaßnahmen sein, wenn Abweichungen festgestellt werden konnten oder eintreten könnten. In jedem Fall sind allerdings Verbesserungsmaßnahmen abzuleiten.

„Wir sind gut genug. Das ist schon immer so. Das geht nicht noch besser."

Diese gängige Ausrede in der Praxis ist unzutreffend. Eine kontinuierliche Verbesserung ist immer erforderlich. Es mag sein, dass innerhalb eines Qualitätsmanagementsystems keine Änderungen aufgetreten sind und die maximal erreichbare Produktivität, Effizienz und Leistungsfähigkeit erreicht wurden. Allerdings kann sich keine Bildungseinrichtung den externen Themen und äußeren Einflüssen durch interessierte Parteien entziehen. So bedingen geänderte Anforderungen an das Qualitätsmanagementsystem immer eine Verbesserung. Und da in diesem Verbesserungsstreben auch alle Mitbewerber und Substitute engagiert sind, ist die Verbesserung notwendig, um zukünftig am Markt bestehen zu können.

Im Weiteren geht im fünften Schritt die Maßnahmenableitung entweder auf Maßnahmen zur Änderung der Planung oder der Umsetzung ein. Damit ergeben sich im Feedforeward Maßnahmen, die auf die Änderung der geplanten Soll-Zustände abzielen. Im Feedback werden Maßnahmen ergriffen, die die Änderung der Umsetzung zur Folge haben. Nun beginnt der kybernetische Controlling-Kreislauf erneut mit dem ersten Schritt, der Ist-Analyse.

ZWEITENS

Die interne Auditierung ist ein zentrales Element von Managementstandards. Die Bedeutsamkeit spiegelt sich bereits dadurch wider, dass eine eigene Norm besteht: die

ISO 19011. Sie ist ein Leitfaden und stellt Anforderungen an die interne Auditierung. Aus diesem Grund beziehen sich alle nachfolgenden Empfehlungen auf die groben Inhalte der ISO 19011.

Ein Audit ist ein systematischer, unabhängiger Prozess. Dieser dient dazu, Auditnachweise zu erhalten und Auditkriterien zu analysieren. Auditnachweise sind verifizierbare Aufzeichnungen oder Feststellungen in dokumentierter Form. Sie bestätigen die Wahrheit oder Existenz von beweisbaren Daten. Auditkriterien sind Verfahren, Vorgehensweisen oder Anforderungen, zu denen Auditnachweise gefunden werden sollen. Sie dienen folglich als Referenz.

Damit dient das interne Audit zwei grundlegenden Zwecken:

- Feststellung der Normkonformität (Norm = Grundlage der Auditkriterien, Konformität = Bestätigung durch Auditnachweise)
- Feststellung der Wirksamkeit des Qualitätsmanagementsystems

Die Auditierung wird in First, Second und Third Party Audits unterschieden. First Party Audits sind klassische interne Audits, die durch die Bildungseinrichtung selbst ausgeführt werden. Second Party Audits sind Audits, die von interessierten Parteien ausgeführt werden, deren Geschäftszweck nicht die Auditierung ist. Ein übliches Beispiel sind Kunden- oder Lieferantenaudits. Third Party Audits werden durch Konformitätsbewertungsstellen durchgeführt, also Zertifizierungsgesellschaften oder behördliche Einrichtungen. Second und Third Party Audits werden als externe Audits bezeichnet, da die Ausführung durch Externe des Qualitätsmanagementsystems erbracht werden. Während die ISO 19011 hauptsächlich für First und Second Party Audits verwendet wird, nutzen auch Third Party Audits die Inhalte der ISO 19011 in Kombination mit der ISO 17021. Insbesondere die neue Version der ISO 19011 von 2018 (alte Version von 2011) geht auf die Bedeutsamkeit und universelle Anwendbarkeit ein. Sie stellt eine Verbesserung der ISO 19011:2011 dar, ist daher in den meisten Inhalten deckungsgleich.

Diese Inhalte beginnen mit dem Auditteam. Das Auditteam kann aus Auditoren, Betreuern, Sachkundigen und Beobachtern bestehen:

- Auditoren sind die Personen, die das Audit durchführen.
- Betreuer sind Personen, die das Audit in Auftrag gegeben haben oder es begleiten
- Sachkundige sind Personen, die dem Auditteam spezielles Wissen zur Verfügung stellen
- Beobachter sind die Personen, die das Audit begleiten

Im Anschluss werden Auditprinzipien in der ISO 19011 behandelt. Es ist einem Auditor und einer Bildungseinrichtung bei der Durchführung eines internen Audits zu empfehlen, sich mit den Auditprinzipien auseinanderzusetzen. Nur wenn Auditoren und Auditteam die Auditprinzipien verstehen und verinnerlichen, ist sichergestellt, dass Auditnachweise und -schlussfolgerungen erstellt werden können. Ein Auditor oder Auditteam wird durch die Auditprinzipien in die Lage versetzt, bei einem ähnlichen Audit unter ähnlichen Bedingungen zu einem identischen Ergebnis zu kommen.

Die sieben Auditprinzipien beinhalten:

- Integrität
  - Moral und Ethik
  - Professionalität
  - Unparteilichkeit
- Sachliche Darstellung
  - Wahrheitsgehalt
  - Genauigkeit
  - Transparenz
- Berufliche Sorgfalt
  - Sorgfalt
  - Urteilsvermögen
  - Angemessenheit
- Vertraulichkeit
  - Sicherheit von Informationen
  - Ordnungsgemäßer und sensibler Umgang
- Unabhängigkeit
  - Unabhängig von auditierten Tätigkeiten
  - Unvoreingenommenheit
  - Freiheit von Interessenkonflikten
- Faktenbasiertheit
  - Verifizierbarkeit von Informationen
  - Angemessene Stichprobenentnahme
  - Nachvollziehbare Auditschlussfolgerungen
- Risikobasierter Ansatz
  - Zufriedenheit des Auditierten
  - Betrachtung von Chancen und Risiken im Audit-PDCA

Haben sich Auditor oder Auditteam und Auditierte mit den Auditprinzipien auseinandergesetzt, kann das Audit geplant, durchgeführt, bewertet und verbessert werden.

Zunächst sind die Auditprogrammziele, die Risiken und Chancen des Audits und das Auditprogramm zu planen. Dies kann folgende Tätigkeiten beinhalten

Auditprogrammziele
- Erfordernisse und Erwartungen interessierter Parteien
- Normanforderungen
- Wirksamkeit und Leistungsfähigkeit des Qualitätsmanagementsystems
- Risiken und Chancen
- Ergebnisse voriger externer und interner Audits

Risiken und Chancen
- Chancen zur Verbesserung des Qualitätsmanagementsystems
- Chancen zur Verbesserung der Bedürfnisbefriedigung
- Fähigkeit Chancen und Risiken zu beurteilen
- Versäumnisse der Planung
- Minderung/Einbindung der Ressourcen
- Unwirksame Kommunikation
- Unwirksame Lenkung dokumentierter Informationen

Auditprogramm
- Ausmaß des Auditprogramms
- Ziele des Audits
- Auswahl des Auditteams und der notwendigen Kompetenzen
- Festlegen der Auditprozesse (Zeitplanung, Auditziele, Bewertung der Auditoren, etc.)
- Berichterstattung und Reporting

Die Durchführung des Auditprogramms wiederum beinhaltet weitere umfassende Tätigkeiten. Darunter ist das Veranlassen und das Vorbereiten der Audittätigkeiten sowie die eigentliche Durchführung des Audits inbegriffen. Entscheidend ist, dass alle am Audit beteiligten Personen das Wissen zu Zielen, Inhalten und Ablauf des Audits besitzen. Weiterhin sollte während oder nach dem Audit ein Bericht erstellt werden, der die Ergebnisse (Auditnachweise und Auditfeststellungen) dokumentiert und den beteiligten Personen zugänglich gemacht wird. Mit dem Abschluss des Audits sind die Auditfolgemaßnahmen zu betrachten. Üblicherweise sind dies Nichtkonformitäten, Abweichungen oder Verbesserungspotenziale. Die auditierte Bildungseinrichtung sollte im Anschluss auf die jeweiligen Auditfolgemaßnahmen eingehen. Dies kann eine begründete Ablehnung sein oder das Beseitigen der Nicht-Konformitäten und Abweichungen sowie die Umsetzung der Verbesserungspotenziale.

Im Anschluss ist das Auditprogramm zu überwachen und zu bewerten. Dies beinhaltet:

- Einhaltung des Auditprogramms
- Einhaltung des Zeitplans und der geplanten Personen
- Eignung des Auditteams
- Feedback zu dem internen Audit

Nach dem PDCA-Zyklus ist ein Auditprogramm nach der Planung, Durchführung und Bewertung schließlich nur noch zu verbessern. Dies kann beispielsweise die gesamte Durchführung des Audits beinhalten, aber auch das Auditprogramm oder die Kompetenzen des Auditors.

DRITTENS

Die Managementbewertung ist ein zentrales Element der ISO 21001 beziehungsweise der ISO 9000 ff.-Reihe. Sie beinhaltet die Maßgabe, das Managementsystem nach vorgegebenen Fragestellungen zu bewerten und eine Planung beziehungsweise strategische Ausrichtung festlegen zu können. In der ISO 21001 oder der ISO 9001 werden konkrete Eingaben und Ergebnisse einer Managementbewertung festgelegt. Geeignet ist die Verknüpfung dieser Anforderungen mit folgender Gliederung:

- Berichtenswertes aus dem laufen Geschäftsjahr
- Einschätzung der bisherigen Entwicklung des Qualitätsmanagementsystems
- In welchen Prozessen zeigten sich in Auditergebnissen wesentliche Abweichungen?
- Wirksamkeit des Qualitätsmanagementsystems auf die Qualität der internen Abläufe
- Welche positiven Effekte haben sich durch das Qualitätsmanagementsystem ergeben?
- Inwieweit wurden die bisherigen Qualitätsziele erfüllt?
- In welchen Punkten wurden die Erwartungen der obersten Leitung nicht erfüllt?
- Sind Qualitätsverbesserungen auch aus Sicht des Kunden erkennbar?
- Welche Erkenntnisse lassen sich aus den Daten der Qualitätsprüfung ableiten?

Schlussfolgerungen zu Investitionsmitteln, Personal, Messmitteln und externen Dienstleistern

- Welche grundlegenden Korrekturmaßnahmen mussten eingeleitet werden, um die Wirksamkeit einzelner Qualitätsmanagementprozesse beziehungsweise des gesamten Qualitätsmanagementsystems zu erhöhen?
- Welche Maßnahmen sind notwendig, um das Qualitätsmanagementsystem an Veränderungen im Unternehmen anzupassen?

  Strukturen, Verantwortungsbereiche, neue Dienstleistungen oder Märkte
- Wird die Qualitätspolitik beibehalten?
- Werden neue Qualitätsziele aufgestellt?
- Erreichung und Umsetzung bisher gesetzter Maßnahmen
- Risikomanagement

Mithilfe dieser Gliederung und einer systematischen Planung und Durchführung sollten Bildungseinrichtungen in die Lage versetzt werden, eine nachhaltige und gehaltvolle Managementbewertung durchführen zu können.

8.2.5.8 Verbesserung

Bezug zu der ISO 21001
- Kapitel 10 Verbesserung

Anforderung
Abschließend geht die ISO 21001 auf die Verbesserung eines Managementsystems einer Bildungseinrichtung ein. Sie unterteilt durch drei Unterkapitel in Nichtkonformitäten und deren Korrekturmaßnahmen, die kontinuierliche Verbesserung und Verbesserungsmöglichkeiten.

ERSTENS
Im ersten Unterkapitel zu den Nichtkonformitäten und Korrekturmaßnahmen wird die Anforderung formuliert, auf die Nichtkonformitäten zu reagieren und Maßnahmen zu ergreifen. Dies können Kontrollmaßnahmen oder Korrekturmaßnahmen sein, die gewährleisten, mit den Folgen der Nichtkonformität umgehen zu können. Weiterhin müssen gegebenenfalls angemessene Maßnahmen bestimmt werden, die Ursachen der Nichtkonformitäten zu eliminieren. Dies geschieht, indem die Nichtkonformitäten und deren Ursachen untersucht werden. Zudem muss bestimmt werden, ob ähnliche Nichtkonformitäten bekannt sind oder auftreten könnten. Abschließend sind Korrekturmaßnahmen zu ergreifen und deren Wirksamkeit zu beurteilen. Unter Umständen können Änderungen am Managementsystem der Bildungseinrichtung notwendig sein.

Zu der Art der Nichtkonformitäten und den ergriffenen Maßnahmen sowie Ergebnissen etwaiger Korrekturmaßnahmen, sind dokumentierte Informationen anzufertigen.

ZWEITENS
Im zweiten Unterkapitel zur kontinuierlichen Verbesserung muss die Bildungseinrichtung die Eignung, Angemessenheit und Wirksamkeit des Managementsystems verbessern. Dabei sind Entwicklungen und Best Practices sowie Ergebnisse der Bewertung und Managementbewertung zu berücksichtigen.

DRITTENS
Zuletzt definiert die ISO 21001 in dem dritten Unterkapitel Möglichkeiten der Verbesserung. Diese sind festzulegen. Zudem müssen Maßnahmen ergriffen werden, die Bedürfnisbefriedigung der interessierten Parteien stetig zu erhöhen. Die Maßnahmen beinhalten die Verbesserung der Lerndienstleistungen, die Korrektur, Verhinderung und Verminderung unerwünschter Auswirkungen und die Leistungsverbesserung.

Handlungsempfehlungen
Das zehnte Kapitel jedes HLS-Managementstandards bezieht sich auf die Verbesserung. Die Verbesserung kann dabei aus der Beseitigung von Nichtkonformitäten sowie Korrektur- und Vorbeugemaßnahmen bestehen. Doch insbesondere die kontinuierliche Verbesserung ist ein zentrales und unentbehrliches Instrument, nachhaltigen und langfristigen Erfolgs.

Die Handlungsempfehlung besteht in der Nutzung eines universellen Werkzeugkastens, der auf die japanische Entwicklung des Qualitätsmanagements zurückgeht. KAIZEN ist die japanische Form des Verbesserungsmanagements und besteht aus den Begriffen *KAI* für *Veränderung* und *ZEN zum Guten*. KAIZEN wird in der Literatur häufig durch sieben Werkzeuge zusammengefasst. Dabei werden folgende Werkzeuge empfohlen:

- Seven Tools Q7
- 6-W Hinterfragetechnik
- Qualitätsarbeit/Qualitätszirkel QC
- Just-in-time
- 3 Mu (7 Muda als elementarer Bestandteil)
- 5 S
- 7 M

Seven Tools Q7
Die Seven Tools Q7 stellen sieben Tools bereit, die dazu dienen, Prozesse, Produkte und Dienstleistungen zu verbessern. Darunter zählen

- die Fehlersammelliste,
- das Histogramm,
- die Qualitätsregelkarte,
- das Paretogramm,
- das Korrelationsdiagramm,
- das ISHIKAWA-Diagramm,
- die Stratifikation

Die Thematik ist derartig komplex, dass eine angemessene Handlungsempfehlung in diesem Werk zu oberflächlich behandelt werden würde. Es wird aus diesem Grund empfohlen, auf eine entsprechende weitere Fachliteratur zurückzugreifen und die Tools auf ihre Durchführbarkeit und den Nutzen zu überprüfen.

6W-Hinterfragetechnik
Die 6W-Hinterfragetechnik wurde bereits in Abschn. 8.2.5.3 thematisiert und könnte auf die beispielhafte Weise erfolgen.

Qualitätsarbeit/Qualitätszirkel QC und Just-in-time
Die Thematik ist derartig komplex, dass eine angemessene Handlungsempfehlung in diesem Werk zu oberflächlich behandelt werden würde. Es wird aus diesem Grund empfohlen, auf eine entsprechende weitere Fachliteratur zurückzugreifen und die Tools auf ihre Durchführbarkeit und den Nutzen zu überprüfen.

3 Mu
Die 3 Mu drücken drei Arten der Ineffizienz aus. Diese entsteht durch Muda, Mura und Muri. Muda bezeichnet Ineffizienz durch Verschwendung. Dabei nennt Muda 7 Muda, also sieben Arten der Verschwendung. Diese sind:

- Transport – Verschwendung durch unnötigen, nicht wertschöpfenden Transport
- Inventory – Verschwendung durch unnötiges, nicht wertschöpfendes Inventar
- Motion – Verschwendung durch unnötige, nicht wertschöpfende Wege und Bewegung
- Waiting – Verschwendung durch unnötige, nicht wertschöpfende Zeiten (Wartezeiten, Durchlaufzeiten, Transportzeiten)

- Over-Engineering – Verschwendung durch unnötige, nicht notwendige Merkmale des Prozesses, des Produktes oder der Dienstleistung
- Over-Production – Verschwendung durch unnötige Leistungserstellung
- Defects – Verschwendung durch Fehler und Nichtkonfomitäten

Mura bezeichnet Ineffizienz durch Abweichungen eines Ist von einem Soll. Muri drückt Ineffizienz durch Über- und Unterlastung von Maschinen und Personen aus.

5 S

Die 5 S wurden bereits in Abschn. 8.2.5.3 thematisiert und könnten auf die beispielhafte Weise erfolgen.

7 M

Die 7 M bezeichnen sieben Ursachen für Ineffizienzen und Fehler. Diese sind

- Menschen,
- Maschinen,
- Milieu,
- Messmittel,
- Management,
- Material,
- Methode

Eine Kombination mit dem ISHIKAWA-Diagramm und dem Risikomanagement ermöglicht die ideale Betrachtung potenzieller oder bestehender Fehler, deren Ursachen, Folgen und die Ableitung von Maßnahmen, die gegensteuern sollten.

8.3 DIN ISO 29993:2018 – Lerndienstleistungen jenseits der formalen Bildung – Dienstleistungsanforderungen

Erfolgreich durch Best Practice – optimiert, zielgerichtet und kundenfokussiert Lerndienstleistungen planen, entwickeln, erbringen, kontrollieren und verbessern.

2010 wurde die ISO 29990 erstmals veröffentlicht und stellte Anforderungen an Lerndienstleistungen der Aus- und Weiterbildung. Hierdurch sollten Lerndienstleister in der Entwicklung und Erbringung sowie Bewertung ihrer Dienstleistungen unterstützt werden. Die Norm stellte dabei in Kap. 3 Anforderungen an die Lerndienstleistung und in Kap. 4 Anforderungen an das Management des Lerndienstleisters. Damit ist die Norm nicht eindeutig als Service- oder Managementstandard einzuordnen – nicht zwingend mit der Normungsintention und der High Level Structure anderer Normen (ISO 9001, ISO 14001, …) vereinbar. Um weiterhin die Komplexität und Vielfältigkeit der globalisierten und internationalisierten Märkte zu berücksichtigen, wurden die ISO 29993 als Servicestandard und die ISO 21001 als Managementstandard entwickelt – miteinander kombinierbar, international, spezifisch und zukunftsfähig. Lerndienstleister und deren interessierte Parteien erhalten eine höhere Flexibilität im Umgang mit Normen und Standards der Bildungsbranche und können erstmalig verschiedene Normen perfekt kombinieren und abstimmen. Sowohl Managementstandards untereinander als auch Servicestandards und Managementstandards können verschiedenartig kombiniert werden, um dem Lerndienstleister und den interessierten Parteien die bestmögliche Hilfestellung geben zu können. Die High Level Structure, die zukünftig eine immer bedeutendere Rolle spielen dürfte, wird mit der ISO 29993 und der ISO 21001 keine Herausforderung mehr darstellen und die Zukunft und Anwendungssicherheit der Normen und Standards in der Bildungsbranche sicherstellen.

8.3.1 Bedeutung der DIN ISO 29993:2018

Die ISO 29993 ist ein Servicestandard, der Mindestanforderungen für Lerndienstleistungen jenseits der formalen Bildung festlegt. Sie liefert damit eine allgemeine Bezugsgröße für Lerndienstleistungen der Aus- und Weiterbildung, ist jedoch nicht nur darauf limitiert.

Die genannte Eingrenzung auf den Markt von Lerndienstleistungen jenseits der formalen Bildung liegt dabei in der Historie des Technischen Komitees, welches auf ISO-Ebene die Erstellung der Norm anregte. Das ISO/TC 232 begleitete im Jahr 2015 bis einschließlich 2018 folgenden Scope:

> Standardization of requirements for learning services provided **outside formal education**, including vocational and professional education and training.
>
> Note: What is included in „formal education“ varies depending on the standard user's jurisdictional domain.

Standards developed by ISO/TC 232 are primarily intended for providers of learning services outside formal education. However, they may be considered useful by entities providing any kind of learning service. Excluded:

- The development of standards in the field of information technologies for learning, education and training.

The TC will take into account people with disadvantages and/or special needs. The TC will take into account ISO's global relevance policy as regards the parts of the world not directly represented in the TC work.

Auch wenn die Norm nicht zielgerichtet Schulen, Hochschulen, Universitäten und sonstige Lerndienstleistungen des öffentlichen Bereichs einschließt, so können die Inhalte der Norm dennoch durch solche als Instrument der Kontrolle und Reflexion verwendet werden. Die ISO 29993 wurde primär entwickelt, um das Qualitätsverständnis in der Bildungsbranche zu fördern und Interessenten dabei zu unterstützen, eine fundierte Entscheidung über die Inanspruchnahme von Lerndienstleistungen zu ermöglichen. Normanwender generieren neben diesem Vorteil auch den Mehrwert, zielgerichtet Lerndienstleistungen an den Bedürfnissen interessierter Parteien auszurichten. Zudem kann die Kommunikationspolitik des Lerndienstleisters verwendet werden, um die Einführung, Aufrechterhaltung und Verbesserung der Wirksamkeit eines Qualitätsmanagementsystems nach ISO 29993 zu verdeutlichen und als kompetitiven Vorteil zu nutzen. Durch Anwendung des DEMING-Zyklus in der gesamten Norm wird Normanwendern weiterhin ermöglicht, die kontinuierliche Verbesserung aller Prozesse, die mit der Lerndienstleistung in Verbindung stehen, zu planen und umzusetzen.

Als Norm der ISO 29xxx ff.-Reihe, bildet Sie die vierte Norm des ISO/TC 232 und wurde als Ditte publiziert. Zusammen mit der ISO 21001 stellt die ISO 29993 einen adäquaten Ersatz und die verbesserte Nachfolge der ISO 29990 dar.

Die historische Entwicklung und die Vorteile, die aus der Entstehung dieser Norm und der ISO 21001 entstehen, werden in Abschn. 8.3.4 detailliert erläutert.

8.3.2 Zielgruppe der DIN ISO 29993:2018

Die ISO 29993 definiert Mindestanforderungen an Lerndienstleistungen jenseits der formalen Bildung. Somit kann die Zielgruppe anhand der Beschreibung der Norm auf Lerndienstleister jenseits der formalen Bildung beschränkt werden. Doch wie in Abschn. 8.3.1 beschrieben, können auch Lerndienstleister der formalen Bildung einen Mehrwert aus den Anforderungen erhalten.

Um die Zielgruppe näher zu beschreiben und an Beispielen aufzuzeigen, müssen Lerndienstleister jenseits der formalen Bildung definiert werden. Die ISO 29993 nutzt hierfür in Kapitel 3.12 und Kapitel 3.13 folgende, im Rahmen dieses Buches abgeänderte Definition:

▶ Lerndienstleistungen sind die Folge von Aktivitäten eines Lerndienstleisters, die das Lernen ermöglichen. Lerndienstleister sind juristische oder natürliche Personen beziehungsweise Organisationen und gehören nicht zu einem anerkannten formalen Bildungssystemen wie Schulen, Hochschulen oder Universitäten.

Die Norm schließt unter nicht formaler Bildung alle Arten des lebenslangen Lernens ein und nennt die Berufsbildung und die betriebliche Ausbildung (extern oder firmenintern) als Beispiele. Die Anforderungen betreffen stets Lerndienstleistungen und Lerndienstleister. Demnach ist die Aus- und Weiterbildungsabteilung eines Unternehmens ebenfalls Bestandteil der Zielgruppe. Die anderen Abteilungen und der Geschäftszweck des Unternehmens bleiben von den Anforderungen allerdings unberührt. Übliche Normanwender in der Praxis sind die folgenden:

- Wirtschaftlich orientierte Lerndienstleister
  - Wirtschaftlich orientierte Akademien
  - Wirtschaftlich orientierte Campus-Einrichtungen
  - Weiter- und fortbildende Schulen und Schulungen
  - Seminaranbieter
  - Vortragende
  - Mentoren
  - Sport- und Freizeitschulen (z. B. Kampfsportschulen, Segelschulen)
  - Fahrschulen
  - Meisterschulen
  - Trainer
  - Coaches
  - Referenten
  - Dozenten
  - Berater
  - Anbieter für das Erlernen von Sprachen
  - Nachhilfelehrer
  - Anbieter von eLearning
  - Blogger, Influencer und Betreiber von Online-Video-Plattformen (z. B. YouTube)
  - Aus- und Weiterbildungsunternehmen

- Wirtschaftliche orientierte Unternehmen, die keine Lerndienstleister sind
  - Aus- und Weiterbildungsbereiche in Unternehmen
- Organisationen der formalen Bildung
  - Vorschulen und Schulen
  - Berufsakademien, Duale Hochschulen, Fachhochschulen und Universitäten
- Sonstige
  - Volkshochschulen

8.3.3 Gliederung der DIN ISO 29993:2018

Die ISO 29993 entspricht im grundlegenden Aufbau dem, anderer Normen und Standards. Neben dem Nationalen Vorwort, dem Nationalen Anhang, dem Vorwort und der Einleitung, werden der Anwendungsbereich, die Normativen Verweisungen und die Begriffe erläutert. Nach der Ausführung der Anforderungen schließt die internationale Norm mit dem Literaturverzeichnis ab.

Der Tab. 8.13 kann die Gliederung der DIN ISO 29993:2018 entnommen werden.

In dem Abschn. 8.3.5 des vorliegenden Werkes wird insbesondere auf die Kap. 4 bis einschließlich Kap. 14 der ISO 29993 eingegangen. Die Kapitel „Nationales Vorwort", „Nationaler Anhang NA", „Vorwort", „Einleitung", Kap. 1 und Kap. 2 der Norm werden aus inhaltlichen Gründen nicht näher betrachtet. Zum einen sind die Inhalte der Kapitel nicht gänzlich relevant für die Umsetzung eines Qualitätsmanagementsystems nach ISO 29993. Zum anderen kann im Rahmen dieses Werkes kein wesentlicher Input zu den genannten Kapiteln gegeben werden, da diese übliche Merkmale eines ISO-deliverables darstellen.

Das Kap. 3 ist für das Gesamtverständnis der Anforderungen der ISO 29993 wiederum zwingend notwendig. Häufig werden branchenspezifische und zum Verständnis notwendige Begriffe in Normen und Standards definiert, um eine einheitliche Nomenklatur vorgeben zu können. Termini der Branche werden für die internationale Norm festgelegt, um für alle Normanwender mit einem festgelegten Begriff, mehrere verschiedene und gebräuchliche Begriffe zu tangieren. Für die Erfüllung der Anforderungen der ISO 29993 ist wie bei allen Normen anzumerken, dass unternehmensspezifische Begriffe nicht durch die Nomenklatur der Norm ersetzt werden müssen. Die internationale Norm versucht lediglich die definierten Begriffe zu verwenden, um den eigenen Inhalt zu erläutern und alle Normanwender anzusprechen.

Nachfolgendes Beispiel verdeutlicht diese Intention.

Tab. 8.13 Gliederung der DIN ISO 29993:2018

Bezeichnung	Inhalt
Nationales Vorwort	Erstellende Institutionen
Nationaler Anhang NA	Literaturhinweise der erstellenden Institutionen
Vorwort	Erstellungsprozess
Einleitung	Ziel und Erklärung der Norm
1. Anwendungsbereich	Abgrenzung, Rahmen
2. Normative Verweisungen	Keine
3. Begriffe	Definition von 15 Termini
4. Vom LDL zur Verfügung gestellte allgemeine Informationen	Spezielle Anforderungen
5. Angebotsentwicklung	Spezielle Anforderungen
6. Vor der Inanspruchnahme der Lerndienstleistung zur Verfügung gestellte Informationen	Spezielle Anforderungen
7. Lernbedarfsanalyse	Spezielle Anforderungen
8. Entwicklung der Lerndienstleistung	Spezielle Anforderungen
9. Informationen über die Lerndienstleistungen für angemeldete Lernende oder ihre Sponsoren	Spezielle Anforderungen
10. Erbringung der Dienstleistung	Spezielle Anforderungen
11. Lernbegleiter	Spezielle Anforderungen
12. Bewertung der Lernfortschritte	Spezielle Anforderungen
13. Monitoring und Evaluation der Lerndienstleistung	Spezielle Anforderungen
14. Abrechnung	Spezielle Anforderungen
Literaturhinweise	4 Literaturhinweise

>Gliederung der DIN ISO 29993:2018 Lerndienstleistungen jenseits der formalen Bildung – Dienstleistungsanforderungen (ISO 29993:2017), veröffentlicht im Oktober 2018 durch den DIN Deutsches Institut für Normung e. V., Berlin

Beispiel

Der Begriff des Lernbegleiters, den die DIN ISO 29993:2018 in Kapitel 3.6 definiert, bezeichnet Personen, die Lernende im Lernen unterstützen und fördern. Der Begriff des Lernbegleiters bezieht damit zahlreiche Bezeichnungen der Praxis ein, darunter

- Lehrer,
- Trainer,
- Dozenten,
- Coaches,
- Tutoren,
- Mentoren.

Entgegen der wiederkehrenden Umsetzung in der Praxis ist es nicht die Zielstellung dieser internationalen Norm, Lerndienstleistern und Normanwendern Begriffe aufzuzwingen oder sie innerhalb der Branche festzulegen. Wie erläutert wurde, dienen die Begriffe lediglich der Erklärung des eigenen Inhalts der Norm. Abweichende Begriffe in der betrieblichen Praxis können und sollten unabhängig von den Begriffen der internationalen Norm beibehalten werden. Gegebenenfalls ist interessierten Parteien zu erläutern, dass ein betrieblicher Begriff den gleichen Inhalt eines in der internationalen Norm benannten Begriffes hat, falls dies nicht schon ohnehin deutlich ist. Bezeichnet ein Lerndienstleister beispielsweise das Curriculum als Drehbuch, so sollten interessierte Parteien darüber aufgeklärt werden, um Verwechslungen und Missverständnisse zu verringern beziehungsweise zu beseitigen. Aus dem Begriff Drehbuch geht nicht zwingend hervor, dass die Inhalte mit den Anforderungen an ein Curriculum korrelieren.

Um die Frage zu beantworten, wie die Gliederung und die Inhalte der ISO 29993 strukturiert sind, werden in den folgenden Abschnitten die drei Grundkonzepte erklärt, denen die Norm folgt.

8.3.3.1 Gliederung nach dem Erfahrungsablauf für Lernende und Sponsoren

ERSTENS
Für den Erfahrungsablauf wird eine Lerndienstleistung unterstellt, die den Ablauf von Informationen und den Zuwachs an Erfahrung der Lernenden und Sponsoren fördert. Die ersten zu teilenden Informationen, die einem Erfahrungszuwachs dienen, sind Informationen um die Angebotserstellung. Kap. 4, 5, 6 und 9 der ISO 29993 stellen Anforderungen an die Bereitstellung von Informationen gegenüber Interessenten, Eingeschriebenen, Lernenden und Sponsoren. Zudem werden zwischen den Anforderungen der Informationsbereitstellung in Kap. 6 und Kap. 9 der ISO 29993 Anforderungen an eine Lernbedarfsanalyse und die Entwicklung einer Lerndienstleistung gestellt. Damit stellen Kap. 4 bis einschließlich Kap. 9 Informationen bereit, erfassen diese oder werden in der Entwicklung der Lerndienstleistung verarbeitet.

ZWEITENS
Der zweite Erfahrungszuwachs der Lernenden und Sponsoren ergibt sich anschließend aus der Erbringung der Lerndienstleistung durch den Lerndienstleister oder den Lernbegleiter (oder einen Unterauftragnehmer). Kap. 10 und 11 der ISO 29993 stellen Anforderungen an die Erbringung der Lerndienstleistung und den Lernbegleiter.

DRITTENS
Abschließend erwächst die dritte Erfahrungssteigerung aus der Bewertung des Lernfortschritts, der Evaluation der Lerndienstleistung und des Lerndienstleisters sowie die Abrechnung der Lerndienstleistung. Die Kap. 12, 13 und 14 stellen Anforderungen an die Bewertung, das Monitoring, die Evaluation und die Abrechnung.

8.3.3.2 Gliederung nach dem prozessorientierten Ansatz

Der bekannte prozessorientierte Ansatz aus der ISO 9000 oder der ISO 9001 kann auch in der Gliederung der ISO 29993 wiedererkannt werden. Der Grundgedanke der DEMING'schen Lehre und der beiden internationalen Normen war, Tätigkeiten in Prozessen zu denken. Somit soll gewährleistet werden, dass beständige und vorhersehbare Ergebnisse effizient erreicht werden. Das Verständnis von zusammenhängenden Prozessen eines Systems, beispielsweise eines Lerndienstleisters, fördert die Optimierung des Systems und dessen Leistung/Ergebniserreichung. Hierdurch wird sowohl der Input (Eingabe) als auch der Output (Ergebnis) des Systems effizient und wirksam ausgerichtet. Die Abb. 8.2 verdeutlicht den prozessorientierten Ansatz grafisch und bezogen auf den beispielhaften Prozess der Lerndienstleistung im System des Lerndienstleisters als Organisation.

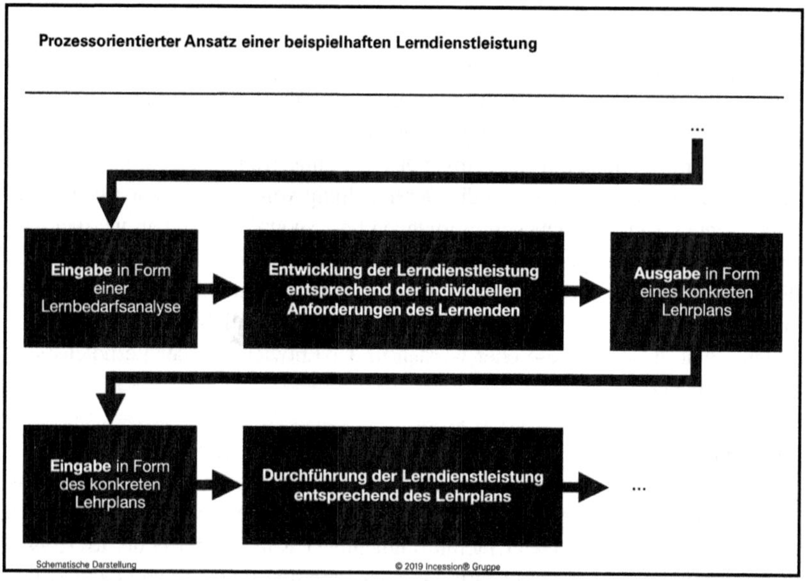

Abb. 8.2 Prozessorientierter Ansatz einer beispielhaften Lerndienstleistung

Wie den Ausführungen unter der Lerndienstleistung in Abb. 8.2 entnommen werden kann, stellen die einzelnen Kapitel der ISO 29993 ab dem Kap. 7 bis einschließlich Kap. 14 (Kap. 9 ausgeschlossen) Kernprozesse der Lerndienstleistung dar. Im gedanklichen Modell der Wertschöpfungskette nach Porter wären die primären Aktivitäten wiederum gleichzusetzen mit den Kernprozessen im prozessorientierten Ansatz.

8.3.3.3 Gliederung nach dem DEMING-Zyklus

Wie in Abschn. 3.1.2.7.1 beschrieben, findet der DEMING-Zyklus auch in der Gliederung und dem Aufbau der ISO 29993 Anwendung. Sowohl der geplante Nutzen der ISO 29993 für Normanwender als auch die Nummerierung der Kapitel verfolgen den Plan, Do, Check und Act-Zyklus.

Das bedeutet, dass im Plan-Zyklusschritt die Lerndienstleistung zu planen ist. Zur Planung müssen gemäß den Anforderungen aus Kap. 8 der ISO 29993 folgende Aspekte beachtet werden:

- Ergebnisse einer Lernbedarfsanalyse (Kap. 7 der DIN ISO 29993)
- Lernziele
- Zeitlicher Rahmen
- Lernform
- Lernergebnisse
- Bewertungsmittel
- Zahlenmäßiges Verhältnis zwischen Lernbegleitern und Lernenden
- Kontinuierliche Verbesserung
- Abschlusszeugnisse
- Vertragliche Dokumente
- Monitoring- und Bewertungsmethoden

Aus den Anforderungen ist abzuleiten, dass auch die Lernbedarfsanalyse und die Bereitstellung aller Informationen, die eine fundierte Entscheidung des Interessenten, Eingeschriebenen, Lernenden und Sponsoren in den Plan-Zyklusschritt einzubeziehen sind. Damit stellen die Kap. 4 bis einschließlich 9 der ISO 29993 den Plan-Zyklusschritt dar.

Im Anschluss an den Plan-Zyklusschritt gilt es nach dem Deming-Zyklus, den Do-Zyklusschritt zu bewältigen. Dieser umfasst die Umsetzung des Geplanten. Folglich ist die Erbringung der Lerndienstleistung und deren Anforderungen aus Kap. 10 der ISO 29993 klar dem Do-Zyklusschritt zuzuordnen. Da an der Erbringung einer Lerndienstleistung Lernbegleiter beteiligt sein können und auch sonstiges Personal, ist das Kap. 11 der ISO 29993 mit den Anforderungen an Lernbegleiter ebenfalls in dem Do-Zyklusschritt einzuordnen.

Im Check-Zyklusschritt besteht die Intention in dem Vergleich, inwieweit das Geplante umgesetzt werden konnte. Vereinfacht gesagt, stellt der Check-Zyklusschritt einen Soll-Ist-Vergleich dar und bewertet die Wirksamkeit und Effizienz der Ergebniserreichung. Das Kap. 12 der ISO 29993 stellt hierzu Anforderungen an die Bewertung von Lernfortschritten beziehungsweise der Lerndienstleistung. Innerhalb der Bewertung gilt es festzustellen, inwieweit das Lernziel erreicht werden kann und der Lerntransfer erfolgreich verläuft.

Beispiel

Ein übliches Instrument der Bewertung von Lernfortschritten ist eine schriftliche oder mündliche Prüfung des Lernenden. Auf Grundlage der Prüfungsergebnisse kann eruiert werden, ob der Lernende das angestrebte Lernziel erreicht hat oder erreichen wird und welche Unterstützung durch den Lernbegleiter und Lerndienstleister gegebenenfalls hilfreich sein kann, sofern die Lernzielerreichung gefährdet ist.

Zudem sind die Anforderungen des Kap. 13 und 14 der ISO 29993 dem Check-Zyklusschritt zuzuordnen. Das Monitoring und die Evaluation einer Lerndienstleistung sind übliche Bestandteile eines Soll-Ist-Vergleichs um festzustellen, inwieweit der Lerndienstleister in der Lage war, die Entwicklung der Lerndienstleistung in der Erbringung umgesetzt zu haben. Insbesondere die Bedürfnisbefriedigung der Lernenden und Sponsoren ist essenziell, um die eigene Fähigkeit, wirksam und effizient Ergebnisse erreicht zu haben, einzuschätzen. Auch die Anforderungen an die Abrechnung einer Lerndienstleistung sind Bestandteile des Check-Zyklusschritt, da die Zahlung und der Zahlungsnachweis einer Lerndienstleistung ein Indikator für den Erfolg dieser sein kann.

Der Act-Zyklusschritt ist in der ISO 29993 nicht in einem eigenständigen Kapitel vorzufinden. Die Ursache liegt darin, dass die kontinuierliche Verbesserung als Ergebnis des Evaluationsprozesses interpretiert werden kann. Zudem ist die kontinuierliche Verbesserung insbesondere ein Merkmal von Managementstandards. Dennoch ist die kontinuierliche Verbesserung in der ISO 29993 als Bestandteil des Kap. 13 vorzufinden. Näheres wird in Abschn. 8.3.5.3.1 beschrieben.

8.3.4 Hintergrund der DIN ISO 29993:2018

Die Megatrends der Wirtschaft des 21. Jahrhunderts wie Globalisierung und Internationalisierung der Märkte, demografischer Wandel, Industrie 4.0 und Wissensmanagement erfordern, dass Menschen sowohl beruflich als auch privat ständig neue Fähigkeiten, neues Wissen und neue Kenntnisse erwerben – sie müssen lernen. Darüber hinaus werden Unternehmen durch die Internationalisierung und Digitalisierung der Märkte dazu gedrängt, bestehende Produkte und Dienstleistungen zu verbessern und neue Innovationen hervorzubringen, um am kompetitiven Markt zu bestehen. Die Einführung neuen Wissens, der Erhalt und die Optimierung sowie Archivierung vorhandenen Wissens stellen damit eine weitere Herausforderung dar.

Das formale Bildungssystem, teilweise repräsentiert durch Grund-, Mittel- oder Hochschulen, ist dabei nicht ausschließlich effizient und genügend, um auf stetige Änderungen und neue Entwicklungen eingehen zu können. Die mitunter komplexen Strukturen und Zusammenhänge der formalen Bildungseinrichtungen mit weiteren Institutionen bedingen lange und administrative Bearbeitungszeiten der Anpassung von Lehr- und Lernplänen, Curricula und Unterrichtsmaterialien. Des Weiteren ist eine häufige Herausforderung der Aufbauorganisationen das Auffinden geeigneter Lehrpersonen, die über soziale, methodische und vor allem fachliche Kompetenzen verfügen und in der Lage sind, neue Themenkomplexe zu lehren, die durch Innovationen entstanden sind.

Lerndienstleister jenseits der formalen Bildung sind im Gegensatz zu den formalen Bildungseinrichtungen flexibel genug, um auf diese Veränderungen eingehen zu können. Die Aufbau- und Ablauforganisationen der Lerndienstleister jenseits von formaler Bildung, aber auch die Notwendigkeit des Bestehens im wachsenden Wettbewerb, bedingt schnelle Anpassungen an neue Gegebenheiten. Mutmaßlich hat die Kommerzialisierung der Bildungsbranche einen positiven Einfluss auf ähnliche Entwicklungen. Zumal ein systematisches Chancen- und Risikomanagement hinsichtlich der Anpassung an Änderungen der Marktgegebenheiten positive, finanzielle Folgen mit sich bringen kann. Negative Aspekte der Kommerzialisierung der Bildungsbranche sollen aus inhaltlichen Gründen an dieser Stelle nicht näher ausgeführt werden.

8.3.5 Anforderungen der DIN ISO 29993:2018

Die nachfolgenden Abschnitte sind nach der chronologischen Einordnung strukturiert und folgen der Gliederung nach dem Erfahrungsablauf der Lernenden und Sponsoren. Zunächst werden die Anforderungen und deren Intention vor der Erbringung der Lerndienstleistung beschrieben. Anschließend geht das Kapitel auf die Anforderungen und deren Intention während der Erbringung der Lerndienstleistung ein. Zuletzt werden die Anforderungen und die Absicht nach der Erbringung der Lerndienstleistung beschrieben. Zu jedem Abschnitt werden konkrete Handlungsempfehlungen vorgestellt, die auf Best Practice basieren.

8.3.5.1 Anforderungen der ISO 29993 vor der Dienstleistungserbringung

Das Kap. 4 bis einschließlich Kap. 9 der ISO 29993 beinhaltet Anforderungen an Lerndienstleister vor der Dienstleistungserbringung. Die Kapitel stellen dabei überwiegend die Anforderungen der Bereitstellung von Informationen an Interessenten, Eingeschriebene, Lernende und Sponsoren, der Angebotsentwicklung, der Bedarfsanalyse und der Entwicklung der Lerndienstleistung. Im Zusammenhang mit dem DEMING-Zyklus, ist die einmalige Durchführung und Erfüllung der Anforderungen nicht ausreichend. Kontinuität ist der Schlüssel, um der Anforderung nachzukommen, eine regelmäßige und systematische Beurteilung der Aktualität, Korrektheit, Zugänglichkeit und Lesbarkeit zu gewährleisten. Des Weiteren ist die Überprüfung und kontinuierliche Verbesserung der Prozesse notwendig, um den Ansprüchen an die Effizienzsteigerung zu entsprechen. Die nachfolgenden Abschnitte verfolgen daher die Zielstellung, die Anforderungen der ISO 29993 vor der Dienstleistungserbringung kurz zu benennen und Handlungsempfehlungen zur Umsetzung darzulegen.

8.3.5.1.1 Bereitstellung von Informationen für Interessenten, Eingeschriebene, Lernende und Sponsoren

Bezug zu der DIN ISO 29993
- Kapitel 4 Vom LDL zur Verfügung gestellte allgemeine Informationen
- Kapitel 5 Angebotsentwicklung
- Kapitel 6 Vor der Inanspruchnahme der Lerndienstleistung zur Verfügung gestellte Informationen
- Kapitel 9 Informationen über die Lerndienstleistungen für angemeldete Lernende oder ihre Sponsoren

Anforderungen
- Aktualität, Zugänglichkeit, Korrektheit, Lesbarkeit
- Mindestinformationen (Firma, Sitz, Kontakt, Lernumgebungen, Geschäftsführer, Lerndienstleistungen, Qualifikationen, diverse Methoden, Abschlüsse, Zwecke und Ziele der Lerndienstleistung, Referenzen, Preise und sonstige Bedingungen, Titel, Voraussetzungen an Lernende, Termine, Dauer, Workload, etc.)
- ggf. Angebotsentwicklung
- Verständnis für den Lernbedarf und dessen Kontext
- Ansprechpartner und Lernunterstützungen
- Verbesserungs- und Beschwerdemanagement

Handlungsempfehlungen

Die ISO 29993 hat unter anderem die Zielstellung, Interessenten für Lerndienstleistungen eine fundierte Entscheidung zu ermöglichen. Um eine solche Entscheidung bezüglich der Wahrnehmung von Lerndienstleistungen und der Angebotsanfrage zu fördern, müssen die Interessenten ein Minimum an Informationen erhalten.

Dieses befähigt die Interessenten, das Preis-Leistungsverhältnis abzuwägen und Vergleiche zu anderen Angeboten zu ziehen. Interessenten sollten einschätzen können, inwiefern die Lerndienstleistung dazu beitragen kann, einen Mehrwert zu generieren und neues Wissen, neue Erkenntnisse, Erfahrungen oder Einstellungen zu erlernen. Interessenten sollten mithilfe der bereitgestellten Informationen einschätzen können, inwieweit das Angebot die eigenen Bedürfnisse, Erwartungen und Erfordernisse erreichen kann. Es gilt die Qualität, wie in Abschn. 1.1 definiert, durch Informationen zu beschreiben.

Wird die Bereitstellung von Informationen unter diesem Fokus betrachtet, sollte die notwendige Quantität und Aussagekraft der Informationen deutlich werden. In der beratenden Tätigkeit zur Einführung eines Qualitätsmanagementsystems nach ISO 29993 ist deutlich geworden, dass die Abgrenzung zwischen notwendigen Informationen und zusätzlichen Informationen Lerndienstleister vor eine Herausforderung stellt. Zudem scheint die Art und Weise der Informationsbereitstellung und -präsentation Fragen aufzuwerfen. Darüber hinaus stellt die Form der Dokumentation dieser Fragestellungen eine Schwierigkeit der Lerndienstleister dar.

Grundsätzlich ist festzustellen, dass die meisten Informationen, die Interessenten benötigen, in Bestandsunternehmen durch die betriebliche Praxis und Erfahrung bereits optimal bereitgestellt werden. Dies kann beispielsweise durch Informationsprospekte, Flyer, Videos oder Informationsveranstaltungen gewährleistet werden. Eine gängige Form der Informationsbereitstellung ist selbstverständlich auch die Webpräsenz des Lerndienstleisters. Entscheidend ist in diesem Zusammenhang vor allem die Aktualisierung der bereitgestellten Informationen. Zahlreiche Unternehmen stehen vor einem (oder beiden) der folgenden organisatorischen Probleme:

- Printmedien bestehen in großen Stückzahlen (Lagerhaltung)
- Website/Online-Marketing wird von externen Anbietern betreut

In beiden Fällen ist die sofortige Anpassung der Informationen an Änderungen nicht ohne weiteres möglich und unter Umständen mit Kosten verbunden, zum Beispiel

- Kosten des Designs und Drucks,
- Kosten der Lagerhaltung,
- Kosten der Vernichtung und
- Kosten der Umstellung.

Trotz etwaiger Kosten ist ein Handlungsbedarf notwendig, wenn dem Anspruch der Aktualität und Seriosität entsprochen werden soll. Ein aktives, systematisches

Chancen- und Risikomanagement ist in diesem Fall ein bewährtes und empfohlenes Instrument der Betrachtung von Risiken, Einflussfaktoren, möglicher Ursachen und Maßnahmen der Verringerung oder Eliminierung.

Fallstudie

SITUATIONSBESCHREIBUNG

Die Informationen zu einer Lerndienstleistung werden in Form von Flyern bereitgestellt. Auf diesem sind alle notwendigen Informationen enthalten, um einem Interessenten zu ermöglichen, eine fundierte Entscheidung zu treffen.

RISIKO

- unvorhersehbare Änderung von Beginn,
- Dauer und Ende der Lerndienstleistung

URSACHEN

- Änderung/Zerstörung der Lernumgebung,
- Ausfall des Lernbegleiters,
- Änderung von Ressourcenverfügbarkeiten,
- Änderung der Nachfrage am Markt,
- Ergebnis der Lernbedarfsanalyse

FOLGEN

- Interessenten melden sich zu einer Lerndienstleistung an, die nicht wie geplant stattfindet,
- Eingeschriebene kommen zum falschen Zeitpunkt,
- das Lernen wird nicht ermöglicht,
- Zahlungsausfall von Rechnungen,
- schlechte Reputation und Bewertung im Markt,
- Image-Verlust,
- rechtliche Konsequenzen,
- fehlende Folgeumsätze,
- Verlust von Bestandskunden (Sponsoren),
- Kosten der Änderung von Flyern,
- Kosten der Lagerung alter und neuer Flyer,
- Kosten der Vernichtung alter Flyer,
- Ressourcenbereitstellung für das Management der Änderungen und Vernichtung

MASSNAHMEN

- Just-in-time Bereitstellung von Flyern über die Druckerei,
- Ersatz-Lernumgebungen,
- Ausfallplanung von Lernbegleitern mit Ersatz-Lernbegleitern,
- Budgetierung und Budgetreservierung,
- Stellenbeschreibungen und Kompetenzprofile für personelle Vertretungen,
- frühzeitige Kontaktaufnahme mit Eingeschriebenen und
- Auswertung der Lernbedarfsanalysen

Die Bestimmung aller Mindestinformationen, die es gilt aktuell zu halten, ist der internationalen Norm detailliert zu entnehmen. Dabei sind die Anforderungen weniger als eine Verpflichtung, als vielmehr als eine freundliche Empfehlung zu interpretieren, wenngleich sie zu erfüllende Anforderungen darstellen. Die Fachexpertise aller, an der Erstellung der ISO 29993 Beteiligten, hat dazu beigetragen, die Mindestinformationen zu bestimmen, zu priorisieren und zu benennen, die in einem internationalen Kontext notwendig sind. Die Notwendigkeit ist in diesem Fall mutmaßlich auf das Adjektiv einer „fundierten Entscheidung" zu beziehen.

Um darüber hinaus Informationen für spezifische Interessenten bereitstellen zu können und individuell auf die Bedürfnisse des Einzelnen einzugehen, werden die Mindestinformationen um die Angebotserstellung erweitert. Hierbei sind besonders Preise und Zahlungsbedingungen sowie sonstige Konditionen einzubeziehen, die nur für den Nachfragenden zutreffend sind. Während die Informationen nach Kap. 4 der DIN ISO 29993 an ein großes Publikum gerichtet sind, kann das Angebot individuell auf Interessenten und Sponsoren eingehen und die fundierte Entscheidungsfindung erweitern.

Die Benennung von konkreten Ansprechpartnern und Möglichkeiten der Unterstützung des Lernens durch Zugänge zu Bibliotheken, Help Desks und anderen Hilfestellungen stellt neben einer attraktiven Gestaltung und Vermittlung der Mindestinformationen und Angebotserstellung eine Möglichkeit dar, Mehrwerte zu verdeutlichen und die Akquise beziehungsweise Vergleichbarkeit zu unterstützen.

Weiterhin muss ein Verfahren bestehen, welches den Eingeschriebenen und Sponsoren ermöglicht, Beschwerden, Anmerkungen und Vorschläge vorzutragen. Es wird empfohlen, dieses Verbesserungs- und Beschwerdemanagement ansatzweise in den Mindestinformationen aufzugreifen und Interessenten, Eingeschriebene, Lernende sowie Sponsoren von Beginn an die Möglichkeiten des zukünftigen Feedbacks darzulegen.

Führungskräfte-Seminar

Mitarbeiter motivieren, richtig führen und produktiver werden! Als Führungskraft tragen Sie nicht nur die Verantwortung für Ihre Mitarbeiter, sondern auch für deren Ergebnisse. Sie sind damit unmittelbar an dem Erfolg Ihres Unternehmens beteiligt und können diesen durch den richtigen Führungsstil erhöhen!

In unserem Seminar lernen Sie, welche Führungsmodelle geeignet sind, welcher Führungsstil zu Ihnen passt, wie Sie mit Zielen motivieren, wie Sie die Unternehmenspolitik auf jeden Mitarbeiter übertragen und wie Sie selbst sich betragen, um den Erfolg Ihres Unternehmens zu erhöhen!

Inhalt unseres 27h Präsenzseminars:

- Theorie der Unternehmens- und Mitarbeiterführung
- Praxisbeispiele und Verknüpfung mit Ihrem Unternehmen
- Führungsmodelle und Führungsstile
- Verknüpfung Ihrer Stärken und Schwächen mit dem Führungsstil
- Unternehmensziele und Mitarbeitermotivation
- Unternehmenspolitik und Politikübersetzung auf Mitarbeiterebene
- Zusammenhang zwischen Führen und erfolgreich Führen
- Fallbeispiele und Gruppenübungen
- Abschlussprüfung und Zertifikatserteilung
- Feedbackrunde und Online-Befragung
- Seminarabschluss

Unser Seminar richtet sich an alle Führungskräfte mittelständischer Unternehmen der mittleren und obersten Führungsebene. Sie sollten mindestens für zehn Mitarbeiter die Verantwortung tragen und eine Berufserfahrung von fünf Jahren besitzen.

Um ein optimales und individuelles Lernen zu unterstützen, ist unser Seminar auf maximal 8 Teilnehmer begrenzt.

Seminarleiter:	Dipl.-Kfm. Max Mustermann, 15 Jahre als freier Dozent an der Freien Universität Berlin im Modul Unternehmensführung tätig, selbstständiger Business Coach seit 25 Jahren, pädagogische Zusatzausbildung und zehn erfolgreiche Seminare in unserer Akademie
Ort:	Das Seminar findet in unserer Akademie in der Musterstraße 15, 01234 Berlin statt. Besuchen Sie uns vor Ort oder unter www.muster.com
Zeit:	15.04.2019 bis 17.04.2019 von 9:00 Uhr bis 18:00 Uhr, zwei Pausen á 60 Minuten,

	Pausenverpflegung durch Kost und Getränke ist sichergestellt
Prüfung:	schriftlicher Multiple-Choice-Test am 17.04.2019 14:00 Uhr bis 15:00 Uhr mit Zertifikatserteilung bei Bestehen oder Teilnahmebescheinigung bei Nichtbestehen
Investition:	8.900,00 € netto zzgl. USt, Kost und Getränke, Seminarunterlagen und Stifte, Online-Zugang zum Lerntool, Prüfungsgebühren, Zertifikat/Teilnahmebescheinigung, Buch von Max Mustermann inbegriffen, hier zu den AGB und Teilnahmebedingungen
Kontakt:	Maxi Musterfrau, Musterstraße 15, 01234 Berlin, Telefon 0123 456 789 10 Email maxi@muster.com

Anmelden unter www.muster.com/anmeldung
Unseren Anreiseplan und Hotelempfehlungen finden Sie unter www.muster.com/anreise
Wir freuen uns auf Ihre Fragen, Wünsche und Verbesserungsvorschläge! Jetzt teilnehmen!

Impressum:	Dr. Maximilian Musterfrau Muster Akademie Musterstraße 15, 01234 Berlin www.muster.com Telefon 0123 456 789 10 Email info@muster.com

8.3.5.1.2 Lernbedarfsanalyse

Bezug zu der DIN ISO 29993
- Kapitel 7 Lernbedarfsanalyse

Anforderungen
- Lernbedarfsanalyse zum Zweck der Konformität von Zielsetzungen, Programm, Inhalt und Bewertungsmethoden mit den Bedürfnissen, Erwartungen und Erfordernissen der Interessenten, Eingeschriebenen, Lernenden und Sponsoren
- Qualifizierung des Analysierenden
- Zugänglichkeit der Ergebnisse für Lernende, Sponsoren und Lernbegleiter
- spezielle, detaillierte Anforderungen an das Instrument der Bedarfsanalyse
- Datenschutz

Handlungsempfehlungen

Das mitunter komplexe Instrument der Lernbedarfsanalyse dient dem Verständnis der Bedürfnisse, Erwartungen und Erfordernisse von Interessenten, Eingeschriebenen, Lernenden und Sponsoren. Zentraler Gedanke ist auch in diesem Kapitel der ISO 29993 der Begriff *Qualität*. Nur wer die gestellten Anforderungen interessierter Parteien kennt, kann darauf eingehen und sie erfüllen. Daher muss vor oder während der Lerndienstleistung eine Lernbedarfsanalyse durchgeführt werden.

Die einmalige Durchführung einer solchen Analyse kann fallspezifisch ausreichend sein, sollte aber zwecks Aktualität und Korrektheit kontinuierlich und systematisch durchgeführt werden. Dies kann beispielsweise in Form einer Befragung (telefonisch, via Mail, postalisch) erfolgen, aber auch andere Methoden können geeignet sein. Entscheidend ist, dass

- Zielsetzungen der Lerndienstleistung,
- Programm,
- Inhalt,
- und Bewertungsmethoden
  den Bedürfnissen gerecht werden.

Die kontinuierliche Sicherstellung, dass die Lerndienstleistung in der Erbringung den Bedürfnissen gerecht wird, die analysiert wurden, stellt das Monitoring sicher. Auch sich ändernde Bedürfnisse können durch das Monitoring erkannt und einbezogen werden, um das Lernziel zu erreichen und die Bedürfnisbefriedigung zu gewährleisten. (s. Tab. 8.14)

Zudem kann es angebracht sein, die Vergangenheit und Hintergründe des Lernenden zu erfragen. Dies kann die bisherige berufliche und private Ausbildung beinhalten. Hierdurch können die Eingangskompetenzen festgestellt werden, die wiederum für die Lernbedarfsanalyse nützlich sein können. Bei gewissen Lerndienstleistungen kann in diesem Fall ein Eingangstest oder eine Eingangsbefragung/Interview ein ideales Instrument sein.

Tab. 8.14 Erwartungsbogen für Seminarteilnehmer

Was erwarten Sie von unserem Seminar?	
Welche Ziele verfolgen Sie mit unserem Seminar?	
Welchen Input wollen Sie mitnehmen?	
Wenden Sie das Erlernte im beruflichen Alltag an?	
Welche Inhalte möchten Sie kennenlernen?	
Wie soll der Seminarleiter auf Sie eingehen?	
Welchen Abschluss würden Sie sich wünschen?	

Weiterhin wird empfohlen, die Lernbedarfsanalyse um Elemente einer Marktanalyse zu erweitern. Hierdurch wird zum einen sichergestellt, dass Sponsoren definitiv einbezogen werden. Zum anderen verhilft die Erweiterung auf eine Marktanalyse, weitere interessierte Parteien einzubeziehen. So kann die Betrachtung des Wettbewerbs beispielsweise hilfreiche Ergebnisse bereitstellen, Vorbeuge-, Korrektur- oder Verbesserungsmaßnahmen zu implementieren. Folgende Vorteile werden generiert:

- Aufbau von Marktkenntnis,
- Verbesserung der eigenen Lerndienstleistung,
- Abgrenzung von Wettbewerbern,
- Spezifizierung des USP,
- Unterstützung der fundierten Entscheidungsfindung durch zielgerichtete Informationen,
- Eröffnung neuer Potenziale, Zielgruppen und Märkte

Durch diese Empfehlung sind Instrumente wie die Wettbewerbs- und Marktanalyse nach Porter, der 4P-Marketing-Mix, diverse Portfoliotechniken und die SWOT-Analyse sehr gut geeignet. Sie unterstützen nicht nur die Feststellung von Bedürfnissen, Erwartungen und Erfordernissen interessierter Parteien, sie schließen zudem die Maßnahmenableitung mit ein.

Die Erweiterung wird in der ISO 29993 nicht aufgegriffen und stellt keine Anforderung dar, da die Marktanalyse eindeutig Bestandteil eines Managementstandards ist. Die Lerndienstleistung als Service ist nicht unmittelbar betroffen, daher kann ein Servicestandard eine Marktanalyse nicht als Anforderung beinhalten. Dennoch ist dies aus beratender Sicht zu empfehlen.

8.3.5.1.3 Entwicklung der Lerndienstleistung

Bezug zu der DIN ISO 29993
- Kapitel 8 Entwicklung der Lerndienstleistung

Anforderungen
- Entwicklung eines Curriculums durch erfahrenes oder qualifiziertes Personal
- Instructional System Design
- Zu beachtende Aspekte bei der Entwicklung der Lerndienstleistung
- Entwicklung der Lernmaterialien
- Zuständigkeiten und Aufgabenverteilungen (Rollen und Verantwortlichkeiten)
- Jährliche Überprüfung
- Berücksichtigung vorhandener Evaluationsergebnisse
- Kopier- und Urheberrechte

Handlungsempfehlungen

Das Kap. 8 der ISO 29993 unterteilt die Anforderungen an die Entwicklung der Lerndienstleistung in die Entwicklung des Curriculums, der Lernmaterialien und Bewertungs- sowie Evaluationsmethoden. Hierbei sind einzelne Aspekte zu beachten, die zugleich Anforderungen anderer Kapitel der DIN ISO 29993 sind. Diese sind:

- Ergebnisse der Lernbedarfsanalyse (und sonstiger Analysen)
  - Lernziele, die die Lernenden und Sponsoren verfolgen
  - zeitlicher Aufwand
  - Lernformen
  - Lernergebnisse
  - Methoden der Bewertung
  - Abschlusszeugnis
- Zahlenmäßiges Verhältnis zwischen Lernbegleiter und Lernenden
- Notwendige Dokumente
- Monitoring- und Evaluationsmethoden

Die Entwicklung eines Curriculums birgt in der Praxis erfahrungsgemäß höhere Herausforderungen als dies auf den ersten Blick erahnen lässt. Tatsächlich besitzen zahlreiche Lerndienstleister bereits vor einer Auseinandersetzung mit Qualitätsmanagementsystemen etwas Vergleichbares wie ein Curriculum. Im Gegensatz zu der ISO 29990 gibt die ISO 29993 keine näheren oder detaillierten Informationen zu dem Aufbau eines Curriculums und lässt damit den Anwendern der internationalen Norm ein weites Feld für Interpretationen.

Als Grundlage/Anleitung für den Aufbau eines Curriculums ist die Umsetzung der Anforderungen der ISO 29990 empfehlenswert und kann in Abschn. 8.1.5.1 nachvollzogen werden. Die entscheidendste Anforderung der ISO 29993 ist, dass ein Curriculum nur von erfahrenen oder qualifizierten Lernbegleitern erstellt werden muss.

Die Entwicklung der Lernmaterialien sollte nach der Entwicklung des Curriculums auf diesem aufbauen. Zudem sollte die Anwendbarkeit des Erlernten authentisch wiedergeben werden können. Weiterhin sind soziale und kulturelle Bedürfnisse der Lernenden und Sponsoren bei der Entwicklung und Erstellung zu berücksichtigen.

► Eine geeignete Merkhilfe sind „ABC-Lernmaterialien". Lernmaterialien sollten

- **A**uthentische und **A**ktuelle Inhalte besitzen,
- soziale und kulturelle **B**edürfnisse **B**erücksichtigen
- und **C**urriculumkonform sein.

Für die Entwicklung der Bewertungs- und Evaluationsmethoden werden keine weiteren spezifischen Anforderungen benannt.

8.3.5.2 Anforderungen der ISO 29993 während der Dienstleistungserbringung

Das Kap. 10 bis einschließlich Kap. 11 der ISO 29993 beinhaltet Anforderungen an Lerndienstleister während der Dienstleistungserstellung. Das Kap. 10 stellt Anforderungen an beteiligtes Personal der Dienstleistungserstellung, an das Lernmaterial und an die Lernumgebung. Das Kap. 11 geht darüber hinaus detaillierter auf die Lernbegleiter ein und stellt Anforderungen an die Qualifikationen, Kompetenzen und die Weiterentwicklung dieser.

8.3.5.2.1 Erbringung der Dienstleistung

Bezug zu der DIN ISO 29993

- Kapitel 10.1 An der Erbringung der Lerndienstleistung beteiligtes Personal
- Kapitel 10.2 Lernmaterial
- Kapitel 10.3 Lernumgebung

Anforderungen

- Auswahl von und Erbringung durch qualifizierte und ausgebildete Lernbegleiter
- Auswahl von qualifiziertem und kompetentem Personal in Bezug auf alle anderen Tätigkeiten, die mit der Lerndienstleistung in Verbindung stehen
- Vertretungsregelung/Ausfallmanagement
- Quantität und Qualität der Lernmaterialien
- Unterstützung bei der Anschaffung von Lernmaterialien
- Kopier- und Urheberrechte
- Lernfördernde Lernumgebungen und Mindestanforderungen
  - Ergonomie
  - Funktion
  - Größe
  - Beleuchtung
  - Sauberkeit
  - Klimatisierung
  - Belüftung
  - Lärmschutz
  - Curriculumkonformität der Ausstattung
- Sicherheitsmanagement (Sicherheitseinrichtung, -ausstattung, -belehrung)

Handlungsempfehlungen
ERSTENS

Die internationale Norm stellt klare Anforderungen an Personal, welches an der Erbringung der Lerndienstleistung beteiligt ist. Dieses muss zwingend qualifiziert sein und über Kompetenzen verfügen, die es der Person ermöglichen, die Lerndienstleistung zu erbringen. Lernbegleiter müssen des Weiteren geschult in der Anwendung der Verfahren und Materialien der Lerndienstleistung sein. Durch diese Anforderung soll verhindert werden, dass beliebige Personen eine Lerndienstleistung erbringen können, die über keine ausreichende Qualifikation und Kompetenz verfügen. Zum anderen soll unterbunden werden, dass Lernbegleiter mitvorhandenen erforderlichen Qualifikationen und Kompetenzen weder mit dem Curriculum noch mit den Lernmaterialien vertraut sind, allerdings danach lehren. Vermeintlich stellt zuletzt beschriebene Szenario ein weniger bedeutsames Risiko für den Erfolg einer Lerndienstleistung dar, doch ist diese Annahme falsch. Die Qualität der Lerndienstleistung zeichnet sich normkonform durch das Curriculum und dessen Anforderungen sowie die „ABC-Lernmaterialien" aus. Eine Abweichung der im Curriculum beschriebenen Lerninhalte, Didaktiken und Methodiken hätte demzufolge eine negative Auswirkung auf den Grad, indem die Merkmale der Lerndienstleistung die Anforderungen der Lernenden und Sponsoren erfüllt. Damit würde die Qualität der Lerndienstleistung verringert.

Das gleiche Prinzip der Qualifikation und Kompetenz trifft auf sonstige Mitarbeiter zu, deren Aufgabenerfüllung einen Einfluss auf die Erbringung und den Erfolg der Lerndienstleistung hat.

Hintergrundinformation

Zu sonstigen Mitarbeitern zählt die Buchhaltung, die Rechnungen an die Lernenden oder Sponsoren ausstellt. Mitarbeiter der Buchhaltung müssen über notwendige Qualifikationen und Kompetenzen verfügen, um die Anforderungen der Lernenden, Sponsoren und sonstigen interessierten Parteien (dem Finanzamt, dem Gesetzgeber, etc.) zu erfüllen. So müssen Rechnungen

- die Anforderungen der ISO 29993 Kap. 14,
- die gesetzlichen Anforderungen nach § 14 Abs. 4 UStG,
- sonstige Anforderungen der Lernenden und Sponsoren (z.Hd. Frau Mustermann),
- sonstige Anforderungen des Unternehmens (Corporate Identity)

erfüllen.

Ein besonderes Augenmerk legt die ISO 29993 auf die Organisation einer Vertretung von Lernbegleitern, sollten personelle oder andere Herausforderungen die Lerndienstleistung nicht wie geplant durchführbar machen. Diese Form des Ausfallmanagements nimmt Bezug auf das Risikomanagement und den Umgang mit entsprechenden Ungewissheiten auf geplante Ergebnisse. Die ISO 29993 formuliert die Anforderung der Organisation von Vertretungen. Diese müssen natürlich ebenfalls Qualifikationen und Kompetenzen vorweisen, um den gleichen Lernerfolg bei den Lernenden und Sponsoren erzielen zu können. Nur wenn die Organisation einer Vertretung erforderlich ist, sind entsprechende Maßnahmen nach dem DEMING-Zyklus einzuleiten. Dies bedeutet entgegen der häufigen Auffassung in der Praxis nicht, dass Vertretungen präventiv und definitiv einzurichten sind. Dies bedeutet gleichsam nicht, dass ein Unternehmen das Risiko des Ausfalls von Dozenten, Trainern etc. nicht näher als Risiko betrachtet sollte und entsprechende Maßnahmen plant, umsetzt und kontrolliert.

Auch wenn dies keine explizite Anforderung der ISO 29993 ist, so geht die Gewährleistung eines systematischen Umgangs bei einem Ausfall des Lernbegleiters aus den Anforderungen der Lernenden und Sponsoren hervor. Die Qualität der Lerndienstleistung wäre bei einer verspäteten oder Nicht-Erbringung der Lerndienstleistung vermeintlich nicht gegeben, da die Bedürfnisse der Lernenden und Sponsoren nicht befriedigt würden.

ZWEITENS
Die Anforderungen an Lernmaterialien sind bereits umfassend in Kap. 8 der internationalen Norm und in Abschn. 8.3.5.1.3 dieses Werkes erläutert worden. Das Kap. 10 der internationalen Norm geht daher vergleichsweise prägnant auf weitere Anforderungen an Lernmaterialien während der Erbringung der Lerndienstleistung ein.

Sofern Lernmaterialien gegenüber Lernenden und Sponsoren bereitgestellt werden, sind diese in ausreichender Menge vorzuhalten. Es gilt, entsprechende Ablauforganisationen aufzubauen, die die Deckungsgleichheit zwischen Anzahl der Lernenden/Sponsoren und Lernmaterialien sicherstellen, so beispielsweise durch Verteilungslisten, Seminarunterlagen-Bestelllisten, Email-Verteilern etc. Weiterhin müssen Lerndienstleister Lernende und Sponsoren bei der Beschaffung von Lernmaterialien aktiv unterstützen, so beispielsweise bei dem Kauf von Fachliteratur, Lernheften, Vokabelheften, Videomaterialien, etc. Die Informationspflicht hinsichtlich des Fotokopier- und Urheberrechts werden zudem erneut als eine Anforderung formuliert.

DRITTENS
Das dritte Unterkapitel des Kap. 10 der ISO 29993 benennt Anforderungen an die Lernumgebung der Lerndienstleistung, die sowohl Räumlichkeiten des Lerndienstleisters als auch externe Räumlichkeiten darstellen kann. Sofern der Lerndienstleister die Lernumgebung bereitstellt und/oder organisiert, muss diese das Lernen fördern. Ist die Organisation außerhalb des Zuständigkeitsbereiches des Lerndienstleisters, so sind Mindestanforderungen durch den Lerndienstleister zu stellen. Empfehlenswert ist es, entgegen der Anforderung der ISO 29993, in beiden Fällen Mindestanforderungen an die Lernumgebung zu definieren und diese in das Curriculum einzuarbeiten. Hierdurch ist auch im Falle aller Risiken, die dazu führen, dass die Lerndienstleistung

nicht wie gewohnt stattfinden kann, die Räumlichkeiten den Mindestanforderungen entsprechen, die notwendig sind, um die Lerndienstleistung zu erbringen. Zu der Lernumgebung zählen ferner, wenn nicht bereits im Curriculum unter dem Punkt der Ressourcen-Benennung interpretiert, didaktisch und methodisch notwendige Ausstattungsgegenstände. Darunter fallen beispielsweise

- Tafeln,
- Flipcharts,
- Stifte,
- Beamer,
- Computer,
- Tische,
- Stühle

Empfehlenswert wurden in der Best Practice Bilder der Lernumgebungen in das Curriculum eingearbeitet, aus denen die ideale Ausstattung und Aufstellung innerhalb der Lernumgebung hervorgeht.

Behördliche und gesetzliche Anforderungen sind darüber hinaus zwingend einzuhalten. Diese werden andeutungsweise in der ISO 29993 aufgegriffen, so beispielsweise eine ausreichende Größe der Lernumgebung, eine ausreichende Beleuchtung und Belüftung, eine genügende Hygiene und Sauberkeit etc.

Eine im Vergleich zu der ISO 29990 neue Anforderung ist das Sicherheitsmanagement. Nur wenn auch diese Anforderung im Bereich des Risikomanagements der ISO 29990 interpretiert wurde, fand die Anforderung der ISO 29993 Anwendung. Die ISO 29993 fordert die Einrichtung und Instandsetzung von Sicherheitseinrichtungen und -ausstattungen, um Sicherheitsrisiken zu minimieren/eliminieren. Die Bekanntgabe dieser Einrichtungen und Ausstattungen gegenüber Lernbegleitern, sonstigem Personal und Lernenden ist zwingend erforderlich. Dazu zählt beispielsweise die Belehrung hinsichtlich des Evaluierungsplans, die Bekanntgabe des Standortes und Gebrauchs von Feuerlöschern, Verbandskästen und sonstigen Einrichtungen und Ausstattungen. Diese Belehrung ist besonders in fremden/externen Lernumgebungen wie Hotels, Tagungsräumen, Messezentren zu beachten. Entsprechende Maßnahmen der Gewährleistung des Sicherheitsmanagements müssen dabei nicht zwingend durch den Lernbegleiter selbst durchgeführt werden.

8.3.5.2.2 Lernbegleiter

Bezug zu der DIN ISO 29993
- Kapitel 11 Lernbegleiter

Anforderungen

- Erfahrung, Qualifikation, Ausbildung für die Lehrtätigkeit ODER Beaufsichtigung des Lehrenden durch einen normkonformen Lernbegleiter
- Fachkompetenz
- Professionalisierungsmaßnahmen
- (Lern- und Lehrprinzipien, Lehrkompetenzen, Ressourcenkompetenz, praktische Erfahrungen, Kompetenz der Unterrichtsführung, Evaluation)
- Berufliche Weiterentwicklungspläne

Handlungsempfehlungen

Die Anforderungen der ISO 29993 hinsichtlich des Lernbegleiters sind im Vergleich zu den Anforderungen der ISO 29990 detaillierter geworden. So werden nicht mehr nur Kompetenzen von Mitarbeitern angesprochen, sondern explizit Bezug auf den Lernbegleiter genommen. Dieser muss über Erfahrung und eine Qualifikation oder Ausbildung der Tätigkeit als Lehrender verfügen. Diese muss in dem Land der Erbringung der Lerndienstleistung anerkannt sein. Die Anmerkung der internationalen Norm verdeutlicht die Intention der Normanforderung, indem ausgeführt wird, was darunter zu verstehen ist.

Eine zweite Möglichkeit, die die internationale Norm in Aussicht stellt, besteht darin, dass ein beliebiger Lernbegleiter die Lerndienstleistung durchführt, jedoch von einem oben beschriebenen Lernbegleiter beaufsichtigt wird. In beiden Konstellationen verlangt die ISO 29993 nach Lernbegleitern, die eine ausreichende Erfahrung und Qualifikation oder Ausbildung verifizieren können.

Um den Anforderungen der Norm zu entsprechen, wird empfohlen, bestehende und eingehende Bewerbungen einschließlich der Kompetenzprofile der Lernbegleiter und Bewerber mit den Funktions-/Aufgaben-/Stellen-/Rollenbeschreibungen abzugleichen und eine Deckungsgleichheit herbeizuführen. So können Erwartungen an Lernbegleiter und Bewerber entsprechend der Beschreibungen gestellt werden, Professionalisierungsmaßnahmen wahrzunehmen. Andererseits können Beschreibungen entsprechend der Kompetenzprofile von Lernbegleitern und Bewerbern angepasst werden.

Funktions-/Aufgaben-/Stellen-/Rollenbeschreibungen sollten inhaltlich vier Kompetenzfelder beschreiben:

- Fachliche Kompetenzen
- Methodisch-didaktische Kompetenzen
- Soziale Kompetenzen
- Selbstkompetenzen

Der KVP-Ansatz (kontinuierlicher Verbesserungsprozess) der ISO 9000 ff.-Reihe beinhaltet neben Verbesserungsmaßnahmen auch Vorbeuge- und Korrekturmaßnahmen. Übertragen in das Kap. 11 der ISO 29993 sind lückenhafte Kompetenzen von Lernbegleitern vorzubeugen, indem Professionalisierungsmaßnahmen im Rahmen einer betrieblichen Weiterbildungsplanung sichergestellt werden. Das bedeutet, dass beispielsweise im Zusammenhang mit periodischen und systematischen Mitarbeitergesprächen die Bedarfe von Professionalisierungsmaßnahmen festgestellt und vereinbart sowie tabellarisch dokumentiert werden. Die tabellarische Gestaltung der betrieblichen Weiterbildungsplanung sollte folgende Inhalte aufweisen:

- Name des Lernbegleiters
- Datum der Besprechung
- Professionalisierungsmaßnahme
- Datum der geplanten Professionalisierungsmaßnahme
- Ziele und erwünschte Effekte (Kompetenzsteigerung)
- Ergebnisse der durchgeführten Professionalisierungsmaßnahme
- Maßnahmenableitung der Ergebnisse der Professionalisierungsmaßnahme

Hierdurch wird entsprechend des PDCA-Zyklus sichergestellt, dass Professionalisierungsmaßnahmen kontinuierlich und systematisch geplant, durchgeführt und überprüft werden. Hieraus können Maßnahmen abgeleitet werden, die weitere betriebliche Weiterbildungsplanungen ermöglichen. Ergebnisse der Evaluation der Lerndienstleistung sind zu berücksichtigen.

8.3.5.3 Anforderungen der ISO 29993 nach der Dienstleistungserbringung

Die Kap. 12 bis einschließlich Kap. 14 der ISO 29993 beinhalten Anforderungen an Lerndienstleister nach der Dienstleistungserstellung. Das Kap. 12 stellt Anforderungen an die Bewertung der Lernfortschritte und kann damit auch während der Erbringung der Lerndienstleistung erfolgen. Das Kap. 13 definiert Anforderungen an das Monitoring sowie die Evaluation der Lerndienstleistung. Kap. 14 geht auf die Anforderungen der Fakturierung ein.

Die nachfolgenden Kapitel verfolgen die Zielstellung, die Anforderungen kurz zu benennen und ebenfalls Handlungsempfehlungen zur Umsetzung abzuleiten.

8.3.5.3.1 Bewertung, Monitoring und Evaluation der Lerndienstleistung

Bezug zu der DIN ISO 29993

- Kapitel 12 Bewertung der Lernfortschritte
- Kapitel 13 Monitoring und Evaluation der Lerndienstleistung

Anforderungen

- Bewertung; Berücksichtigung spezieller Aspekte (Nutzung, Bewertungsgrundlagen, Bewertungsmaßstäbe, Bewertungsmethoden, Reporting, beteiligte und betroffene interessierte Parteien)
- Messung der Eingangskompetenz
- Bewertung des Lernfortschritts
- Anforderungen an ein Abschlusszeugnis/Zertifikat (Titel, Ziel, Workload, erreichte Leistungsstufe)
- Bewertungsergebniszugang
- Monitoring, Evaluation; Berücksichtigung spezieller Aspekte (Anwendungsbereich, Ziel, Evaluationsmittel, Beweggründe, Kriterien, Instrumente, Zeitplanung, beteiligte und betroffene interessierte Parteien)
- Inhalte und Verfahren der Evaluation (spezielle Anforderungen)
- Verbesserungs- und Beschwerdemanagement

Handlungsempfehlungen

Die Anforderungen hinsichtlich der Bewertung der Lernfortschritte müssen von den Anforderungen an das Monitoring und die Evaluation der Lerndienstleistung abgegrenzt werden.

ERSTENS

Bei der Bewertung der Lerndienstleistung werden vorwiegend Anforderungen definiert, die bei der Entwicklung und Auswahl der Bewertung Berücksichtigung finden müssen. Darunter zählen beispielsweise der vorhergesehene Nutzen, die zu bewertenden Kenntnisse, Fähig- und Fertigkeiten, aber auch die Bewertungsmaßstäbe, an denen der Lernfortschritt gemessen werden soll. Um diesen Lernfortschritt bewerten zu können, müssen zwingend die Eingangskompetenzen festgestellt werden.

Eine gängige, normkonforme Vorgehensweise in der Praxis ist die Feststellung der Eingangskompetenz der Lernenden durch einen Fragebogen, der beispielsweise mit dem Angebot oder anderen Dokumenten vor der Lerndienstleistung an die Interessenten verteilt wird. Ein weiteres Beispiel ist das Vorstellungs- und Erstgespräch zu Beginn der Lerndienstleistung, bei dem auf bisherige Erfahrungen und Kompetenzen eingegangen werden kann. Entgegen der häufigen Auffassung in der Praxis müssen zu diesen Informationen keine Dokumentationen angefertigt werden, wenngleich es zu empfehlen ist, den Prozess der Messung der Eingangskompetenz in das Curriculum einzubinden.

Eine weitere Anforderung, die bisher nicht aus der ISO 29990 hervorging, ist die Anforderung in Bezug auf die Erteilung von Abschlusszeugnissen oder

-zertifikaten einer Lerndienstleistung. Hierbei sind nach ISO 29993 Mindestanforderungen an das Zeugnis oder das Zertifikat zu erfüllen. Demnach ist die Benennung des Titels und des Ziels der Lerndienstleistung, die Anzahl der Unterrichtsstunden und das erreichte Niveau des Lernenden zu verdeutlichen. Ein Abschlusszertifikat könnte beispielsweise folgenden Aufbau besitzen:

ZERTIFIKAT

für die erfolgreiche Absolvierung des One-by-One Coachings

„Let's Start-Up – Existenzgründung leicht gemacht"

Hiermit bestätigen wir die erfolgreiche Teilnahme an dem One-by-One Coaching mit dem Fokus auf Existenzgründung für:

TeilnehmerIn:	Max Mustermann Max-Mustermann-Straße 1, 01234 Muster
Lerninhalte:	Modul 1 – Grundlagen eines Business, Modul 2 – Finanzierung, Modul 3 – Kaufmännische Grundlagen, Modul 4 – Steuern und Versicherungen, Modul 5 – Marketing und Vertrieb, Modul 6 – Mindset und Strategie
Zeitraum:	25.11.2018 bis 26.12.2018
Workload:	80 UE

Handlungsempfehlungen zu Monitoring und Evaluation sind identisch zu den gegebenen Empfehlungen der ISO 29990, siehe Abschn. 8.1.5.4.

8.3.5.3.2 Fakturierung

Bezug zu der DIN ISO 29993

- Kapitel 14 Abrechnung

Anforderungen

- Verständlichkeit
- Vollständigkeit
- Transparenz
- ggf. Aushändigung eines Zahlungsnachweises

Handlungsempfehlungen

Die Anforderungen der Internationalen Norm in Bezug auf die Fakturierung sind für deutsche und österreichische Unternehmen vergleichsweise unbedeutend. Die gesetzlichen und behördlichen Anforderungen der deutschen und österreichischen

Gesetzgebung sind so detailliert und umfassend, dass die Anforderungen der ISO 29993 automatisch erfüllt sind. Als Hilfestellung des Aufbaus einer Rechnung sollten die Vorgaben des § 14 UStG herangezogen werden.

Die zuständigen Arbeits- und Normenausschüsse des DIN und der ISO versuchten in dem Kap. 14 der Internationalen Norm grundlegende Anforderungen zu definieren, die internationale Gültigkeit besitzen. Ein Entwicklungs- oder Schwellenland sollte die Anforderungen gleichsam erfüllen können wie eine Industrienation.

9 Persönliches Fazit

Qualitätsmanagement in der Bildungsbranche ist keine Freiwilligkeit mehr.

Qualitätsmanagement ist ebenso wenig ein „Nice to have", ein „absoluter Wettbewerbsvorteil" oder ein „notwendiges Übel".

> Qualitätsmanagement ist eine unausweichliche Notwendigkeit, um den interessierten Parteien die Mehrwerte und den Nutzen zu bieten, den sie erwarten.

Qualitätsmanagement ist kein Aufwand. Es ist eine Investition in die eigene Leistungsfähigkeit und Wirksamkeit der Organisationsstrukturen und Ablauforganisation. Es wird benötigt, um sich kontinuierlich zu verbessern, Korrekturen vorzunehmen und Vorbeugemaßnahmen zu treffen – systematisch und geplant. Damit ist Qualitätsmanagement eine Philosophie für Erfolg. Normen und Standards der Bildungsbranche werden zu Erfolgsanleitungen.

Keine Bildungseinrichtung weltweit wird sich auf ihren vergangenen oder bisherigen Erfolge ausruhen können. Die Aussage, man sei gut genug oder gar der Beste im Markt, ist hinlänglich unzureichend. Äußere und innere Einflüsse bedingen die ständige Anpassung und Optimierung einer Bildungseinrichtung, um ein bestehendes Niveau zu halten. Und selbst das Niveau zu halten, ist in einem Käufermarkt nicht genug. Der Wettbewerb der Bildungsbranche ist längst nicht mehr in formal und non-formal aufgeteilt. Die Digitalisierung und Internationalisierung

F. Mai, *Qualitätsmanagement in der Bildungsbranche*,
https://doi.org/10.1007/978-3-658-27004-9_9

der Märkte machen es möglich, Bildung vollkommen zeit- und ortsungebunden anzubieten. Deutsche Bildungseinrichtungen messen sich nicht mehr nur untereinander. Sie haben internationale Marktbegleiter, die jeden Absatzmarkt weltweit mit Bildung bedienen können.

Bildung wird zu einem Massenprodukt

Dabei ist dieser Begriff nicht negativ aufzufassen. Bildung in Form von Wissen, Fähigkeiten, Einstellungen muss weltweit einfacher zugänglich gemacht werden. Die gesamte wirtschaftliche und soziale Weiterentwicklung der Menschheit hängt von dem Wissenserhalt und Wissenszuwachs ab. Vorhandenes Wissen muss weltweit zugänglich aufbereitet werden, um daraus neues Wissen abzuleiten und zur Verbesserung des weltweiten Wohlstands zu sorgen.

Qualitätsmanagement kann dieses Vorhaben unterstützen. So ist beispielsweise bereits jetzt die Marktbarriere der formalen Bildung innerhalb von fünf Jahren so gering geworden, dass ganze akkreditierte Studiengänge vollkommen digital von non-formalen Anbietern abgebildet werden können, von Einschreibung bis Exmatrikulation. Dies ermöglicht zahlreichen Lernenden die Aneignung neuen Wissens, neuer Fähigkeiten und Einstellungen, ohne an einen Ort, eine Zeit oder ein gesellschaftliches System gebunden zu sein. Bildung wird zugänglicher und anwenderfreundlicher. Das Lernen wie vor 100 Jahren, stereotypisch beschrieben durch Still sitzen, monologische Vorlesungen und *Bulimielernen* ist beinahe ausgestorben. Neue Lernansätze, Lehrmethoden und der Fokus auf einen Lerntransfer statt guter Prüfungsergebnisse durch Monitoring und Transferevaluationen, entsprechen heute eher den Anforderungen Lernender.

Die Lernenden, also die Nachfragenden, werden entscheiden, welchen Wert ein Anbietender tatsächlich erbringen kann. Die Existenz wird an Mehrwertbildung und Nutzstiftung gemessen werden. Nicht mehr die beste Marketing- und Vertriebsstrategie wird gewinnen, ebenso wenig die Bildungseinrichtung mit den begehrtesten Bildungsabschlüssen. Existieren und gewinnen werden die Bildungseinrichtungen, die den interessierten Parteien, besonders den Lernenden, den größten Nutzen bringen.

Qualitätsmanagement in der Bildungsbranche ist ein unentbehrliches, strategisches Instrument. Es bedeutet nachhaltig erfolgreich zu sein oder Verlierer der Digitalisierung und Internationalisierung werden.

Dabei entstehen einer Bildungseinrichtung marktbezogene und wettbewerbliche Vorteile, zum Beispiel:

- weltweit anerkannte Qualitätsnachweise
- Unterstützung der positiven Kaufentscheidung von Interessenten
- qualitatives Kernargument zur Abgrenzung von Wettbewerbern und Substituten

Die genannten Vorteile sind eher kommunikationspolitischer Natur und können als Hebel im Marketing und Vertrieb verwendet werden. Sie unterstützen idealerweise die Steigerung des Umsatzes:

- durch einen höheren Absatz oder eine höhere Abschlussquote im Vertrieb,
- durch die Argumentation und Begründung höherer Preise (Qualitätsführerschaft = Preisstrategie?)

Doch auch interne Vorteile entstehen einer normanwendenden Bildungseinrichtung. So unterstellt die Gliederung der genannten internationalen Normen den PDCA-Zyklus. Normanwender der ISO 29990, ISO 21001 oder der ISO 29993 erfahren, in welcher Art und Weise sie sich und ihre Wertschöpfung entwickeln, konzipieren und umsetzen, bewerten und verbessern.

Durch dieses systematische Vorgehen und ausgewählte Instrumente, die in den Handlungsempfehlungen beschrieben wurde, werden Normanwender in die Lage versetzt, beständig eine qualitativ hochwertige Wertschöpfung zu erbringen, dadurch Anforderungen interessierter Parteien zu erfüllen und hieraus höhere Preise oder steigende Umsätze zu bedingen.

Des Weiteren liegt ein Vorteil der Anwendung internationaler Normen der Bildungsbranche in der Grundlage der Anwendbarkeit von KAIZEN-Techniken. Insbesondere der Managementstandard ISO 21001 bietet eine ideale Grundlage für die 3 Mu, die 7 Muda und andere Instrumente des Qualitätsmanagements zur Steigerung der Effektivität, Produktivität und Effizienz. Hieraus sollten Normanwender die Möglichkeit erhalten, Ineffizienzen zu erkennen und geplant zu beseitigen. Darüber hinaus können schlankere Nebenprozesse abgebildet werden. Insgesamt wird der Normanwender demnach die Möglichkeit erhalten, Kosten zu verringern.

Und schließlich ist ein Vorteil der aus Normen und Standards hervorgeht zu nennen – die interne Auditierung. Diese dient dabei nicht nur zur Festlegung der Konformität zwischen Normanforderung und Umsetzung durch den Normanwender, sondern auch der Analyse von Schwachstellen und der Empfehlung von Verbesserungspotenzialen.

MIX
Papier aus verantwortungsvollen Quellen
Paper from responsible sources
FSC® C105338

Printed by Books on Demand, Germany